Notker Klann

Institutionelle Beratung ein erfolgreiches Angebot

Von den Beratungs- und Therapieschulen zur klientenorientierten Intervention

D1727885

Notker Klann

Institutionelle Beratung
ein erfolgreiches Angebot

Von den Beratungs- und Therapieschulen zur
klientenorientierten Intervention

Feldstudie zur Ergebnisqualität in der
Partnerschafts- und Eheberatung

Lambertus

Von der Gemeinsamen Naturwissenschaftlichen Fakultät der Technischen Universität Carolo-Wilhelmina zu Braunschweig zur Erlangung des Grades eines Doktors der Naturwissenschaften (Dr. rer. nat.) genehmigte Dissertation.

Die Deutsche Bibliothek – CIP-Einheitsaufnahme

Ein Titeldatensatz für diese Publikation ist bei
Der Deutschen Bibliothek erhältlich

Alle Rechte vorbehalten
© 2002, Lambertus-Verlag, Freiburg im Breisgau
Umschlaggestaltung: Christa Berger, Solingen
Satz und Layout: Ursi Aeschbacher, Herzogenbuchsee (Schweiz)
Herstellung: Franz X. Stückle, Druck und Verlag, Ettenheim
ISBN 3-7841-1428-8

Inhalt

Danksagung

Diese Veröffentlichung stellt den vorläufigen Abschluss vielfältiger Arbeiten und Beziehungen dar. Ein besonderer Dank gilt dem Mentor, Herrn Prof. Dr. Kurt Hahlweg, der meine berufliche Tätigkeit über 20 Jahre, sowie insbesondere die hier dokumentierte Studie, fachlich und persönlich begleitet hat. Für die Bereitschaft von Frau Prof. Dr. Elisabeth Müller-Luckmann ist im Kontext dieser Arbeit ebenfalls zu danken, da sie sich als Zweitgutachterin zur Verfügung gestellte.

Die mit dieser Publikation veröffentlichten Ergebnisse stammen aus der Ehe-, Familien- und Lebensberatung und sind gleichzeitig für diesen Beratungssektor erarbeitet worden. Somit ist den Kolleginnen und Kollegen aus den Beratungsstellen für ihr Engagement zu danken, da sie Zeit und Mühe aufgewandt haben, um Klientendaten zu sammeln, sie zur Verfügung zu stellen und damit einen wichtigen Beitrag zur Ergebnisqualitätssicherung zu leisteten. In einem besonderen Maße sind die über 1.100 Klienten zu erwähnen, die sich der Verantwortung bewusst waren, mit der Beantwortung der vorgelegten Fragebögen einen Beitrag zur Qualitätsentwicklung leisten zu können.

In kollegialer Weise hat Frau Dipl. Psych. Christine Kröger als Unterstützung in vielfältigen Fragen zur Verfügung gestanden. Frau Barbara Tondorf hat den Text erfasst und ihm eine Form zu geben. Frau Gertrud Hennes war bereit, sich auf die Fehlersuche zu machen. Nicht zuletzt verdanke ich das Zustandekommen dieser Arbeit in besonderem Maße der Unterstützung durch meine Familie, die auf unterschiedlichste Weise dazu beigetragen hat, dass die Fertigstellung dieses Textes zustande kommen konnte.

1. Einleitung

Ratschläge und Hinweise geben, sowie neue Ansätze für weitergehende Überlegungen entgegennehmen, sind Verhaltensweisen und Erfahrungsfelder, die dem alltäglichen Lebenslauf entsprechen. Dies wird u.a. schon vor Beginn der christlichen Zeitrechnung in der Bibel dokumentiert (Katholische Bibelanstalt, Jer 18,18b; 1 Chr 27,33; 2 Sam 16,20; 2 Sam 16,23). In diesem Austausch von Geben und Nehmen zeigt sich, dass es Personen gibt, die eine größere Befähigung sowie mehr Information als andere zur Verfügung haben, um in fragwürdigen Situationen und/oder bei Belastungen hilfreich zu sein. So entwickelten sich Ansätze für ein Expertentum für Beratung. Auch dieser Weg lässt sich durch die ältere und jüngere Geschichte verfolgen (Halberstadt, 1987; Klann & Hahlweg, 1996a; Schall, 1999; Struck, 1971; Zerfaß, 1987).

Da die Palette der möglichen Fragen und Problemfelder sehr breit sein kann, wurden im Laufe der Zeit Personen unterschiedlichster Grundqualifikationen mit einer Weiterbildung zur Beratung zu Teams zusammengeführt, die heute gemeinsam ein Angebot machen. Dies hat dazu geführt, dass sich die freien Träger in der Bundesrepublik Deutschland, die die Institutionelle Beratung im Sinne des Subsidiaritätsprinzips vorhalten, dazu entschlossen haben, multiprofessionelle Fachteams in den Beratungsstellen zu bilden. Diese werden häufig noch von Konsiliarteams (Fachärzten, Juristen, Pädagogen, Spezialisten etc.) ergänzt (Deutscher Arbeitskreis, 1995; Katholische Bundesarbeitsgemeinschaft für Beratung, 1991, 1995).

Für den Fachbereich der Partnerschafts- und Eheberatung gibt es derzeit keine definierte Bundeskompetenz zur Entwicklung und Sicherung der organisatorischen und fachlichen Standards in diesem Beratungssektor. Aus dem Grunde ist der Deutsche Arbeitskreis für Jugend-, Ehe- und Familienberatung (DAK)[1] in diesem Feld tätig, um Absprachen und Perspektiven zu ermöglichen. In ihm sind zur Zeit 1.875 Beratungsstellen über die Mitgliedsverbände repräsentiert. Diese Stellen, mit ihren multidisziplinären Teams, sind die Grundlage und der Bezugsrahmen für die folgende Erfahrungsauswertung und die durchgeführte Feldstudie zur Partnerschafts- und Eheberatung.

Ein besonderer Akzent der Evaluationsstudie ist dadurch gegeben, dass der überwiegende Teil der erfassten Beratungsstellen in Trägerschaft der katholischen Kirche ist. Leider sind die Beratungsstellen anderer Träger nur begrenzt der Einladung zur Teilnahme an dieser Feldstudie gefolgt.

Aufgrund früherer Erhebungen lässt sich jedoch feststellen, dass es keine belegten Fakten dafür gibt, diese Beratungsstellen als nicht repräsentativ für den Beratungsbereich im Kontext dieser Untersuchung bezeichnen zu müssen (Klann & Hahlweg, 1996b).

Die Stellen der Institutionellen Beratung mit ihrer Trägervielfalt verstehen ihren Beitrag zur psychosozialen Versorgung der Bevölkerung in der Bundesrepublik Deutschland als ein in der Fachlichkeit begründetes Handeln. Ausgehend von den Erkenntnissen aus den Humanwissenschaften, machen sie ein Angebot in der pluralistischen Gesellschaft, das den fachlichen Standards der „Hilfe zur Selbsthilfe" entspricht. Gleichzeitig wird damit auch den weltanschaulichen Überzeugungen unterschiedlicher Gruppen der Gesellschaft entsprochen (Klann, 2000a). Fachliche Standards und unterschiedliche Lebenskonzepte ergänzen sich auf diese Weise. Nachdem Selbstverständnis der Trägerverbände ist das Beratungsangebot so angelegt, dass es auch Personen anderer Konfession bzw. die keiner religiösen Gemeinschaft angehören erreicht. Das Verhältnis der weltanschaulichen Zugehörigkeit der Ratsuchenden stellt sich bundesweit bei den katholischen Ehe-, Familien- und Lebensberatungsstellen wie folgt dar: Die Stellen werden zu 54% von Mitgliedern der katholischen Kirche, zu 22% von evangelischen Christen und zu 24% von Personen in Anspruch genommen, die keiner Religionsgemeinschaft oder einer anderen Kirche angehören (Katholische Bundesarbeitsgemeinschaft für Beratung, 1999b).

Um die Effektivität der Institutionellen Beratung zu untersuchen und zu dokumentieren, eignet sich besonders das Themenfeld Partnerschaft und Ehe. Dieser Bereich berührt fast jeden Bundesbürger. Nach Köcher (1993) sind 68% der westdeutschen und 83% der ostdeutschen Bevölkerung der Überzeugung, dass man eine Familie braucht, um wirklich glücklich zu sein. Gleichzeitig ist jedoch aus den Scheidungszahlen ablesbar, wie schwierig

---

[1] Deutscher Arbeitskreis für Jugend-, Ehe- und Familienberatung: Bundeskonferenz für Erziehungsberatung e.V.; Evangelische Konferenz für Familien- und Lebensberatung e.V. Fachverband für Psychologische Beratung und Supervision; Deutsche Arbeitsgemeinschaft für Jugend- und Eheberatung e.V.; Katholische Bundesarbeitsgemeinschaft Ehe-, Familien- und Lebensberatung, Telefonseelsorge und Offene Tür e.V.; PRO FAMILIA – Deutsche Gesellschaft für Familienplanung, Sexualpädagogik und Sexualberatung e.V.

und ausweglos Partnerschaften erlebt werden können. Regional unterschiedlich liegt die aktuelle Scheidungsrate in Großstädten bei fast 50% und in den ländlichen Regionen bei 33% (Statistisches Bundesamt, 2000). Neben der hohen Relevanz des Beziehungsgeschehens für die einzelne Person und die Volksgesundheit (Bloom, Asher & White, 1978; Diekmann & Engelhardt, 1995; Hahlweg, 1997a; Sanders, Nicholson & Floyd, 1997; Schmaling & Sher, 1997) kommt hinzu, dass es für diesen Themenbereich empirisch valide und reliable Erhebungsinstrumente gibt (Hank, Hahlweg & Klann, 1990; Klann, Hahlweg & Hank, 1992; Klann, Hahlweg & Heinrichs, 2002), die sich für die vorgesehene Feldforschung in den Beratungsstellen bei Partnerschafts- und Eheschwierigkeiten besonders eignen. Zentraler Ansatzpunkt dieser Arbeit ist die Qualitätssicherung in den Beratungsstellen. Damit wird für diesen Bereich ein Thema aufgenommen, welches im Rahmen der Psychotherapieforschung derzeit intensiv behandelt wird (Grawe, Donati & Bernauer, 1994; Hahlweg & Markman, 1998; Schadish et al. 1993) Dabei wird zwischen Effizienz (efficiency, statistisch belegte Wirksamkeit) und Effektivität (klinische Wirksamkeit) unterschieden. Dieser Ansatz soll auf die Beratung bei Partnerschaftsproblemen übertragen werden. Um dies zu ermöglichen, wird eine prospektive Studie durchgeführt, die zeitlich unbegrenzt stattfindet. Diese Arbeit versteht sich als Zwischenbericht.

Ein spezifisches Ziel ist dabei die Replizierung der Ergebnisse aus der Studie von 1990-1993, die einen vergleichbaren Ansatz hatte (Klann & Hahlweg, 1996a). Gleichzeitig soll damit ein Beitrag dazu geleistet werden, dass sich die kontinuierliche Qualitätssicherung in der alltäglichen Beratungspraxis weiter implementieren kann.

12

2. Organisatorischer Entwicklungsverlauf des Beratungsangebotes

Das Institutionelle Beratungsangebot ist in seinem jetzigen Erscheinungsbild nur dann richtig zu verstehen, wenn die organisatorischen Grundlagen berücksichtigt werden. Dabei handelt es sich um ein Zusammenspiel

- von interessierten und mit unterschiedlichen Kompetenzen ausgestatteten Mitarbeiterinnen[2] von Ehe-, Familien- und Lebensberatungsstellen,
- von Trägern der Beratungsstellen,
- finanzieller Zuschussgeber (Kirchen, Gemeinden, Kreisen, Bundesländern etc.), der
- Organisationen von Mitarbeiterinnen auf Bundeslandsebene sowie auf Bundesebene, der
- Organisationen von Trägern von Beratungsstellen auf Bundeslandsebene und Bundesebene,
- von Vorgaben zur finanziellen Förderung der Arbeit auf Bundesebene durch das zuständige Bundesministerium.

Diese Vielfalt von Mitgestaltern des Institutionellen Beratungsangebotes für den Bereich der Partnerschafts- und Eheberatung ergibt sich unter anderem aus der Tatsache, dass für diesen Bereich keine bundespolitische Kompetenz zur Formulierung von Vorgaben besteht. Aufgrund der Bundesländer- und Trägervielfalt haben die in der Partnerschaft- und Eheberatung Tätigen entsprechende Eigeninitiativen entwickelt, die bis jetzt noch nicht zu einem alle Beratungsbereiche umfassenden Verbund geführt haben. Dies wird um so dringlicher, weil u.a. durch gesetzliche Vorgaben und finanzielle Knappheit sowie rechtliche Unsicherheiten (Zeugnisverweigerungsrecht, Datenschutz) ein steigender Druck nach Vereinheitlichung gegeben ist (Bengel et al., 2002; Katholische Bundesarbeitsgemeinschaft für Beratung, 2000b).

---

[2] Da 2/3 aller Mitarbeiter von Ehe-, Familien- und Lebensberatungsstellen Frauen sind und der Klientinnenanteil bezogen auf die Gesamtklientel ebenfalls den gleichen Prozentrang einnimmt, wird zur besseren Lesbarkeit die weibliche Sprachform verwendet. Selbstverständlich sind darin die männlichen Mitarbeiter und Klienten mit eingeschlossen.

Nachdem sich die ersten Beratungsstellen in Dresden 1911 durch den Monistenbund (Köhne, 1976) und eine weitere Stelle in Berlin gegründet hatten, entstand 1919 eine Sexualberatungsstelle in Berlin (Groeger, 1975). Danach begannen weitere Stellen mit ihrer Arbeit (Preußen und Sachsen 1926 und 1927). Der Schwerpunkt lag bei der vorehelichen Beratung in Bezug auf Erb- und Geschlechtskrankheiten. Parallel dazu begannen auch die Kirchen mit der Errichtung von Eheberatungsstellen. 1928 hat die Fuldaer Bischofskonferenz beschlossen, in Deutschland katholische Eheberatungsstellen einzurichten. Damit sollte ein diskretes und unentgeltliches Beratungsangebot geschaffen werden, das sowohl Unverheirateten wie auch Verheirateten offen stand, sich von Sachverständigen (Ärzten, Juristen, Psychologen, Seelsorgern etc.) geeignete Unterstützung und Hilfen holen zu können. Bereits 1931 gab es in Deutschland über 100 freie und konfessionelle Eheberatungsstellen (Hein, 1978).

Während der Zeit des Nationalsozialismus wurden alle diese Beratungsstellen geschlossen und „Ehe- und Partnerschaftsberatung" auf eugenische Zwangsberatung reduziert. Nur vereinzelt konnten die Beraterinnen ihre Arbeit „in der Stille" fortsetzen (Groeger, 1975, S. 208). Auf der Grundlage des Gesetzes zur Verhütung des erbkranken Nachwuchses wurden Eheverbote erteilt und Zwangssterilisationen durchgeführt. Die zwischen den Weltkriegen neu entstandenen Ansätze der Ehe- und Partnerschaftsberatung wurden damit zunichte gemacht (Köhne, 1976).

Nach dem 2. Weltkrieg begann ein kontinuierlicher Wiederaufbau der Beratung. Damit wurden die Fundamente für die Institutionelle Beratung gelegt, wie sie sich inzwischen entwickelt hat. Als erster Verband gründete sich 1949 die „Deutsche Arbeitsgemeinschaft für Jugend- und Eheberatung" (DAJEB). Dies geschah zunächst mit dem Ziel, Voraussetzungen für eine „sachgemäße Jugend- und Eheberatung" zu schaffen, in dem ein Personenkreis angesprochen wurde, der potentiell in der Eheberatung tätig werden konnte. Die Aus- und Weiterbildung der Beraterinnen wurde im ersten Jahrzehnt des Bestehens der DAJEB durch Kurse, Klausur-, Fortbildungs- und Sondertagungen für bestimmte Berufsgruppen unterstützt. Die Arbeit geschah auf christlicher Grundlage, aber ohne eine direkte konfessionelle Bindung (Struck, 1971).

Nachdem zu Beginn der 50er Jahre vereinzelt evangelische Beratungsstellen entstanden und dann ihre Zahl zunahm, entwickelten sich Formen der Zusammenarbeit sowohl auf der Ebene der Landeskirchen wie auch bundesweit. 1959 wurde die Gründung einer „Konferenz für Evangelische Familienberatung" beschlossen. Diese Arbeitsgemeinschaft umfasste die Sektionen: Eheberatung, Erziehungsberatung, Mütterschulen, Mütterhilfe und die Telefonseelsorge. Im Laufe der weiteren Entwicklungen sind dann die Telefonseelsorge, die Mütterschulen und die Mütterhilfe als Arbeitsbereiche ausgeschieden. Nach mehreren Neuformationen führt dieser Zusammenschluss heute den Titel *„Evangelische Konferenz für Familien- und Lebensberatung e.V. – Fachverband für Psychologische Beratung und Supervision"* (EKFuL). Die EKFuL ist ein Fachverband des Diakonischen Werkes. Um die Verflechtung mit der Evangelischen Kirche in Deutschland zu dokumentieren, entsendet diese ein geborenes Mitglied in den Vorstand der Konferenz. Eine der Hauptaufgabe der EKFuL liegt in der Formulierung der Vorgaben für die Weiter- und Fortbildung. Die praktische Umsetzung der Weiter- und Fortbildung wird schwerpunktmäßig vom *„Evangelisches Zentralinstitut"* (EZI) in Berlin wahrgenommen, welches dafür 1964 gegründet wurde. Zusätzlich wurde dieses Institut mit wissenschaftlichen Aufgaben betraut sowie beauftragt, eine gezielte Informations- und Öffentlichkeitsarbeit in dem gesamten Fachbereich der Familienarbeit wahrzunehmen (Hein, 1978; Struck, 1971). In dieser Konferenz sind sowohl Mitarbeiterinnen wie auch Beratungsstellen Mitglieder, die einen Informations- und fachlichen Austausch suchen.

Parallel zu diesen Entwicklungen war auch im Verantwortungsbereich der katholischen Kirche eine Ausweitung des Eheberatungsangebotes zu beobachten. Da dies wenig koordiniert geschah und kaum fachliche Standards existierten, kam es 1951 zu ersten Verhandlungen, die in konkrete Vorschläge für die Gründung eines „Zentralinstitutes für Eheberatung" mündeten. Die Bischöfe haben auf ihrer Sitzung am 03./05. März 1952 die Eröffnung eines Zentralinstitutes genehmigt. Die Gründungssitzung fand am 02. April 1952 in Köln statt. Die Institutseröffnung war für den 15. Mai 1952 vorgesehen. Träger des Institutes waren einschlägige katholische Verbände. Der Titel des Zentralinstitutes änderte sich und lautete zum Schluss *„Katholisches Zentralinstitut für Ehe- und Familienfragen"* (KZI). Das Institut wurde als Arbeitsstelle konzipiert und gliederte sich in drei Abteilungen: Ehe- und Familienberatung, Ehe- und Familienbildung und Ehe- und Familienseelsorge. Damit nahm das Institut Aufgaben für die 22 Diözesen im damaligen Bereich der Bundesrepublik Deutschland wahr.

Ergänzend zu dem eher institutionellen Zusammenschluss für den Bereich der Partnerschafts- und Eheberatung entstand im Zusammenhang mit der Jahrestagung des KZI im Februar 1963 in Freiburg die Idee eines Zusammenschlusses aller katholischen Eheberaterinnen in einen Verein. Im Laufe der stattgefundenen Entwicklungen führt der sich als Fach- und Berufsverband verstehende Zusammenschluss jetzt den Titel *„Bundesverband Katholischer Ehe-, Familien- und Lebensberaterinnen und -berater e.v.".* Die drei Organisationen

- Deutsche Arbeitsgemeinschaft für Jugend- und Eheberatung e.v. (DAJEB),

- Evangelische Konferenz für Familien- und Lebensberatung e.v. (EKFuL) und

- Katholisches Zentralinstitut für Ehe- und Familienfragen (KZI)

haben sich erstmals am 26. Mai 1959 zur Gründung des *„Deutscher Arbeitskreis für Jugend-, Ehe- und Familienberatung"* (DAK) zusammengefunden. 1963 wurde eine Grundsatzerklärung dieses Arbeitskreises über Wesen und Methode der Eheberatung erarbeitet. In der Fassung vom 02. Februar 1966 lautet das Selbstverständnisdokument wie folgt:

> Eheberatung ist ein helfender Dienst an Ehen in unserer Gesellschaft. Sie steht unter der Verantwortung für die Ehe als einer vorgegebenen Seinsordnung. Sie ist getragen von der Achtung vor der personalen Würde des Menschen.

> Eheberatung befasst sich mit den Aufgaben der Geschlechtererziehung der Jugend, der Vorbereitung auf Ehe und Familie, mit den Problemen der Partnerwahl, der Eheführung, der Ehekrisen, der Ehelosigkeit und der Partnerschaft der Geschlechter in der Gesellschaft. Eheberatung vollzieht sich in klärenden Gesprächen mit Einzelnen, Paaren und Gruppen. Es geht in diesen Gesprächen darum, Verständnis für Wesen und Aufgabe der Ehe sowie Einsicht in die eigene wie in die Situation des Partners zu vermitteln und Möglichkeiten für notwendige Entscheidungen und Verhaltenskorrekturen freizulegen.

> Eheberatung ist sowohl ein diakonisch-seelsorglicher wie auch ein sozialer Dienst am Einzelnen und an der politischen Gemeinschaft.

> Eheberatung muss von einer Arbeitsgruppe getragen werden. Ihre Mitglieder müssen eine besondere Ausbildung absolviert haben, die gewährleistet, dass sie den hohen Anforderungen genügen, die bezüglich der Haltungen, Methodik, Wissen und Verschwiegenheit in der Eheberatung gestellt werden müssen. In einer solchen Eheberatungsgruppe müssen mindestens drei Vertreter der nachstehend genannten verschiedenen Berufe zusammenarbeiten: Arzt, Theologe, Psychologe, Jurist und Sozialarbeiter.

> Es ist anzustreben, dass in größerem Umfang Eheberater hauptamtlich tätig werden. Der hauptamtlich tätige Eheberater muss einem der oben genannten

Berufe oder einem als Vorbild für die Eheberatung gleichwertigen Beruf mit staatlich anerkanntem Abschlussexamen angehören.

Alle Mitglieder einer Eheberatungsgruppe sind zur laufenden Weiterbildung verpflichtet. (Struck, 1971, S. 15)

Schon 1964 hat der DAK eine Rahmenordnung für die Ausbildung (heute Weiterbildung) der Eheberaterinnen erarbeitet, die dann immer wieder korrigiert und ergänzt wurde. Letztmalig ist dies am 03. November 1998 geschehen.

Innerhalb der katholischen Kirche hat es 1975 und 2001 Neustrukturierungen des Beratungsbereiches gegeben. Zunächst wurde 1975 das KZI aufgelöst. Parallel dazu haben sich die Träger der katholischen Ehe-, Familien- und Lebensberatungsstellen, Erziehungsberatungsstellen, Telefonseelsorgestellen und Offenen Türen in die *„Katholischen Bundesarbeitsgemeinschaft für Beratung e.V."* zusammengeschlossen. 1999 ist der Bereich Erziehungsberatung in den *„Bundesverband katholischer Einrichtungen und Dienste der Erziehungshilfe e.V."* gewechselt. Dies hatte zur Folge, dass sich die *„Katholische Bundeskonferenz Ehe-, Familien- und Lebensberatung"* (KBKEFL) 2001 gründete, die für die fachlichen Belange in diesem Sektor verantwortlich wurde. Als Rechtsträger etablierte sich für den Fachbereich die *„Katholische Bundesarbeitsgemeinschaft Ehe-, Familien- und Lebensberatung, Telefonseelsorge und Offene Tür e.V."*. Dieser reine Trägerverband übernahm die Rechtsnachfolge im DAK und delegierte die Vertretungsberechtigung an die KBKEFL. Diese bezieht dabei den *„Bundesverband Katholischer Ehe-, Familien- und Lebensberaterinnen und -berater e.V."* mit ein.

Da die Ehe- und Familienberatung nicht losgelöst von den sie umgebenden Fachbereichen wie Erziehungsberatung, Familienplanung, Sexualpädagogik und Sexualberatung gesehen werden kann, haben sich folgerichtig dem DAK zwei weitere Verbände angeschlossen:

- Bundeskonferenz für Erziehungsberatung e.V. (bke) und

- PRO FAMILIA – Deutsche Gesellschaft für Familienplanung, Sexualpädagogik und Sexualberatung e.V. (PRO FAMILIA).

Der Arbeitskreis versteht sich als ein „Kontakt- und Koordinationsgremium von Organisationen, die in der Bundesrepublik Deutschland in der Jugend-, Ehe-, Familien- und Sexualberatung und Therapie arbeiten" (Deutscher Arbeitskreis für Jugend-, Ehe- und Familienberatung, 1975) zu dem gehören derzeit:

Tabelle 2.1

Ordentliche Mitglieder:

- Bundeskonferenz für Erziehungsberatung e.V.,
- Deutsche Arbeitsgemeinschaft für Jugend- und Eheberatung e.V.,
- Evangelische Konferenz für Familien- und Lebensberatung e.V., Fachverband für Psychologische Beratung und Supervision,
- Katholische Bundesarbeitsgemeinschaft Ehe-, Familien- und Lebensberatung, Telefonseelsorge und Offene Tür e.V.,
- PRO FAMILIA – Deutsche Gesellschaft für Familienplanung, Sexualpädagogik und Sexualberatung e.V.

Über die „Katholische Bundesarbeitsgemeinschaft Ehe-, Familien- und Lebensberatung, Telefonseelsorge und Offene Tür e.V." vertreten :

- Bundesverband Katholischer Ehe-, Familien- und Lebensberaterinnen und -berater e.V.

Im Sinne der Geschäftsordnung werden die gemeinsam erstellten Arbeitsgrundlagen, regelmäßig den neusten Entwicklungen angepasst. Dies sind die:

(1) Aufgaben und Tätigkeiten der/des Ehe-, Partnerschafts-, Familien- und Lebensberaterin/beraters,

(2) Rahmenordnung für die Weiterbildung zur/zum Ehe-, Partnerschafts-, Familien- und Lebensberaterin/berater,

(3) Gegenstandskatalog der Rahmenordnung für die Weiterbildung zur/ zum Ehe-, Partnerschafts-, Familien- und Lebensberaterin/berater,

(4) Fachliche Standards von Ehe-, Familien- und Lebensberatungsstellen,

(5) Supervisor(inn)enrahmenordnung,

(6) Berufsethische Standards in der Institutionellen Beratung (in Bearbeitung),

(7) Regeln fachlichen Könnens für die Institutionelle Beratung (in Bearbeitung).

(Die Grundlagenpapiere 1-5 sind im Anhang A zu finden.)

Wenn die Bundeskonferenz für Erziehungsberatung auch weniger stark von den meisten Themenfeldern berührt ist, erkennt sie dennoch die Vorgaben und Ziele so wie die erreichten Abschlüsse an. Dies gilt auch für den Abschluss, der bei PRO FAMILIA – Deutsche Gesellschaft für Familienplanung, Sexualpädagogik und Sexualberatung erworben wird, die im Rahmen ihres Angebotes einen Schwerpunkt bei der Sexualberatung setzt und die Rahmenordnung zur Grundlage macht.

Die unterschiedlichen Organisationsformen der Mitgliedsverbände mit ihren daraus resultierenden verschiedenen Aufgaben und Zielvorstellungen waren und sind im DAK das vorhandene Potential für die Entwicklung der Partnerschafts- und Eheberatung. Da bei allen Beschlüssen Einstimmigkeit gegeben sein muss, sind damit sowohl Vorteile wie auch Nachteile verbunden, die zum Beispiel zu Unschärfen führen können.

Dank des personellen und finanziellen Engagements der Mitgliedsverbände im DAK sowie auf Grund der finanziellen Förderung der Arbeit durch das jeweils zuständige Bundesministerium (Klann, 2002), ist in den letzten 50 Jahren das eigenständige Beratungsfeld der Partnerschafts- und Eheberatung als Bestandteil der Institutionellen Beratung entstanden.

Zur Zeit werden Gespräche geführt, die auf eine weitere Öffnung des DAK hinauslaufen. Parallel dazu gibt es außerhalb des DAK zum Beispiel beim *„Berufsverband Deutscher Psychologen (BDP)"* und bei einigen Therapieverbänden ein Bestreben zur Gründung eines Dachverbandes Beratung (Bengel et al., 2002). Dieser will alle Initiativen in diesem Bereich zusammenführen.

3. Etappen der fachlichen Entwicklung in der Beratung

3.1 AKZENTE EINER FACHLICHEN ENTWICKLUNG

Es gab zu Beginn der Entwicklung im Beratungsbereich unterschiedliche Gründe (Sexualprobleme, materielle Not in Ehe und Familie, juristische und soziologische Fragestellungen, Erbpflege und Rassenhygiene, Partnerschafts- und Lebensfragen), die dazu führten, dass sich Personen fanden, die ein Beratungsangebot machten (Struck, 1971) bzw. dass Stellen eröffnet wurden.

In der Regel wurde nach der Problemanalyse versucht, die richtigen Lösungswege zu finden. Dies gestaltete sich je nach Vorbildung und Problemverständnis verschieden. Als Bezugsrahmen dienten neben den Natur- und Humanwissenschaften auch die Theologie sowie der gesunde Menschenverstand und die Lebenserfahrung. Wenn auch regional unterschiedlich, so kann doch für den Verantwortungsbereich der katholischen Kirche festgestellt werden, dass zunächst die Personen in Problemsituationen um Rat gefragt bzw. mit der Wahrnehmung der Beratung beauftragt wurden, die persönlich und/oder fachlich für kompetent gehalten wurden (zum Beispiel Ärzte, Pfarrer, Juristen). Dabei konnte unterstellt werden, dass der theoretische Hintergrund für die Beratung auf dem Wege der Analogiebildung gewonnen wurde.

Nach dem 2. Weltkrieg war zunächst der psychoanalytische Ansatz zur Problemgenese und zum Verständnis der berichteten Belastungen der Weg der Wahl (Bräutigam, 1969; Brenner, 1968; Kuiper, 1968; Loch, 1977; Schraml, 1968). Mit diesem Zugang ergaben sich beraterisch-therapeutische Strategien, die für Interventionen im Rahmen der Beratung genutzt wurden. Die Entwicklungs- und Problemsicht wurde in der Weiter- und Fortbildung vermittelt. Im Laufe der Zeit wurde das Beziehungsgeschehen und -verständnis zwischen Beraterin und Klientin sowie innerhalb von Paarbeziehungen immer mehr zum Zentrum der beraterischen Arbeit.

Die umfassende psychoanalytische Theorie war zunächst das bevorzugte Hintergrundwissen, um vorgetragene Probleme einordnen und verstehen sowie Ansätze für Interventionen gewinnen zu können.

Fritz und Ruth Riemann haben mit ihren Publikationen

• Grundformen der Angst und die Antinomien des Lebens (1961),

• Haltungen und Fehlhaltungen des Beraters (1970) sowie

• Grundformen helfender Partnerschaft (1974)

die Arbeit mitgeprägt.

Stärker auf die Partnerschaft und deren Belastungen zentriert, hat Willi für die Beratungsarbeit Impulse gesetzt. Hierzu gehören die Publikationen:

• Die Zweierbeziehung (1975),

• Therapie der Zweierbeziehung (1978).

Parallel dazu wurden Mitte der 50er Jahre Berichte über familientherapeutische Arbeit auf systemtheoretischer Grundlage vorgelegt. Ergänzt wurden diese Ansätze von kommunikations-theoretischen Annahmen sowie Erkenntnissen aus der Verhaltenstherapie.

Daraus entwickelten sich Ansätze, die die Weiter- und Fortbildung im Bereich der Partnerschafts- und Eheberatung sowie die Arbeit in den Beratungsstellen beeinflussten. In diesem Zusammenhang sind zu nennen:

• Mandel, A., Mandel, K. H., Stadter, E. & Zimmer, D., (1971) Einübung in Partnerschaft durch Kommunikationstherapie und Verhaltenstherapie,

• Mandel, K.H., Mandel, A. & Rosenthal, H. (1975) Einübung der Liebesfähigkeit. Praxis für Kommunikationstherapie für Paare,

• Mandel, K.H., (1979) Therapeutischer Dialog – Bausteine zur Ehe-, Sexual- und Familientherapie.

Diese Entwicklungen haben in unterschiedlicher Weise die Konzeption der Rahmenordnung für die Weiterbildung zur Ehe-, Partnerschafts-, Familien- und Lebensberaterin des DAK sowie die Ausführungsbestimmungen der einzelnen Verbände mitgeprägt. Wenige Auswirkungen hatten die Forschung sowie die Entwicklungsergebnisse außerhalb des deutschsprachigen Raums.

Bis 1998 haben sich die Mitgliedsverbände im DAK als Grundlage für die theoretische Weiterbildung an folgenden verbindlichen Elementen orientiert, die in der Rahmenordnung nicht weiter ausdifferenziert wurden:

Tabelle 3.1

(1) Grundlagen, Ziele und Grenzen der Beratung,
(2) Persönlichkeitsstrukturen (Entwicklung, Formen, Störungen),
(3) Paarbeziehungen (Entwicklung, Formen, Konflikte),
(4) Familien (Entwicklung, Formen, Konflikte),
(5) Sexualität (Entwicklung, Formen, Konflikte),
(6) Familienplanung und Schwangerschaft,
(7) Diagnostik und Methodik der Beratung,
(8) Dynamik der Beraterin-Klientin-Beziehung,
(9) Reflektion ethischer Werte und Normen,
(10) Vorstellung der wichtigsten Therapiemethoden,
(11) relevante Kapitel aus der Psychiatrie und Psychopathologie,
(12) relevante Kapitel aus der Psychosomatik,
(13) relevante Kapitel aus dem Recht,
(14) relevante Kapitel aus der Sozialpsychologie,
(15) relevante Kapitel aus der Soziologie.
(16) Die einzelnen Verbände können für ihre jeweiligen Weiterbildungskurse weitere relevante Kapitel benennen.

Diese weitmaschigen Vorgaben waren der Ausdruck für die unterschiedlichen fachlichen Positionierungen der Mitgliedsverbände im DAK sowie eine Option, für Entwicklungen offen zu sein.

Am 03. November 1998 haben die Mitgliedsverbände des DAK auf der Grundlage eines Gegenstandskatalogs die Schwerpunkte der theoretischen Weiterbildung in 78 Positionen präzisiert, so dass dadurch die fachliche Konzeption der Kurse transparenter wird (siehe Anhang A). Diese Formulierungen sind in einem Bemühen um die Profilfindung der Ehe-, Partnerschafts-, Familien- und Lebensberatung erfolgt. Ansatz für diese Initiativen sind zum einen die Bedürfnisse und Anlässe der Ratsuchenden und zum anderen die große Vielzahl der Qualifizierungsangebote, die für das Arbeitsfeld der Ehe-, Partnerschafts-, Familien- und Lebensberatung sachdienlich sein können. Bei aller spezieller Fachkompetenz zeigt sich gleichzeitig die Notwendigkeit, basierend auf einem gemeinsamen Beratungsverständnis, als multiprofessionelles Team in einer Beratungsstelle zusammenzuarbeiten. Somit stehen die Weiterbildungskurse in einem Spannungsfeld sowohl ein ausreichendes Beratungspotenzial vermitteln zu müssen, wie auch die besondere Fachkompetenz der Kandidatinnen für das Arbeitsfeld zu nutzen und Entwicklungen im Interesse der Klientinnen einzubeziehen. In diesem Zusammenhang stellt sich die Frage nach den unverzichtbaren Qualifizierungselementen, die Bestandteil der Weiterbildung und künftigen Fortbildung sein müssen. Die fachlichen Zugänge erfahren noch ihre Ergänzung durch trägerspezifische Aspekte.

3.2 ZIELE DER WEITERBILDUNGSKURSE

Für den Verantwortungsbereich der katholischen Kirche und die von ihr im Auftrag durchgeführten Weiterbildungskurse und Fortbildungsangebote lassen sich Schwerpunkte aufzeigen, die sich in einer kontinuierlichen Entwicklung befinden. Übergreifendes Ziel ist es, mit dem Qualifizierungsangebot dazu beizutragen, dass sich eine authentische Beraterinnenpersönlichkeit entwickeln kann. Hierzu bedarf es auf den unterschiedlichsten Ebenen grundsätzlicher und sehr differenzierter Integrationsprozesse. Diese Kompetenz ist im Hinblick auf die künftigen Klientinnen der Beratungsstellen aufzufüllen.

Aus diesem Grunde wird folgenden Punkten ein besonderes Gewicht beigemessen:

*   Ein Schwerpunkt ist das interaktive Geschehen, welches sich als wechselhaft, sich gegenseitig beeinflussendes Erleben darstellt und zu den wesentlichen Elementen der Beratungsarbeit zu zählen ist. Daraus kann ein Verständnis für prozesshafte Verläufe entwickelt werden. Hier finden die Ergebnisse aus der Kommunikation- und Prozessforschung ihren Platz (Heßdörfer, 1995).

*   Die „ersten Schritte", die zu einem dialogischen Prozess in der Beratung führen, sollten immer wieder Grundlage für die Reflexion und Orientierungspunkt für das eigene Verhalten in der Beratung sein. In diesem Zusammenhang ist größter Wert auf die persönlichen Erfahrungen der Kandidatinnen und deren Aufarbeitung zu legen, bis dahin, dass sich da-

mit wiederholende sowie erfahrungsorientierte Reflexionsprozesse verbunden werden. Nur auf diese Weise kann ein angemessenes auch kreatives Verhältnis zu den eigenen Möglichkeiten und Grenzen gefunden und entwickelt werden. Es geht dabei darum, im Umgang mit sich selbst, als einen wichtigen Bezugsrahmen zur Orientierung, immer wieder neue Ansätze für den Dialog im Beratungsprozess zu finden. Dabei handelt es sich nicht um eine Festschreibung, sondern um ein „lebendiges Strukturkonzept", welches durch die augenblickliche Befindlichkeit der Beraterin, wie auch durch die unterschiedlichen Klientinnen und die von ihnen vorgetragenen Probleme und Schwierigkeiten jeweils modifiziert werden wird. Eine solche Positionierung setzt ein ausreichendes Maß an Experimentierfreudigkeit voraus, aus der dann für die Beratungsarbeit eine entsprechende Gelassenheit hervorgehen kann. Dieser Entwicklungsprozess wird auf die Dauer dazu führen, dass hilfreiches und weniger hilfreiches beraterisch-therapeutisches Verhalten ausgemacht und beschrieben werden kann und somit die Vorlieben und Stärken der Kandidatinnen zu Tage gefördert und Ansätze für eine gezielte Entwicklung und Veränderung ausgemacht werden können (Deutsche Arbeitsgemeinschaft für Jugend und Eheberatung, Katholische Bundesarbeitsgemeinschaft für Beratung, 2001).

- Vier Elemente stehen im Mittelpunkt, die über das Erfahrungslernen und die sie begleitende Reflexion zu einer Struktur führen können, die als Grundlage für eigenes beraterisches Verhalten angesehen werden können.

(1) Unterschiedliche Elemente der Beziehungsdynamik (zunächst die 2er Beziehung in der Einzelberatung und später die 3er Beziehung in der Paarberatung) zu kennen, mit diesen umzugehen und sie auf die konkrete Beratungssituation zur Anwendung zu bringen (Einstiegsphase, Beratungsphase, Abschlussphase, schwierige Situationen, Trennung und Scheidung etc.).

(2) Die Fähigkeit zu gewinnen, das interaktive Geschehen im Kontakt mit der Klientin und später gegenüber dem Paar in den verschiedenen Situationen aktiv gestalten zu können. Dies setzt voraus, dass die Kandidatinnen die vorhandenen Ressourcen wahrnehmen, mit den Klientinnen offen legen und dann im Hinblick auf das Beratungsziel bzw. die Beratungsziele nutzen, strukturieren und fortentwickeln können.

(3) Den Kandidatinnen muss die Fähigkeit vermittelt werden, einzelne Elemente als Bestandteil von zusammenhängenden Netzwerken zu sehen bzw. diese aus unterschiedlichsten Gesichtspunkten in immer wieder neue Erfahrungs- und/oder theoretische Zusammenhänge stellen und reflektieren zu können.

(4) Da die Beraterinnen einen Auftrag der Klientinnen zu realisieren haben, müssen sie in der Lage sein, die einzubringenden Interventionen immer beziehungsadäquat auszusuchen und sie im Hinblick auf den Beratungsauftrag schrittweise aufzubauen. Von daher braucht es eine entwickelte Wahrnehmungskompetenz, verbunden mit der Fähigkeit zur Reflexion und zur klientenbezogenen Strukturierung, um den Beratungskontrakt im Sinne der Klientinnen realisieren zu können.

- Die derzeit geltende Ordnung im Verantwortungsbereich der Katholische Bundesarbeitsgemeinschaft Ehe-, Familien- und Lebensberatung, Telefonseelsorge und Offene Tür e.V. hat die folgenden Hauptkriterien herausgestellt, die als Weiterbildungsziele im Rahmen der Auswahltagungen (Mindestvoraussetzungen, um eine Entwicklung zu ermöglichen) bei der Zwischenprüfung und beim Abschlusskolloquium ein Orientierungsrahmen bieten, um prüfen zu können, ob der Kurs erfolgreich absolviert wurde. Hierzu gehören:

(1) Die Wahrnehmungskompetenz
(Wahrnehmungsfähigkeit, Erlebnisfähigkeit, Reflexionsfähigkeit).

(2) Fähigkeit, Beziehung zu gestalten, insbesondere die Beraterin-Klientin-Beziehung
(Variationsfähigkeit im Reagieren auf unterschiedliche Beziehungsangebote; stützendes, konfrontierendes, deutendes, übendes Vorgehen; Fähigkeit zur Identifikation und Abgrenzung; Umgang mit Krisen etc.).

(3) Belastungsfähigkeit, Kritikfähigkeit
(Aushalten von Spannungen; Ertragen feindseliger Gefühle; Umgang mit verdeckten und kritischen Anspielungen, unterwürfigem-schmeichlerischem Verhalten).

(4) Methodisches und fachliches Wissen
(Aneignung begrifflicher Bestimmungen; Darstellung methodischer und konzeptioneller Aspekte).

- Bei der Anwendung wird zwischen der Einzel- und Paarberatung, mit den sich daraus ergebenden Konsequenzen zu unterscheiden sein (Katholische Bundesarbeitsgemeinschaft für Beratung, 1991b).

25

- Die Weiterbildungskurse können wie eine Entwicklungsspirale beschrieben werden. Im Anschluss an die beziehungs- und erlebnisorientierte Einstiegsphase werden die unterschiedlichen theoretischen Sichtweisen nacheinander präsentiert. So ist zum Beispiel denkbar, dass zunächst der tiefenpsychologisch-analytische Zugang, danach der lerntheoretische, dann der systemische und zum Schluss der kommunikative Zugang behandelt werden. Der Umgang mit diesen Theorien ist in einer Weise vorzunehmen, die zu einer kandidatenbezogenen, individuellen Integration führt. Die unterschiedlichen Zugänge tragen dazu bei, die Problemsituation so zu beschreiben bzw. zu verdeutlichen, dass daraus Perspektiven entwickelt und abgeleitet werden können, die zur Problembewältigung führen. Die verschiedenen Elemente aus den einzelnen Therapie- und Beratungsschulen stehen als Hilfen dem Beratungsprozess zur Verfügung, die kreativ und im Dialog mit den Klientinnen genutzt werden (Heßdörfer, 1995).

Die mit den Weiterbildungsschwerpunkten geschaffenen Voraus- und Akzentsetzungen bestimmen die Arbeit in den Beratungsstellen. Der Kurs stellt den Beginn einer persönlichen und fachlichen Entwicklung dar. Diese wird durch den täglichen Umgang mit den Klientinnen, die Kooperation im multiprofessionellen Team, durch die kollegiale und die von Fachleuten außerhalb der Stelle durchgeführten Supervision sowie durch kontinuierliche Fortbildung weitergeführt.

3.3 KLIENTENORIENTIERTE BERATUNGSARBEIT

Von diesem Arbeitsansatz her versteht sich die große Nähe zur weiteren Präzisierung der Arbeitsweise innerhalb der Beratung wie auch die immer wieder zu stellende Frage: Was wirkt unter welchen Bedingungen wie? Von daher sind die Ansätze von Grawe und Mitarbeitern (1994, 1998, 1999) für die Konzeptionierung der Partnerschafts- und Eheberatung von großem Gewicht.

Ein Zugang, der dazu führt, die geeigneten Fragen zu stellen, könnte die Vorgabe von Fryers (1979, zitiert nach Wittchen, 1997) sein. Frei übersetzt ist zu klären:

(1) Welche Phänomene definieren die Ratsuchenden?

(2) Was sind die Bedürfnisse der Ratsuchenden?

(3) Erhalten die Ratsuchenden das, was sie brauchen?

(4) Brauchen die Ratsuchenden das, was sie bekommen?

(5) Welche Beiträge leisten Struktur und Prozess des Beratungsangebotes?

(6) Vorschläge für Struktur und Beratungsweise des Institutionellen Beratungsangebotes.

Diese Vorgaben machen eine genaue Ausgangsanalyse im Sinne einer Diagnostik zum Beginn der Beratung und ggf. über den gesamten Beratungsprozess hinweg notwendig. Folgende Aspekte sollten darin enthalten sein:

(1) Verlässliche und zuverlässige Problem- oder Anlassdiagnose!

(2) Ist eine klar umschriebene Störungsdiagnose im Sinne eines entsprechenden Klassifikationssystems vorhanden?

(3) Schweregrad des Problems!

(4) Dauer des auftretenden Problems!

(5) Welche psychosozialen Probleme sind assoziiert?

(6) Was wissen wir über den Spontanverlauf und den Ausgang solcher Probleme und Störungen?

(7) Was wissen wir über die Wirksamkeit dafür entwickelter Beratungs- und Interventionskonzepte?

Bei allen Bemühungen wird man zum einen versuchen, den Gegebenheiten der Beratungssituation zu entsprechen, andererseits sollten aber die Beurteilungen und Einschätzungen nachvollziehbar sein, das heißt sie sollten auch in anderen psychosozialen und medizinischen Diensten verstanden werden können (Wittchen, 1997).

Um hierfür erste Voraussetzungen zu schaffen, sind die „Diagnostische Verfahren für Berater – Materialien zur Diagnostik und Therapie in der Ehe-, Familien- und Lebensberatung" (Hank, Hahlweg & Klann, 1990; Klann, Hahlweg & Heinrichs, 2002) publiziert worden.

3.4 Fachliche Grundlage der Institutionellen Beratung

Die Anlass- und Klientenorientierung der Arbeit ist für die Institutionelle Beratung der angemessene Arbeitsansatz. Auf diese Weise prägen nicht theoretische Überlegungen und Konzepte das Profil einer Stelle, sondern die dort vorhandenen Vertreter anlassbezogener Professionen, die über eine entsprechende Kompetenz verfügen, vermittelnd und klientenunterstützend tätig zu werden. So gibt es nicht die Beratungsstelle mit einer umfassenden Kompetenz, sondern Mitarbeiterinnen, die sich in einem persönlichen und fachlichen Entwicklungsprozess befinden und mit bestimmten Kolleginnen zusammenarbeiten, die das Team ergänzende Fertigkeiten haben. Gemeinsam entspricht die vorhandene Beratungskompetenz den Bedürfnissen der Ratsuchenden der jeweiligen Region, oder die Stelle bildet mit anderen Stellen das fachliche Angebotsnetz, um die psychosoziale Versorgung sicher stellen zu können. Selbstverständlich geschieht dies auch im Verbund mit anderen Institutionen, unterschiedlichen Trägern, Einrichtungen der medizinischen und psychotherapeutischen Versorgung und mit pädagogischen Angeboten (Klann, 2000b). Eine solche Konzeption stellt an die Mitarbeiterinnen, Trägervertreter und politisch Verantwortlichen hohe Anforderungen bezüglich der fachlichen Transparenz, einer angemessenen Kooperationsbereitschaft sowie an eine Vorstellung vom Gemeinwohl in einer Region.

Dieser Ansatz ist auch der Prävention verpflichtet (Engl, 1997; Hahlweg, Markman, Thurmaier, Engl & Eckert, 1993; Klann, 2000a; Saßmann, Braukhaus & Hahlweg, 2000; Thurmaier, 1997) und wertet die Beratungserfahrungen zum Beispiel zur Politikberatung und als Impulsgeber für kirchliches Handeln aus (Deutscher Arbeitskreis für Jugend-, Ehe- und Familienberatung, 1995; Kath. Bundesarbeitsgemeinschaft für Beratung, 2000a; Saßmann & Klann, 2002).

Eine fachkompetenzbezogene Ausrichtung in den Beratungsstellen gibt indirekt auch eine Antwort auf die Frage, ob/oder in welchem Umfang die Tätigkeit in den Beratungsstellen therapeutisch bezeichnet werden kann bzw. muss. Das Bundesministerium für Umwelt, Jugend und Familie in Wien hat das Ergebnis des Forschungsprojektes „Beratung – Psychotherapie" 1997 vorgelegt. Diese Arbeit wurde von einem Team des „Österreichisches Institut für Familienforschung" (Gössweiner et al., 1997) durchgeführt. Im Hinblick auf die Gemeinsamkeiten und Unterschiede von Beratung und Psychotherapie werden drei Modelle präsentiert, die in vielfältiger Variation vorhanden sind.

Es handelt sich dabei um:

Das Modell „Schnittstelle" trennt Beratung und Psychotherapie sowohl inhaltlich als auch von den Rahmenbedingungen her, das heißt organisatorisch etc. Dies führt zu einer klaren Indikationsstellung, getrennte Settings von Beratung und Psychotherapie bzw. einer klaren Überweisung sowie einer getrennten finanziellen Verrechnung. Im Rahmen der Interviews war das am häufigsten genannte und am differenziertesten ausformulierte Indikationskriterium die Problemstellung bzw. der Leidensdruck der Klient/innen gefolgt von deren finanzieller Situation. Bei dieser Form der Grenzziehung gibt es keinen Übergangsbereich. Beide Bereiche sind eigenständig organisiert. (S. 18)

Das zweite Modell, Teilmenge, sieht die Berater/innen als die Generalist/innen (ähnlich praktischen Ärzt[inn]en) und die Psychotherapeut/innen als Spezialist/innen (ähnlich Facharzt[inn]en). Die Beratung wird als der alle Lebenslagen umfassende Bereich angesehen, während die Psychotherapie als für einen sehr speziellen Ausschnitt der Problemlagen des Menschen zuständig gesehen wird. Im Rahmen dieses Modells ist eine inhaltliche Trennung, das heißt Indikationsstellung gegeben. Die Trennung erfolgt jedoch mehr oder weniger häufig nicht. Die/der Berater/in findet die Überweisung nämlich ethisch nicht vertretbar, weil einerseits die/der Klient/in bereits Vertrauen gefasst hat und andererseits aufgrund von Erfahrungsberichten angenommen werden kann, dass in vielen Fällen der/die Klient/in die Überweisung nicht wahrnehmen wird. Weiter wird eine schwierige finanzielle Situation der Klient/innen als Grund für die nicht praktizierte Trennung genannt.

Organisatorisch kann es für beide Bereiche unabhängige Einrichtungen geben, aber auch eine Lösung mit Psychotherapie als eine Abteilung innerhalb einer Organisationseinheit. (S. 19)

Das Modell der Überlappung hat sich auf Grund der aktuellen Gegebenheiten an den Familienberatungsstellen herauskristallisiert. Der Großteil der Berater/innen beschreiben die derzeitige Situation an ihrer geförderten Beratungsstelle so, wie es die dritte Grafik veranschaulicht. In den Übergangsbereich fallen u.a. psychologische Beratung, Krisenintervention und Psychotherapie.

Jene Berater/innen, die dieses Modell praktizieren oder vertreten, sind großteils jedoch damit nicht zufrieden (fehlende Handlungsanleitungen, keine Unterstützung finanziell schwach gestellter Klient/innen, bei Überweisung an Psychotherapeut/innen ist meist der Wechsel zu einer anderen Institution nötig etc.) und möchten diese Situation diskutieren.

Ein Teil der Berater/innen und auch der Autor/innen spricht sich für eine synonyme Verwendung der Begriffe und das absolute Postulat aus, beide Bereiche nicht trennen zu können. Dieses Argument ist als ein methodenspezifisches zu sehen.

Ein weiteres Argument besagt, dass derzeit keine adäquaten Handlungsleitlinien vorliegen. Die Situation bezüglich der Indikation für Beratung bzw. Psychotherapie ist unklar, da kein für die Arbeit in den Familienberatungsstellen praktikables Indikationssystem vorliegt. Organisatorisch wird nicht getrennt.

Wo die Situation des dritten Modells als Problem angesehen wird, sollte sich dieses weitgehend in Form der multifunktionalen Zentren lösen lassen. Eine solche Vorgehensweise dürfte den Wünschen der meisten Berater/innen und Psychotherapeut/innen entsprechen. (S. 19)

Abbildung 3-1: „Überlappung"

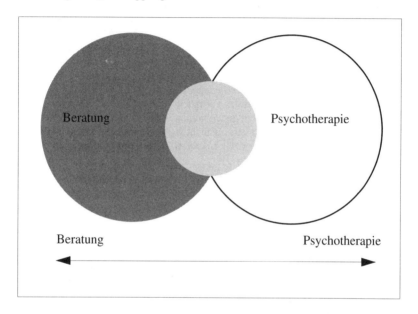

Beratung   Psychotherapie

Diese Modelle geben auch einen Teil der Überlegungen wieder, die in der Bundesrepublik Deutschland diskutiert werden. Dabei ist zu berücksichtigen, dass diese Ansätze zum großen Teil auch von berufspolitischen Aspekten geprägt sind. Die Orientierung an den Ratsuchenden und die notwendige Kompetenz, sehr genau herauszufinden, was sie brauchen, wird zu wenig einbezogen. Wenn sich das Beratungsangebot klarer und transparenter präsentieren würde, wäre ein Teil der Fragen überflüssig. Hinzu kommt, dass die „Generalistenfunktion" nicht mit Omnipotenz verwechselt werden kann. Niemand, der im therapeutischen und/oder beraterischen Sektor tätig ist, kann als Einzelner den unterschiedlichen Anlässen gerecht werden, die dazu führen, eine Beratungsstelle aufzusuchen. Dem kann man nur mit einem multiprofessionellen Angebot entsprechen.

Für den Bereich der Bundesrepublik Deutschland ist durch das In-Kraft-Treten des Psychotherapeutengesetzes (Gesetz über die Berufe des Psychologischen Psychotherapeuten und des Kinder- und Jugendlichenpsychotherapeuten zur Änderung des Fünften Buches Sozialgesetzbuch und anderer Gesetze) nach § 1 festgehalten „Zur Ausübung von Psychotherapie gehören nicht psychologische Tätigkeiten, die die Aufarbeitung und Überwindung sozialer Konflikte oder sonstige Zwecke außerhalb der Heilkunde zum Gegenstand haben." (PsychTH – Bundesgesetzblatt, 1998).

3.5 ARBEITSANSÄTZE ZUR BERATUNG AUSSERHALB DES INSTITUTIONELLEN ANGEBOTES

Die derzeitige Situation in der Institutionellen Beratung ist auch dadurch mitbeeinflusst, dass außerhalb dieses Beratungsbereiches an Konzepten gearbeitet wird, die zum Beispiel berufsgruppenbezogen angelegt sind. Auf Anregung der *„Gesellschaft für wissenschaftliche Gesprächspsychotherapie (GwG)"* treffen sich derzeit (seit 1999) unterschiedliche Verbände, die einen Dachverband Beratung oder eine Bundeskonferenz Beratung gründen wollen. Hierzu gehören u.a. der *„Berufsverband Deutscher Psychologen (BDP)"*, die *„Deutsche Gesellschaft für Verhaltenstherapie (DGVT)"*, die *„Deutsche Gesellschaft für Supervision"* sowie Vertreter von Fachhochschulen, der Berufsberater und Verbände, die tiefenpsychologisch orientiert sind, um nur einige aufzuzählen. Damit entsteht auch für die Institutionelle Beratung eine Profilierungs- und Konkurrenzsituation und die Notwendigkeit der eigenen Profilierung. Im Hinblick auf die fachlichen und konzeptionellen Bedingungen hat Schild (1990) eine Zusammenfassung der bis zum damaligen Zeitpunkt für die Institutionelle Beratung wichtigen Konzepte vorgelegt.

In den letzten Jahren sind in der Partnerschaftsforschung und im Zusammenhang mit präventiven Initiativen einzelne Modelle und Arbeitsansätze empirisch überprüft worden. Gerade unter Einbeziehung der internationalen Forschungsarbeit lässt sich feststellen, dass in den letzten Jahren ein großer Erkenntniszuwachs zu verzeichnen ist.

Mit seiner Publikation „Partnerschaftliche Interaktion" hat Hahlweg (1986) erstmals für den deutschsprachigen Raum eine Übersichtsarbeit zum Stand der Forschung in diesem Bereich vorgelegt. Im Kontext dieser Veröffentlichung ist 1980 ein verhaltenstherapeutisches Programm für Paare „Partner-

schaftsprobleme: Möglichkeiten und Bewältigung" (Schindler, Hahlweg &
Revensdorf) und 1982 das Handbuch für Therapeuten „Partnerschaftspro-
bleme: Diagnose und Therapie" (Hahlweg, Schindler & Revensdorf) er-
schienen. Inzwischen ist von beiden Büchern eine 2. Auflage vorgelegt
worden (1998). Den aktuellen Diskussionsstand zu einigen wichtigen Aspekten in „Partnerschaft und Paartherapie" fasst Kaiser (2000) zusammen.
Es gibt vielfältige Arbeiten und Publikationen, die sich mit Definitionen,
Entwicklungsmodellen und theoretischen sowie praktischen Ansätzen der
Beratung befassen (Bachmaier, Faber, Henning, Kolb & Willig, 1989;
Bundesministerium für Umwelt, Jugend und Familie, 1997; Dietrich, 1991;
Nestmann, 1997; Sickendiek et al., 1999). In diesem Zusammenhang sind
die Entwicklungen aus den USA, wie sie Nestmann (1997) zusammengetragen hat, für die Diskussion innerhalb der Institutionellen Beratung anre-
gend. Die Publikation zur psychologischen Theorie und Praxis der Beratung (Dietrich, 1991) sowie das Lehrbuch für Anfänger und Fortgeschrittene im Beratungsbereich (Bachmaier et al., 1989) machen deutlich, dass auf
verschiedenen Ebenen versucht wird, eine Beratungslehre bzw. ein einheit-
liches Konzept von Beratung zu erstellen.

Bemerkenswert ist, dass in der sozialpädagogischen und psychosozialen
Diskussion die Erfahrungen und Erkenntnisse aus der Institutionellen Beratung, wie sie seit nunmehr über 50 Jahren gesammelt werden konnten,
keinen Niederschlag bzw. keine Resonanz finden. Einige Einlassungen zu
der Arbeit in den Beratungsstellen präsentieren sich in einer Weise, als ob
das Institutionelle Beratungsangebot zum großen Teil ausschließlich in
eine therapeutische Richtung abgedriftet wäre und sich somit als „klinische
Spezialdisziplin" versteht (Schrödter, 1999). Wenn dies zuträfe, würden
wesentliche und die Beratung besonders auszeichnende Elemente verloren
gehen, gleichzeitig ist eine solchen Entwicklung, wenigstens nicht erkennbar, innerhalb der Institutionellen Beratung nicht angestrebt.

4. Stand der Evaluationsforschung

In den letzten Jahren wurde eine intensive Diskussion über Aufwand und Nutzen von Qualitätssicherungsstudien geführt. Dabei wird differenziert zwischen Wirksamkeitsforschung, wie sie unter standardisierten Bedingungen durchgeführt wird, und Effektforschung, die die Übertragbarkeit der Erkenntnisse für den therapeutischen Alltag prüft (Clarke, 1995). Durch Seligmann (1995) und seinen Kommentar zur „Consumer-Report Studie", der eigens wegen seiner Bewertungen der Ergebnisse in die deutsche Sprache übersetzt wurde (Seligmann, 1996), hat die Kontroverse neue Impulse bekommen (Hollon, 1996; Howard, Moras, Brill, Martinovich, & Lutz, 1996; Jacobson & Christensen, 1996). Es wird die Frage gestellt, ob Laborbedingungen und das damit verbundene Forschungsdesign alltagstaugliche Resultate erbringen können. Zum einen werden darin wichtige Voraussetzungen gesehen, um überhaupt Erkenntnisse über Wirkfaktoren erlangen zu können. Zum anderen lässt sich die therapeutische und beraterische Ausgangssituation nie so arrangieren, dass man eine Sicherheit darüber haben kann, ob die Voraussetzungen für den Einsatz einer überprüften Intervention gegeben sind. In diesem Kontext ist die Klientin mit ihren Voraussetzungen und Eigenarten, die sie in die Beratungssituation einbringt, kaum ausrechen- und überprüfbar. Dies führt zu einer kritischen Haltung gegenüber den Forschungsergebnissen, wie sie in einschlägigen Publikationen vorgestellt werden. Dieser Haltung hat sich auch Schrödter (1999) in seinem Beitrag „Qualität und Evaluation in der Beratungspraxis" angeschlossen. Aus diesem Grunde stellt er fest: „Diese Art und Weise zu forschen kann nicht direkt und schon gar nicht zwingend zur Sicherung und Weiterentwicklung von Qualität in der psychosozialen Praxis beitragen" (Schrödter, 1999, S. 12). Aus diesem Grunde folgert der Autor: „Das ganze Lernen therapeutischer (pädagogischer, seelsorglicher etc.) Berufsgruppen gestaltet sich praktisch über die Arbeit an exemplarischen Fällen und ihre kritische Reflexion im Gespräch. Wer über Qualität redet, muss an diese Erfahrungen anschließen können und wollen, muss mithin die Differenz der Systeme Praxis und Wissenschaft sehen (Buchholz 1997)" (Schrödter, 1999, S. 13).
Wenn die Arbeit mit den Klientinnen nicht vom Zufall abhängig und die genialsten Erkenntnisse sowie erarbeiteten Forschungsresultate den Ratsu-

chenden zugänglich gemacht werden sollen, ist eine systematische Arbeitsweise geboten. Diese muss den aktuellen Stand der wissenschaftlichen Erkenntnis mit einbeziehen. Insbesondere sind diese Ergebnisse für die Weiterbildungskurse wichtig, damit eine fach- und sachgerechte Vorbereitung auf das künftige Tätigkeitsfeld erfolgen kann.

In diesem Zusammenhang muss auf die Wirksamkeitsforschung für den Bereich „Paartherapie" hingewiesen werden. Unterschiedliche Arbeiten (Grawe, Donati & Bernauer, 1994; Hahlweg & Markman, 1988; Schadish et al., 1993) haben im Rahmen von Meta-Analysen (nach dem Box-Score-Ansatz und/oder nach der Effektstärken-Methode) aufzeigen können, dass es Arbeitsweisen in der Paartherapie gibt, die nach der Auswertung als hoch- bis schlecht wirksam zu bewerten sind. Der Box-Score-Ansatz ist ein Verfahren, das die vorliegenden Studien integrieren und somit zu konzentrierten Aussagen führen soll. Es wird geprüft, bei wie viel statistischen Vergleichen die Experimentalgruppe der Kontrollgruppe signifikant überlegen war. Ein Nachteil, der zur Unterschätzung des wahren Effektes führen kann, liegt darin, dass u.a. nicht signifikante „Trends" herausfallen und der Einfluss der Stichprobengröße (je größer desto kleiner die Irrtumswahrscheinlichkeit) zum Tragen kommt. Bei der Effektstärkenmethode, die von Smith, Glass & Miller (1980) verwendet wurde, geht es um die Transformation aller abhängigen Maße in ein gemeinsames Effektstärkenmaß. Es ist definiert als die Differenz der Mittelwerte zum Post-Messzeitpunkt zwischen einer experimentellen und einer Kontrollgruppe, geteilt durch die Standardabweichung der Kontrollgruppe (Klann & Hahlweg, 1996a). Hahlweg (1997b) gibt folgende Zusammenfassung der Auswertungen von Grawe et al. (1994):

> Sie [Grawe, Donati & Bernauer] konnten insgesamt 35 kontrollierte Studien ermitteln, die bis 1984 publiziert worden waren, in 29 wurden verhaltenstherapeutische Ansätze untersucht. In den Prä-Post-Vergleichen ergab sich für die individuelle Paarbehandlung in 85% der Befunde eine Verbesserung der Hauptsymptomatik im Vergleich zu den Kontrollgruppenpatienten. Bei Vergleichen mit anderen Therapieformen (psychoanalytische Kurztherapie, systemische Therapie, Gestalttherapie) erwies sich VET überwiegend als wirksamer.
>
> *Systemische Therapie:* Zur systemorientierten Paartherapie à la Haley und Watzlawick sind 4 Studien publiziert worden, deren Ergebnisse nur zum Teil als Hinweise für eine befriedigende Wirksamkeit gewertet werden können. Es gibt keine Untersuchung, die zeigt, dass systemorientierte Paartherapie allein befriedigende andauernde Effekte herbeiführt (Grawe et al., 1994, S. 546). In der Meta-Analyse von Schadish et al. (1993) an 2 Studien zeigte sich eine Effektstärke von ES = 0.62.

Psychoanalytisch orientierte Therapie: Zu den Effekten psychoanalytisch orientierter Therapie liegen zwei kontrollierte Untersuchungen vor, wobei die Wirksamkeit nur schlecht abgesichert ist. Spezifische Wirkungen konnten bisher nicht nachgewiesen werden (Grawe et al., 1994, S.548).

Humanistische Paartherapie: Für ein gesprächstherapeutisches Vorgehen liegen keine kontrollierten Studien vor. In der Schadish et al. (1993) Meta-Analyse zeigte sich bei 2 Studien eine nichtsignifikante Effektstärke von ES = 0.12.

Johnson und Greenberg (1985) untersuchten ein humanistisches Verfahren mit Anlehnung an gestalttherapeutische Methoden („experiental therapy", emotionsfokussierende Paartherapie EFPT) im Vergleich mit VET. Beide Verfahren erwiesen sich als wirksam im Vergleich zu einer Wartelistenkontrollgruppe. Bei einigen Maßen erwies sich EFPT signifikant wirksamer als VET. Dies ist bisher die einzige Studie aus dem Bereich humanistischer Verfahren mit einem deutlichen Wirksamkeitsnachweis und sollte unbedingt repliziert werden.

Insgesamt machen die Übersichten deutlich, dass die Effektivität von Ehetherapie sicherlich noch zu verbessern ist. Eine Weiterentwicklung ist z.Zt. vor allem durch Prozessanalysen zu erwarten, um mit deren Hilfe die wirksamsten therapeutischen Strategien herauszufiltern. (S. 82-83)

Diese Forschungsansätze und Aktivitäten sind nicht ohne Einfluss auf die Institutionelle Beratung geblieben. Sowohl aus fachlichen Erwägungen wie auch wegen der knapper werdenden Ressourcen bestand die Notwendigkeit, den Effekt dieses Beratungsangebotes zu verdeutlichen. Die Arbeit in den Stellen und die sie begleitenden Umstände machten es schwer, das klinische und universitäre Vorgehen zu übernehmen. Somit begannen die ersten Ansätze zur Überprüfung der Beratungsarbeit, indem retrospektive Erhebungen durchgeführt wurden. Unter experimentellen Gesichtspunkten im Hinblick auf die dabei zu erzielenden Ergebnisse, ist dieses Vorgehen jedoch kritisch zu betrachten. In der Regel sind die Rücklaufquoten bei schriftlichen Befragungen nicht vollständig, die antwortgebenden Klientinnen sind bei diesen Befragungen selten repräsentativ. Gleichzeitig ist die Erinnerung eher global, so dass sich dabei in der Regel nur Tendenzen erfassen lassen.

Dieses Vorgehen ist dennoch ein Schritt in die richtige Richtung. Es ist aber auf die Dauer von prospektiven Studien zu ergänzen oder abzulösen, um zu differenzierten Ergebnissen zu kommen, die auf der Handlungsebene und nicht nur auf der Einstellungsebene angesiedelt sind. In diesem Kontext sind nicht nur die statistische Signifikanz und die Unterscheidung von Gruppenmittelwerten zu erheben, sondern auch das Ausmaß der „klinischen Relevanz" zu erfassen. Diese gilt dann als gegeben, wenn sich in einer vorher zu bestimmenden Kriterienvariable eine Veränderung vom dysfunktionalen zum funktionalen Bereich durch die Beratung ergeben hat. Diese Vorgehensweise macht es notwendig, dass definierte und objektivierbare Kriterien vorliegen, die durch geeignete Validierungsstudien die Möglichkeit eröffnen zwischen einer „überdurchschnittlichen Belastung (bei bestimmten Kriterien krankhaft)" und einer „durchschnittlichen Beeinträchtigung" differenzieren können. Dies hat nicht nur Relevanz für die Diagnostik und eine mögliche Überweisung, sondern wird auch die Beratungsarbeit entsprechend strukturieren. Dazu beizutragen, aus der kritischen Belastungszone herauszukommen und in eine weiterhin nicht störungsfreie Situation zu kommen, bedeutet also ebenso einen Beratungserfolg wie die vollständige Reduzierung der Beeinträchtigung in einem bestimmten Bereich. Aus diesem Grunde wird bei dem Wechsel zwischen dem dysfunktionalen zum funktionalen Bereich von klinischer Relevanz gesprochen. Um diesen Ansatz zu fördern, hat die Katholische Bundesarbeitsgemeinschaft für Beratung e.V. u.a. 1990 erstmals „Diagnostische Verfahren für Berater – Materialien zur Diagnostik und Therapie in Ehe-, Familien- und Lebensberatung" (Hank, Hahlweg & Klann, 1990) vorgelegt. Eine aktualisierte, vollständig überarbeitete Auflage liegt inzwischen vor (Klann, Hahlweg & Heinrichs, 2002). Um die Bemühungen in der Institutionellen Beratung im Hinblick auf die Ergebnisqualitätssicherung zu dokumentieren, werden die umfangreichsten Studien der letzten Jahre dokumentiert, da sie zu den wichtigen Bestandteilen gehören, Erkenntnisse für eine bessere Arbeit mit den Klientinnen zu gewinnen und die Beratungstätigkeit nach außen transparent werden zu lassen.

4.1 QUASI-EXPERIMENTELLE KATAMNESTISCHE STUDIE

Vennen (1992) legte als erster eine breit angelegte quasi experimentelle katamnestische Studie vor, die retrospektiv die Wirksamkeit von Eheberatung dokumentierte. Insgesamt gingen 100 ehemalige Klientinnen (65 Beratungsfälle), die von 14 Eheberaterinnen aus drei Beratungsstellen beraten worden waren, in die Studie ein. Der Katamnesezeitraum betrug bei 45% der Befragten 1 bis 2 Jahre, bei 16% 4 bis 6 Jahre. In 55% erfolgte die Eheberatung fast immer mit beiden Partnern, in 25% der Fälle wurden mindestens 50% der Sitzungen nur mit einem Partner durchgeführt. Die durchschnittliche Anzahl der Beratungskontakte belief sich auf 13 Sitzungen.

Die Abbruchrate (Beratung wurde nach der vierten Sitzung abgebrochen) betrug 31%. Insgesamt zeigte sich bei 67% der Ratsuchenden mit vollständiger Beratung klinisch relevante Verbesserungen. Eine ausführliche Diskussion der Ergebnisse und ihre Relevanz für die Institutionelle Beratung ist an anderer Stelle erfolgt (Klann & Hahlweg, 1996a, S. 43-47). Die Ergebnisse sind vergleichbar mit retrospektiven Studien aus dem amerikanischen Raum (z.B. Doherty & Simmons, 1996). Die Rücklaufquoten lagen dort zwischen 52% und 58%, die Besserungsrate zwischen 66% und 77%. Es ist zu vermuten, dass die Klientinnen, die ein eher unzureichendes Beratungsergebnis erzielten, nicht auf die Umfrage geantwortet haben, so dass bei dieser Form der Datengewinnung eher die maximalmögliche Wirksamkeit von Partnerschaft- und Eheberatung erfasst wird.

4.2 RETROSPEKTIVE UNTERSUCHUNG MÜNSTER

Das Ergebnis einer zahlenmäßig großen Klientinnengruppe präsentierte Wilbertz (1999) als erster. Die Untersuchung wird fortgesetzt, so dass hier nur ein Zwischenergebnis referiert wird. Im Bistum Münster, in welchem 27 Ehe-, Familien- und Lebensberatungsstellen existieren, wurden 2.000 Ratsuchende angeschrieben, bei denen das Beratungsende sechs Monate zurücklag. Diese Klientinnen hatten vor Beginn der Beratung ihr Einverständnis erklärt, dass sie sechs Monate nach Abschluss der Beratung bereit sind, einen Fragebogen auszufüllen. Es wurden nur die ehemaligen Klientinnen angeschrieben, die wenigstens drei Beratungstermine in Anspruch genommen hatten. Die Rücklaufquote lag bei 48%. Auf diese Weise konnten in die Auswertung 1.000 ehemaligen Ratsuchende einbezogen werden. Neben sozio-ökonomischen Daten wurden allgemeine Fragen zu den erreichten Effekten vorgelegt, die sich eher auf die eigene Person beziehen und in einem weiteren Komplex wurde erfragt, ob es Veränderungen im Bereich der Partnerschaft gegeben habe. Für den Fall, dass es sich um eine Trennungs- oder Scheidungsberatung gehandelt haben sollte, war ein weiterer Fragenkomplex vorgesehen. Abschließend wurden Fragen zur globalen Einschätzung der Beratung selbst vorgelegt. In einem weiteren Teil wurden die Befragten gebeten, Anmerkungen oder Wünsche frei formuliert einzutragen.
Hinsichtlich der Repräsentativität der erfassten Stichprobe wird festgestellt, dass es keine wesentlichen Unterschiede beim Alter, Geschlecht und der Kinderzahl sowie der durchschnittlichen Beratungsdauer gegenüber der

Gesamtklientel gibt. Die durchschnittliche Beratungsdauer betrug 9,1 Stunden; die Beratung erstreckte sich über 9 Monate und wurde in 11% der Fälle einseitig von den Klientinnen und in 89% der Fälle im gegenseitigen Einvernehmen beendet.

Für 3/4 der Ratsuchenden hat die Beratung dazu geführt, dass ihre Fähigkeit, Probleme zu lösen und das Verständnis der eigenen Bedürfnisse und Gefühle gegenüber der Zeit vor der Beratung verbessert wurde. Bei denjenigen, die wegen Partnerschaftsfragen in die Stellen gekommen waren, hatten 2/3 den Eindruck, dass ihre Partnerschaft befriedigender ist und die Fähigkeit verbessert wurde, die gemeinsamen Probleme und Konflikte zu bewältigen. 62% empfinden ihre Partnerschaft im Vergleich zu früher stabiler. Bei Trennung und Scheidung im Zentrum der Beratung wurde diese in 79% der Fälle als hilfreich charakterisiert. Für 77% hat die Beratung dazu beigetragen, die gefühlsmäßige Bewältigung der Trennungs- bzw. Scheidungssituation besser bewältigen zu können. Insgesamt waren 83% der Antwortenden der Meinung, dass für sie die Beratung hilfreich war und 94% werden sie weiter empfehlen.

Eine differenziertere Auswertung deckt nach Wilbertz auf, dass das Ausmaß der Veränderung abhängig ist vom Konkretheitsgrad der Fragestellungen. Je allgemeiner die Fragen waren, um so höher wurde Zufriedenheit oder Stabilität zum Ausdruck gebracht. Am deutlichsten wurde dies im Hinblick auf die Zufriedenheit mit der sexuellen Beziehung. Lediglich 29% der Ratsuchenden sprechen in diesem Zusammenhang von einer Verbesserung, während 59% keine Veränderung angeben konnten und 12% sogar von einer Verschlechterung berichteten. Unter inhaltlichen Gesichtspunkten stellt sich die Frage, wie ein solches Ergebnis zustande kommen kann. Hierfür wird es sicherlich verschiedenste Gründe geben. „Ferner sollte bei aller Unterschiedlichkeit zu den sonstigen Ergebnissen eines nicht aus dem Blick geraten: Wenn 29% derjenigen, die geantwortet haben, angaben, dass sich ihre Zufriedenheit mit der sexuellen Beziehung positiv verändert habe, so ist auch dies schon ein bemerkenswerter Erfolg der Beratung!" (Wilbertz, 1999, S. 88).

Die weitergehende Auswertung verdeutlicht, dass Frauen deutlich positivere Angaben hinsichtlich der „allgemeinen Auswirkung der Beratung (wie Problemlösefähigkeit, Verständnis für die eigenen Gefühle, Veränderung des körperlichen Wohlbefindens und Selbstwertgefühls)" machen. Dies trifft auch bei denjenigen zu, die eine Trennungs- und Scheidungsberatung in Anspruch genommen haben. Männer geben dagegen an, einen größeren Nutzen aus der Partnerschaftsberatung gezogen zu haben. So erleben sie ihre Beziehung deutlich befriedigender, glauben die Partnerin jetzt besser zu verstehen und bewerten häufiger die Paarbeziehung als stabiler als dies die Frauen tun. Bei der abschließenden Gesamtbewertung, ob sie die Beratung als hilfreich erlebt haben, ob sie sie weiter empfehlen werden, gibt es keine geschlechtsspezifischen Unterschiede. Alter, Familienstand und Kinderzahl fallen mit keinen Besonderheiten zusammen. Als interessanter Effekt wird berichtet, dass bei Paaren, die Kinder im Alter von drei bis sechs Jahren haben, die stärksten Effekte im Bereich der Partnerschaft aufgetreten sind. Der Autor versteht dies als Ausdruck einer besonderen Motivation von Vätern und Müttern, die häusliche Situation zu verbessern, was dazu führt, von der Beratung intensiver zu profitieren. Bei der Analyse der Teilstichproben, die die Beratung regulär, das heißt nach Absprache beendet haben, und derjenigen, die dies einseitig getan haben, werden Unterschiede deutlich. Diejenigen, die die Beratung abgebrochen haben, berichten deutlich seltener von positiven Veränderungen durch die Beratung. Allerdings meinen 63%, dass die Beratung trotz des Abbruchs hilfreich war und 83% werden sogar die Beratung weiter empfehlen. Diese Nachbefragung stützt die Hypothese, dass länger dauernde Beratungen bzw. eine höhere Sitzungsfrequenz auch dazu führen, dass die Klientinnen signifikant häufiger von positiven Veränderungen berichten. Dennoch wird berichtet: „Die nur wenige Sitzungen umfassende Beratung kann hilfreich sein: immerhin bewerten 59% der drei mal Beratenden ihre Partnerschaft als befriedigender und ebenso viele erleben eine entsprechende Verbesserung bei der Fähigkeit, Konflikte zu bewältigen" (Wilbertz, 1999, S. 91).

Diese Ergebnisse können als Ermunterung verstanden werden, mit anderen wissenschaftlichen Methoden die Wirksamkeit von Ehe-, Familien- und Lebensberatung weiter zu untersuchen, um die schon in dieser Studie aufgeworfenen Fragen weiter verfolgen zu können, was dazu beitragen wird, dass die Klientinnen in der Zukunft stärker von diesem Beratungsangebot profitieren können.

4.3 RETROSPEKTIVE UNTERSUCHUNG TRIER

Die in Trägerschaft des Bistums Trier befindlichen integrierten Beratungsstellen legen das Ergebnis einer Evaluations- und Katamnesestudie vor (Esser et al., 2000). Dieses Projekt ist in Kooperation zwischen dem Ministerium für Kultur, Jugend, Familie und Frauen, Rheinland-Pfalz, mit der Universität Trier und der Lebensberatung des Bistums Trier durchgeführt worden. Die Studie unterscheidet bei der Datenerhebung und -auswertung zwischen Prozess- und Ergebnisqualität.

Die beteiligten Beratungsstellen teilten sich in zwei Gruppen. Drei Stellen führten eine intensivere Untersuchung (fünf Erhebungen) und die übrigen 17 Beratungsstellen drei Klientinnenerhebungen durch.

Zur Erfassung der Prozessqualität wurde von allen Beratungsstellen im Rahmen der Anmeldung durch das Sekretariat der Zugangsweg zur Beratungsstelle sowie der formale Ablauf, differenziert zwischen Anmeldung und Erstgespräch sowie im Hinblick auf Dringlichkeit, erfasst. Ergänzt wurde diese Erhebung durch einen Beraterinnen-Fragebogen, der die erbrachten Leistungsbereiche, die Dauer der Beratung in Wochen sowie die Anzahl der stattgefundenen Sitzungen und die möglicher Weise stattgefundene Kooperation mit anderen Einrichtungen dokumentierte.

Um die Ergebnisqualität erfassen zu können, ist allen Klientinnen nach Abschluss der Beratung ein acht Fragen umfassender Bogen vorgelegt worden, der die Meinung zum Beratungsverlauf erfassen sollte.

Bei den Beratungsstellen, die sich für eine intensivere Untersuchung entschieden hatten, wurde den Klientinnen nach der ersten bis dritten und letzten Beratungsstunde ein Stundenbewertungsfragebogen zum Ausfüllen vorgelegt. Ergänzt wurde die Klientinnenbefragung durch einen Katamnesefragebogen, der sechs Monate nach Abschluss des Beratungsprozesses auf dem Postweg zugestellt wurde.

Von den 1.775 bei dieser Studie erfassten Ratsuchenden wurden 23% (N = 403) auf Grund von Krisensituationen über ein beschleunigtes Anmeldeverfahren aufgenommen. Die übrigen mussten bis zum Beginn der Beratung eine durchschnittliche Wartezeit von 30 Tagen hinnehmen. Der Zeitraum zwischen dem Erstkontakt mit der Beratungsstelle und dem tatsächlichen Termin des Erstgespräches betrug durchschnittlich 3 Tage. Die Anzahl der Beratungskontakte lag bei 51% bei max. 5 Sitzungen. Durchschnittlich dauerten die Beratungen 11 Sitzungen.

Bei der Arbeit mit den Klientinnen wurden am häufigsten (N = 38) medizinische Einrichtungen oder das Jugendamt (N = 34) sowie die Schule (N = 29) mit einbezogen.

Aufgrund drei vorgegebener Kategorien wurde versucht, die Zugangswege zur Beratungsstelle zu erfassen. Die Tabelle 4.4.-1 gibt das Ergebnis wieder.

Tabelle 4.4-1: Die Tabelle gibt die am häufigsten genannten Anregungen und Initiativen zur Kontaktaufnahme mit den Beratungsstellen wieder (Mehrfachnennung war möglich)

Anregungen/Initiative/Kontaktaufnahme	N	%
Eigeninitiative	569	32
Hinweise durch ehemalige Ratsuchende	162	9
Medizinische Einrichtungen	91	5
Schule	66	4
Jugendamt	65	4
Andere Beratungsdienste	50	3

Anmerkungen: N = Anzahl der Personen, % = Angaben in Prozent.

Die Beratungsstellen erbrachten unterschiedliche Leistungen. Da das Kinder- und Jugendhilfegesetz dabei Vorgaben macht, wird der Katalog der Tätigkeitsbereiche an ihm orientiert. In der folgenden Tabelle (Tabelle 4.4-2) wird das gesamte Spektrum dargestellt.

Von 349 Klientinnen lagen ausgefüllte Fragebögen zur Stundenbewertung nach der ersten Sitzung, von 102 nach der dritten Sitzung und von 181 nach der letzten Sitzung vor. Von 39 ehemaligen Ratsuchenden gab es einen vollständigen Datensatz bezogen auf die drei Erhebungszeitpunkte.

94% der Befragten stellten nach der ersten Sitzung fest, dass sie sich von der Beraterin verstanden fühlten. Nur 4% gaben an, sich nicht verstanden gefühlt zu haben. Der arithmetische Mittelwert auf der 7-stufigen Skala lag bei 6,3. Nach der letzten Sitzung fühlten sich 97% aller Ratsuchenden verstanden. Der arithmetische Mittelwert aller Antworten lag beim Abschluss bei 6,5.

82% bestätigten nach der ersten Sitzung die Frage „Ich habe heute von der Beraterin Hilfe und Unterstützung bekommen". Nach der letzten Sitzung sind dies 92%.

Insgesamt gaben 83% der Befragten nach der ersten Sitzung und 92% nach der letzten Sitzung an, dass das Thema der Sitzung zu ihrer Zufriedenheit besprochen wurde.

41

Tabelle 4.4-2: Leistungsbereiche und die Häufigkeiten von erbrachten
Leistungen. Orientierung ist das Kinder- und
Jugendhilfegesetz (KJHG)

Leistungsbereich	Häufigkeit
§§ 28/41 Erziehungsberatung (bis 18) und Beratung junger Volljähriger (bis 27)	503
§ 17 (1) A Beratung Partnerschaft, wenn Klienten für Kind/er zu sorgen haben	194
§ 17 B Beratung bei Trennung Scheidung	141
§ 17 (2) Entwicklung einvernehmlicher Sorgerechts-regelung bei Trennung und Scheidung	20
§ 18 A Ausübung der Personensorge	28
§ 18 B Beratung und Unterstützung bei der Ausübung des Umgangsrechts	37
§ 36 Beteiligung am individuellen Hilfeplan	13
§ 35 a Eingliederungshilfe für seelisch behinderte Kinder und Jugendliche	6
Ehe- und Paarberatung	116
Lebensberatung (zielorientiert)	292
Lebensbegleitung (Stütze und Entlastung)	79
Berufliche und individuelle Beratung	25

Die Auswertung des Abschlussfragebogens ergab, dass 94% der Ratsuchenden ein positives Vertrauensverhältnis zur Beraterin entwickeln konnten. Nur 2% gaben an, kein Vertrauen zur Beraterin aufgebaut zu haben.
Auf der 5-stufigen Skala lag der Mittelwert bei 4,7. 91% der Klientinnen
hatten den Eindruck, dass sich die Beraterin in ihre Situation gut hineinver-
setzen konnte. 3% konnten dem nicht zustimmen. Der Mittelwert lag bei
4,4. Mit der Beratung zeigten sich 93% zufrieden und 2% äußerten sich unzufrieden zu sein. Im Durchschnitt kreuzten 1.095 Befragte einen Wert von
4,6 an. 96% geben an: „Ich würde die Beratungsstelle weiterempfehlen".
Zusammenfassend lässt sich feststellen, dass die Ratsuchenden eine gute
bis sehr gute Beratung erlebt haben, wobei die allgemeine Zufriedenheit
mit der Beratung und die Qualität der Beziehungsgestaltung am besten bewertet wurden.

Die Gegenüberstellung der Antworten des Abschlussfragebogens mit dem Ergebnis der Katamneseerhebung macht deutlich, dass sechs Monate nach Ende der Beratung der Beziehungsaspekt zwischen Ratsuchenden und Beraterinnen nicht mehr so hoch eingeschätzt wird, sondern die beim Beratungsprozess gewonnenen Erkenntnisse für den Umgang mit Problemen und die dafür notwendigen Lösungsstrategien an Bedeutung gewonnen haben. Eine Prüfung der zum Einsatz gebrachten Erhebungsinstrumente im Hinblick auf ihre Validität verdeutlicht, dass sich die Fragebögen bewährt haben. Ein Vergleich zwischen den Angaben aus dem ländlichen und dem städtischen Einzugsbereich rundet die Studie ab.

Zur Katamnese lagen 93 auswertbare Fragebögen vor. Sechs Monate nach Beendigung der Beratung machten die antwortenden Personen auf einer fünfstufigen Skala Angaben zur augenblicklichen Situation. Tabelle 4.4-3 gibt eine Zusammenfassung der Einschätzungen wieder.

Tabelle 4.4-3: Darstellung der Ergebnisse aus der Katamneseuntersuchung zur Beurteilung der Beratungserfahrung (N = 93)

Fragen des Katamnesefragebogens	trifft überhaupt nicht zu			trifft vollständig zu				
	1	2	3	4	5	M	SD	N
1. „Die damalige Beratung hat auch dazu beitragen, dass ich heute mit meiner Lebenssituation besser zurechtkomme."	7 (8%)	11 (13%)	22 (26%)	28 (34%)	16 (19%)	3,42	1,18	84
2. „Rückblickend komme ich zu dem Ergebnis, dass es hilfreich war, die Beratung in Anspruch zu nehmen."	6 (7%)	7 (8%)	8 (9%)	24 (28%)	41 (48%)	4,01	1,24	86
3. „Wenn nötig, würde ich mich wieder an die Beratungsstelle wenden."	6 (7%)	1 (1%)	4 (5%)	14 (16%)	62 (71%)	4,44	1,12	87
4. „Ich war damals mit der Beratung zufrieden."	4 (5%)	6 (7%)	4 (5%)	26 (30%)	46 (53%)	4,21	1,12	86
5. „Die in der Beratung entwickelten Lösungsmöglichkeiten haben sich in der praktischen Umsetzung als hilfreich erwiesen."	7 (8%)	8 (10%)	21 (25%)	28 (34%)	19 (23%)	3,53	1,19	83

Anmerkungen: M = Mittelwert, SD = Standardabweichung, N = Anzahl der Personen, % = Prozentangaben beziehen sich auf die Anzahl der Gesamtstichprobenzahl der Katamnese.

4.4 RETROSPEKTIVE UNTERSUCHUNG ROTTENBURG-STUTTGART

Die Fachstelle für Psychologische Beratung in Ehe-, Familien- und Lebensfragen der Diözese Rottenburg-Stuttgart (2000) legt eine Dokumentation
der Nachbefragung an den Psychologischen Beratungsstellen der Diözese
und der evangelischen Kirchenbezirke Aalen, Balingen, Stuttgart, Tübingen
und Tuttlingen vor. Ziel dieser Studie war es, eine repräsentative Nachbefragung bei Ratsuchenden und Beraterinnen durchzuführen. Der Untersuchungszeitraum erstreckte sich von Oktober 1998 bis Oktober 1999. Die
Untersuchung ist noch nicht vollständig abgeschlossen. Grundlage der Auswertung sind 1.064 ausgefüllte Beraterinnenfragebögen und 632 Fragebögen, die von Ratsuchenden ausgefüllt wurden. Die Klientinnen wurden
durch eine Zufallsstichprobe gewonnen und stammen aus 15 Psychologischen Beratungsstellen für Ehe-, Familien- und Lebensfragen der Diözese
Rottenburg-Stuttgart (darunter vier ökumenische Stellen) und einer Stelle
des evangelischen Kirchenbezugs Stuttgart. Die Nachbefragung wurde nach
vorheriger Einverständniserklärung durch die Ratsuchenden zwei Monate
nach Beratungsende auf postalischem Wege durchgeführt. Die Rücklaufquote beträgt 59,4%. Bei Prüfung der Repräsentativität der Stichprobe mit
den Daten aus dem Gesamtjahresbericht 1999 für die Beratungsstellen der
Diözese zeigt, dass sich die Untersuchungsgruppe bezüglich des Alters, hinsichtlich des Familienstandes, Anzahl der Kinder und der Nationalität unterscheiden. Die Geschlechtsverteilung ist vergleichbar. Ausländerinnen sind
unter-, Klientinnen in der Familienphase sind überrepräsentiert. Ratsuchende aus erfolgreich verlaufenden Beratungen haben eher geantwortet.
Der Klientinnenfragebogen umfasste elf geschlossene Fragen (Skalenwerte
1-5) und drei offene Fragen, die sich auf das Beratungsgeschehen selbst bezogen. Ergänzt wurden diese durch vorgegebene Fragen zur Strukturqualität
der Beratungsstelle, die durch eine Aufforderung vervollständigt wurden,
gleichzeitig anzumerken, was positiv oder negativ in diesem Zusammenhang
aufgefallen ist. Abgerundet wurde die Befragung durch die Möglichkeit,
weitere Bemerkungen und Kommentare abgeben zu können, die nach Meinung der Klientinnen für die Beratungsstelle interessant sein könnten. Die
zusätzlich durchgeführte Beraterinnenbefragung enthielt Fragen zur Bera-
tungsart und zum Verlauf, wie die Beratung zum Abschluss gekommen ist
und zu soziodemografische Daten der Ratsuchenden. Es bestand außerdem
die Möglichkeit, in einer eigenen Kategorie Bemerkungen/Besonderheiten
darzustellen.
Mit dieser Erhebung wurde folgende Ziele verfolgt:

(1) Gegenüber Trägern, Zuschussgebern und der Öffentlichkeit Auskunft geben zu können, über das Ansehen und die Effektivität des Beratungsangebotes.

(2) Rückmeldung zu erhalten über erlebte (Struktur) Qualitätsmerkmale der einzelnen Beratungsstellen.

(3) Beraterinnenurteile zur Effektivität und Zufriedenheit mit der Beratung in Abhängigkeit von ihrer Dauer miteinander zu vergleichen.

Die Datenerfassung und -auswertung erfolgte extern und die Anonymität der Klientinnen, Beraterinnen war gewährleistet. Als Methoden zur Auswertung wurden eingesetzt: deskriptive Statistik, statistische Prüfverfahren, Mittelwertsvergleiche, Faktorenanalyse, Korrelationsberechnungen und Regressionsanalysen.

Eine Zusammenfassung der elf Fragen, die sich auf den Beratungsprozess bzw. die Beratungsbeziehung konzentrieren, führt zu folgenden Fakten: Ein großer Teil erlebt sich sehr stark belastet und ist insgesamt mit der Beratung zufrieden. Festgemacht wird es daran, dass sich die Klientinnen sehr angenommen und gut verstanden fühlten. Darüber hinaus erlebten sie die Beraterin als fachlich sehr qualifiziert. Es wurde als angemessen bzw. genau richtig erlebt, wie zwischen Aktivität und Passivität auf Seiten der Beraterin gewechselt wurde. Somit ist die Beratung insgesamt als sehr hilfreich erlebt worden, so dass die Klientinnen mit ihrer Lebenssituation dadurch besser umgehen können. Auf Grund der gemachten Erfahrung werden sie das Beratungsangebot unbedingt weiter empfehlen. Die kirchliche Trägerschaft spielte dabei keine herausragende Rolle.

Tabelle 4.4-4: Die Tabelle gibt die Prozentangaben bezogen auf die 632 Ratsuchenden, die zu den geschlossenen Fragen Angaben machten, wieder. Da es sich um eine bipolare Antwortmöglichkeit handelte, werden in der Tabelle die vorgegebenen Extreme aufgeführt, um die Prozentangaben interpretieren und den Mittelwert sowie die Standardabweichung qualifizieren zu können.

Fragen	Bipolare Skala %					M	SD
	1	2	3	4	5		
Vor Beginn der Beratung erlebte ich mich	3,7	4,6	1,9	30,3	49,5	4,2	1,1
	sehr zufrieden			stark belastet			

Fragen	Bipolare Skala %					M	SD
	1	2	3	4	5		
Ich bin mit der Beratung insgesamt	2,9	2,4	12,1	33,7	49,0	4,2	1,0
	sehr unzufrieden			sehr zufrieden			
Ich fühlte mich von der Beraterin/ dem Berater	0,5	1,4	8,3	32,7	57,1	4,4	1,0
	nicht angenommen			sehr gut verstanden			
Ich fühlte mich von der Beraterin/ dem Berater	0,8	2,1	8,6	36,9	51,7	4,4	0,8
	überhaupt nicht verstanden			sehr gut verstanden			
Ich erlebte die Beraterin/den Berater im Umgang mit meinen Fragen und Anliegen	0,3	1,4	9,6	34,3	54,3	4,4	0,8
	fachlich wenig qualifiziert			fachlich sehr qualifziert			
Ich erlebte die Beraterin/den Berater als	1,3	12,9	75,9	8,7	1,1	3,0	0,6
	viel zu passiv			viel zu aktiv			
Die Dauer der Beratung (Anzahl der Gespräche) war für mich	4,6	14,6	77,7	3,1	0	2,8	0,6
	viel zu kurz			viel zu lang			
Ich erlebte die Beratung insgesamt als	1,4	4,8	9,8	34,9	49,1	4,3	0,9
	nicht hilfreich			sehr hilfreich			
Ich komme mit meiner Lebenssituation heute im Vergleich zu der Zeit vor der Beratung	0	1,0	21,2	48,9	28,9	4,0	0,7
	viel schlechter zurecht			viel besser zurecht			
Ich würde die Beratungsstelle Bekannten/Freunden weiter empfehlen	0,5	1,1	5,7	19,2	73,5		
	auf keinen Fall			unbedingt			
Dass die Beratungsstelle eine kirchliche Einrichtung ist, war für mich	0,3	1,8	64,5	12,1	21,3	3,5	0,9
	hinderlich			förderlich			

Anmerkungen: M = Mittelwert, SD = Standardabweichung.

Die Tabelle 4.4-4 stellt zu den einzelnen Fragen die Antworten unter quantitativen Gesichtspunkten dar, ergänzt durch den Mittelwert (M) und die Standardabweichung (SD), die die Streuung der Antworten dokumentiert. Es standen 1.498 freie Antworten auf die vier offenen Fragen zur Verfügung.

Die Autoren fassen die Ergebnisse der Auswertungen wie folgt zusammen:

- Die kirchliche Trägerschaft der Beratungsstelle (Frage 11) ist für 35% der Antwortenden ohne spezifische Bedeutung. 28% bringen gerade der kirchlichen Beratungsstelle einen Vertrauensvorschuss entgegen, zusätzlich 4% wandten sich ausdrücklich an eine kirchliche Stelle, da ihr Problem mit religiösen Fragen verbunden war. Bei 8% wurde die Skepsis gegenüber einer kirchlichen Stelle durch die positive Beratungserfahrung entkräftet. Nur 3% äußern (weiter) Vorbehalte gegenüber einer kirchlichen Beratungsstelle, und knapp 3% äußern sich in ihren spezifischen Erwartungen enttäuscht."

- Als besonders hilfreich in der Beratung (Frage 12) benennen 28% Merkmale des beraterischen Dialogs wie Klären, Strukturieren, Zuhören, Nachfragen usw. 23% erleben die Neutralität, fachliche Kompetenz, Empathie und weitere Merkmale der Beraterinnen als besonders hilfreich. Die besonderen Merkmale der Beratungssituation (Verschwiegenheit, ein ungestörter Raum, Zeit zum Nachdenken) sind für 12% besonders hilfreich; die Erfahrung von Annahme, Verständnis, Begleitung in der Beratungsbeziehung usw. für 11%. Den Perspektivenwechsel, der in der Beratung gewonnen wurde, sehen 10% als besonders hilfreich an; konkrete Anregungen der Beraterinnen fanden 6% besonders hilfreich.

- Auf die Frage: „Was hat Sie in der Beratung gestört?" (Frage 13) betonen 33% ausdrücklich, dass es für sie nichts Störendes gab. 28% geben an, dass sie zu wenig konkrete Lösungsvorschläge bekamen, die Beraterinnen zu abwartend oder passiv waren oder kritisieren bestimmte methodische Vorgehensweisen. Für 24% war die mangelnde Zeit störend: zum Beispiel die Kürze der Beratungsstunde, zu wenig oder zu seltene Beratungstermine, Schwierigkeiten auf Grund der Wartezeit oder bei der Terminfindung.

- Erfragte Veränderungswünsche (Frage 14) beziehen sich zu 24% auf mehr Anleitung zur Problembewältigung und mehr Aktivität der Beraterinnen. 22% wünschen sich mehr Zeit: längere Beratungsstunden, häufigere Termine, längere Beratungsreihen, kürze Wartezeiten. 19% der Klientinnen schreiben ausdrücklich, dass sie „nichts" anders gewünscht

47

hätten. 14% äußeren konkrete Wünsche zum jeweiligen Beratungsverlauf oder zu bestimmten Methoden. (Fachstelle für Psychologische Beratung in Ehe-, Familien- und Lebensfragen in der Diözese Rottenburg-Stuttgart, 2000, S. 140).

Zur Vervollständigung der Einschätzung über das Beratungsgeschehen wurden die Beraterinnen ebenfalls befragt. Dabei zeigte sich, dass sich die Klientinnen belasteter erleben, als dies von den Beraterinnen wahrgenommen wird, diese auch zufriedener sind, als dies die Beraterinnen zum Ausdruck bringen und mehr Klientinnen als Beraterinnen die absolvierte Stundenanzahl als angemessen beurteilen. Die Klientinnen schätzen die Beratung als hilfreicher ein, als dies die Beraterinnen tun. Die Ergebnisse lassen sich im Einzelnen der Tabelle 4.4-5 entnehmen.

Tabelle 4.4-5: Die Tabelle gibt die Einschätzungen der Beraterinnen (N = 1.060) im Hinblick auf das Beratungsgeschehen wieder. Da es sich jeweils um eine bipolare Antwortmöglichkeit handelte, werden in der Tabelle die vorgegebenen Extreme aufgeführt, um die Prozentangaben interpretieren und den Mittelwert sowie die Standardabweichung qualifizieren zu können.

Fragen	Bipolare Skala %					M	SD
	1	2	3	4	5		
Den/die Ratsuchende(n) habe ich erlebt als	2,8	9,1	14,5	36,8	36,8	4,0	1,1
	etwas belastet			stark belastet			
Ich bin mit dem Ergebnis der Beratung insgesamt	3,1	13,7	22,1	42,4	16,6	3,6	1,0
	sehr unzufrieden			sehr zufrieden			
Im Nachhinein betrachte ich die Dauer der Beratung (Anzahl der Gespräche) als	9,9	25,7	60,9	3,2	0,3	2,6	0,7
	viel zu kurz			viel zu lang			
Ich beurteile die Beratung für den Ratsuchenden als	2,2	9,0	20,9	46,8	21,2	3,8	1,0
	nicht hilfreich			sehr hilfreich			

Anmerkungen: M = Mittelwert, SD = Standardabweichung.

Hinsichtlich der anderen Fragestellungen zeigt sich, dass es einen Zusammenhang zu geben scheint, der in anderen Studien nicht in gleicher Weise bestätigt wurde (z.B. Klann & Hahlweg, 1996a), nämlich, dass länger andauernde Beratungen hilfreicher wahrgenommen werden als die kürzeren. Es gibt Geschlechtsunterschiede bei den Einschätzungen. Frauen erleben sich belasteter als die Männer, dies wird auch von den Beraterinnen so gesehen. Frauen nehmen eher Einzel-, Männer eher Paarberatung in Anspruch. Bei der Untersuchung, ob es Unterschiede zwischen denjenigen gibt, die die Beratung regulär beenden und denjenigen, die sie abgebrochen haben, zeigt sich, dass Klientinnen, die die Beratung abgebrochen haben, nach Ansicht der Beraterinnen als belasteter eingeschätzt wurden. Die Klientinnen, die ihre Beratung regulär abgeschlossen haben, kommen nach ihren eigenen Aussagen derzeit mit ihrer Lebenssituation besser zurecht als diejenigen, die sie abgebrochen haben.

Zusammenfassend lässt sich feststellen, dass sich die Klientinnen nicht hinsichtlich bestimmter Merkmale unterscheiden, die bereits bei Beratungsbeginn vorliegen, sondern, dass vor allem Faktoren entscheidend sind, die den Verlauf einer erfolgreichen Beratung kennzeichnen.

4.5 RETRO- UND PROSPEKTIVE UNTERSUCHUNGEN

Sanders (1997) hat mit seiner Konzeption, die eigene Beratungs- und therapeutische Tätigkeit kontinuierlich zu evaluieren, ein Beispiel dafür gegeben, dass dies als Einzelperson im Rahmen einer Beratungsstelle möglich ist. Gleichzeitig wird deutlich, wie viel Innovation dadurch freigesetzt wird, klientenorientiert Entwicklungen einzuleiten. Dies geschieht am effektivsten in einem Dialog mit anderen Fachleuten, wozu die von ihm gegründete Zeitschrift für Theorie und Praxis der Beratung „Beratung Aktuell" eine gute Plattform darstellt.

Schwerpunkt dieser Evaluationsarbeit ist die Entwicklung einer Integrativen Therapie, die auch eine einzelfallorientierte Gruppenarbeit (Sanders, 2000) einschließt. Damit dies systematisch erfolgen kann, wurden unterschiedliche Vorgehensweisen und Zeitpunkte für die Evaluation gewählt:

(1) Im Verlauf der Gruppenarbeit wurden die dabei ablaufenden Prozesse in Form einer prozessbegleitenden Evaluation ausgewertet.

(2) Am Ende der paartherapeutischen Seminare wurden die Teilnehmerinnen gebeten, ihre persönlichen Erfahrungen und Meinungen anhand einiger offener Fragen anonym aufzuschreiben.

(3) Nach Beendigung der Seminare wurde den Teilnehmerinnen in standardisierter Form ein weiteres Mal die Möglichkeit gegeben, ihre Erfahrungen mitzuteilen und eine Stellungnahme abzugeben.

(4) Eine Untergruppe bekam die gleichen Fragebogen vor Beginn der beraterischen Arbeit und dann nach 6 Monaten vorgelegt, wie sie für die Beratungsbegleitende Forschung (vgl. Kap. 4.6 und Kap. 6.2) zum Einsatz kamen bzw. kommen.

Im Sinne eines Überblicks werden die im Rahmen dieses Evaluationsprozesses angefallenen Daten und Ergebnisse vorgestellt. Die Zusammensetzung der Untersuchungsgruppe ist zufällig. Es handelt sich um Ratsuchende, die eine Ehe-, Familien- und Lebensberatungsstelle in katholischer Trägerschaft aufsuchten. Sanders berichtet, dass sich eine Paartherapie über einen Zeitraum von ein bis drei Jahren erstrecken kann, die auch Phasen der Paar-, Einzelarbeit und Gruppentherapie beinhaltet. Die erfasste Stichprobe setzt sich aus 235 Personen zusammen. Aus dieser Gesamtgruppe bilden sich dann je nach Evaluationsart Untergruppen. Da diese sich zum Beispiel hinsichtlich der soziodemografischen Daten unterscheiden wird die genaue Beschreibung jeweils untersuchungsgruppenbezogen dargestellt.

Qualitative Beurteilungen von paartherapeutischen Seminaren

Die Untersuchungsgruppe setzte sich aus 235 Personen zusammen, von denen 52% weiblichen Geschlechts war. Das Durchschnittsalter der Frauen betrug 40 Jahre und das der Männer 42 Jahre, die mittlere Ehedauer umfasste 14 Jahre. Da einige Personen an mehreren Seminaren teilgenommen haben, lagen zur Auswertung 337 Bögen vor (bei den Seminaren waren zum Teil Kinder anwesend, die nicht in die Auswertung miteinbezogen werden).

Als Erhebungsinstrumente wurden den Teilnehmerinnen am Ende der Seminare offene Fragen zur Beantwortung vorgelegt, die anonym beantwortet werden konnten.

Nach einer Sichtung und Bündelung der Antworten nach Oberbegriffen durch zwei unabhängige Rater lässt sich das Resultat wie folgt zusammenfassen:

- Es konnte Verständnis für das Zustandekommen der jeweiligen Problemsituation gewonnen werden.

- Das eigene Problemlösungsverhalten konnte erweitert und verbessert werden.

- Das Zusammenleben, Erfahrungen der Gemeinsamkeit wurden gefördert.

- Die an dem Seminar teilnehmenden Kinder reagierten auf die Veränderung der Eltern mit Entspannung.

Die zusammengefassten Einschätzungen zeigen, dass die Seminararbeit von den Teilnehmerinnen als hilfreich erfahren wird. Gleichzeitig wird deutlich, dass damit auch die Gruppenarbeit selbst, als Methode der Paararbeit, eine Bestätigung erfährt, nämlich bei Partnerschafts- und Beziehungsstörungen als Arbeitsmedium besonders effektiv zu sein (Grawe et al., 1994).

Standardisierte Beurteilung der Beratungs- bzw. Therapieprozesse

Der Gesamtuntersuchungsgruppe (N = 235) wurde auf der Grundlage des Adressenbestandes (N = 201) ein Fragebogen zur Gesamtbeurteilung des erlebten Beratungs- bzw. Therapieprozesses zugestellt. Dieser ist Bestandteil des Untersuchungssets, welcher zur Beratungsbegleitenden Forschung (BF I und BF II) gehört (vgl. Kap. 6.2.1.7).

130 Klientinnen, dies sind 65% der Angeschriebenen, schickten einen beantworteten Fragebogen zurück (58 Paare, 9 weibliche und 5 männliche Einzelklienten; die Männer waren im Durchschnitt 45 Jahre und die Frauen 39 Jahre alt). Im Hinblick auf die sozio-ökonomischen Daten unterscheidet sich die Klientinnengruppe nur durch das Alter, den Familienstand „verheiratet" und die Dauer des Zusammenlebens von der typischen Klientel einer katholischen Ehe-, Familien- und Lebensberatungsstelle. Die partnerschaftsbezogenen Abweichungen haben vielleicht ihre Begründung in der Untersuchungsgruppe, die sich dadurch auszeichnete, dass es Klientinnen waren, die an einem „Paartherapeutisches Seminar" teilgenommen haben. Die Klientinnen geben die Dauer der Paartherapie mit durchschnittlich 18 Monate an. Diese verteilt sich auf die Kategorien: 2 bis 6 Monate (25%), 7 bis 12 Monate (25%), 13 bis 18 Monate (17%), 19 Monate und länger (33%).

Die Ergebnisse der Befragung mit dem Bogen „Fragen zur Beratung an Klienten (FBK)" nach Abschluss des Beratungs- bzw. Therapieprozesses lassen auf eine hohe subjektive Zufriedenheit der Klientinnen schließen. Die Gesamtzufriedenheit liegt für 81% der Frauen und 75% der Männer bei der Kategorie 80% bis 100%. Mehr als 2/3 gaben an, dass die Erwartungen an die Beratung/Therapie weitgehend bzw. vollkommen erfüllt wurden. Etwa 80% geben an, dass ihnen die Beratung/Therapie Mut gemacht hat. Die Hälfte fühlte sich von ihrem Partner besser verstanden. Gleich viele äußerten sich dahingehend, dass sie Anregungen und Hilfen für ihr Zusammenleben bekommen haben. So sind 66% der Männer nach eigenen Aussagen jetzt besser im Stande auftretende Schwierigkeiten zu überwinden. Für die Hälfte der Klientinnen hat sich nach der Beratung die Beziehung weitgehend bzw. vollkommen gefestigt. 2/3 haben die Erfahrung gemacht, dass sie Mitgestalter des beraterisch-therapeutischen Geschehens sein konnten. Die erreichten Prozentsätze sind mit denen der BF I-Studie vergleichbar (Klann & Hahlweg, 1996a, S. 130-151).

Prae-/Post-Messung bei der Untersuchungsgruppe

Für diese Untersuchung konnten 30 Personen (14 Frauen, 16 Männer) gewonnen werden. Grundlage für die Erhebung war die Fragebogenbatterie, wie sie insgesamt im Rahmen der BF I-Studie (Klann & Hahlweg, 1996a) verwendet wurde und die ebenfalls, jedoch mit Ergänzungen und Veränderungen, bei der BF II-Studie Verwendung findet (vgl. Kap. 6.2.1.1-6.2.1.5). Das Alter der männlichen Teilnehmer lag im Mittel bei 49 Jahren, dass der Frauen bei 42 Jahren. Parallel dazu ist die Ehedauer angestiegen. Die Konfessionszugehörigkeit hat sich geändert. Die Gruppe, die angibt, katholisch zu sein, ist größer geworden (67% vs. 55%). Entsprechend ist der Anteil mit evangelischer Konfession zurückgegangen.

90% der an der Beratung/Therapie teilgenommen Paare lebten zum Zeitpunkt der zweiten Erhebung zusammen. 13% waren zum Zeitpunkt der zweiten Erhebung noch in einer Paartherapie und 36% befanden sich in einer Einzeltherapie. Für 80% der erfassten Ratsuchenden war es die erste Ehe, in der sie derzeit leben.

Um die Wirksamkeit der Integrativen Paartherapie zu erfassen, wurde die Effektstärkenberechnung zur Grundlage gemacht (vgl. Kap. 4). Bei der „Problemliste" ergibt sich eine Effektstärke (ES) von .60, bei der „Depressionsskala" wird ein Wert von .51 (ES) und bei der „Globalen Ehezufriedenheit" von .49 (ES) erreicht. Nach der allgemeinen Definition sind dies Werte, die als „mittlere Effektstärke" bezeichnet werden. Geringe Effekte gibt es bei der „Zufriedenheit mit den Kindern" (ES = .33) und bei der Skala „Problemlösung" (ES = .28). Über alle Skalen gemittelt ergibt sich für Frauen eine Effektstärke von .24 (ES) und für Männer von .12 (ES). Betrachtet man im Vergleich dazu die BF I-Studie, so werden dort bei den Frauen (N = 132) eine Effektstärke von .32 und bei den Männern (N = 120) eine Effektstärke von .20 festgestellt. Ohne die Diskussion zu führen, wie diese Ergebnisse zu verstehen und zu werten sind, ergibt sich damit eine gute Ausgangssituation, um das beraterische Verhalten, die dabei erzielten Effekte und die Einschätzungen und Äußerungen der Klientinnen einem persönlichen und kollegialen fachlichen Diskurs zuzuführen.

4.6 PROSPEKTIVE STUDIE/BERATUNGSBEGLEITENDE FORSCHUNG (BF I)

Das Ergebnis einer quasi-experimentellen prospektiven Studie (BF I) mit Datenerhebungen zu drei Messzeitpunkten konnten Klann und Hahlweg (1994) erstmals vorlegen. Diese Studie ist die Grundlage und gibt den Bezugsrahmen für die aktuelle Untersuchung (BF II), die im Rahmen dieser Arbeit vorgestellt und ausgewertet wird. Aus diesem Grunde wird bei der Darstellung der Ergebnisse aus BF II immer dann auf entsprechende Kapitel aus BF I verwiesen, wenn dort eine vergleichbare Fragestellung behandelt bzw. entsprechende Auswertungen erwähnt werden. Zur Vereinfachung der Präsentation wird die 1990-1993 durchgeführte Studie „Beratungsbegleitende Forschung I" (BF I) und die Wiederholungsstudie ab 2000 „Beratungsbegleitende Forschung II" (BF II) bezeichnet.

Es handelte sich bei BF I um eine von der Katholische Bundesarbeitsgemeinschaft für Beratung e.V. (BAG-Beratung), mit finanzieller Förderung durch das Bundesministerium für Familie, Senioren, Frauen und Jugend, durchgeführte Untersuchung. Zur Teilnahme waren alle Beratungsstellen, deren Mitgliedsverbände im DAK zusammengeschlossen sind, und die Ehe-, Familien- und Lebensberatung in katholischer Trägerschaft in Österreich eingeladen. Damit konnte die erste Feldforschung in diesem Sektor, die sich an der täglichen Beratungspraxis in den Beratungsstellen orientierte, durchgeführt werden.

Das Projekt verfolgte unterschiedliche Ziele: Die verschiedenen methodischen Ansätze, die unter den Begriffen Ehe- und Partnerschaftsberatung und Ehetherapie zusammengefasst werden können, entwickelten sich als Reaktion auf die Erfordernisse in Praxis und Forschung. Grundlage waren die eingeführten therapeutischen Ansätze. Nach einer Entwicklung, die von einer bevorzugten Einzelberatung hin zur Paarberatung verlaufen ist, wurde die Notwendigkeit gesehen, ein eigenes Qualifizierungsangebot für Mitarbeiterinnen in der Ehe- und Partnerschaftsberatung zu entwickeln. Hierfür galt es Informationen und Erkenntnisse zu sammeln, um dieses Angebot fortentwickeln zu können. Gleichzeitig ging es im Sinne der Qualitätssicherung darum, die Wirkungen der Beratungsarbeit zu belegen. Um dies erreichen zu können, mussten im Sinne multimethodaler Diagnostik Informationen und Fakten von unterschiedlichen Datenquellen erfasst werden. Dabei galt es, auf der einen Seite ein breites wie auch differenziertes Spektrum an Einflussgrößen zu erfassen und gleichzeitig die Belastungen, die aus einer Mitarbeit in einem solchen Projekt entstehen, möglichst gering zu halten.

An Hand einer ausreichend großen Stichprobe von Klientinnen aus der Ehe- und Partnerschaftsberatung sollten so zum einen die Art und die Schwere der partnerschaftlichen und individuellen Beeinträchtigung zu Beginn der Beratung erfasst werden. Zum anderen sollte das Ausmaß der Veränderung durch die Beratung bestimmt und außerdem überprüft werden, ob sich bei unterschiedlichen Problemfeldern ein differenziertes Beratungsvorgehen empfiehlt. Methodisch handelte es sich dabei um ein quasi-experimentelles Vorgehen mit einer Datenerhebung vor der Beratung (Prae), nach sechs Monaten (Post) und nach weiteren sechs Monaten nach Beendigung der Beratung (Nachkontrolle-FU); die letzte Messung sollte zur Bestimmung der Stabilität der Veränderungen dienen.

Die Auswahl der Beratungspaare geschah zufällig und war in dem Zeitraum vom 01. Mai 1991-31. Dezember 1992 möglich. Diese erfolgte durch die Beraterinnen, wobei nach der Entscheidung zur Teilnahme am Projekt die nächsten drei von ihnen für die Beratung angenommenen Paare in die Untersuchung einbezogen werden sollten. Auf diesem Wege wurden 495 Klientinnen (234 Paare, zusätzlich 27 Einzelklientinnen mit Partnerschaftsproblemen) zur Mitarbeit gewonnen. Die Stichprobenbeschreibung ist dem Kap. 6.1.5.2 zu entnehmen.

An der Untersuchung nahmen 84 Beraterinnen im Rahmen der Erstmessung teil. Diese werden im Kap. 6.1.5.1 beschrieben. In dieser Studie (BF I) wurden die gleichen Fragebogen zum Einsatz gebracht, wie dies in BF II geschah (vgl. Kapitel 6.2 Messinstrumente), so dass diese hier nicht eigens vorgestellt werden.

Die Ergebnisse, die im Rahmen der Studie 2000-2001 (BF II) immer wieder Bezugspunkt für die Replikation sind, lassen sich zusammengefasst wie folgt darstellen: Überraschenderweise zeigten sich keine Geschlechtsunterschiede bei der Analyse der mit den Fragebogen erfassten Konfliktbereiche (Problemliste). Besonders häufig werden solche Problembereiche als konfliktauslösend bezeichnet, die direkt mit der emotionalen Qualität einer Partnerschaft in Beziehung stehen. So werden als nicht-lösbare Probleme in der Partnerschaft von etwa der 1/2 bis fast 2/3 aller Klientinnen genannt: „Mangelnde Zuwendung des Partners", „unbefriedigende Sexualität", „Forderungen des Partners", „Fehlende Kommunikation/gemeinsame Gespräche", „störende Persönlichkeitszüge/Temperament des Partners" und „Fehlende Akzeptanz/Unterstützung des Partners". Bereiche wie „Haushaltsführung/ Wohnung", „Berufstätigkeit" und „Einteilung des monatlichen Einkommens" werden durchschnittlich von 1/4 der Klientinnen als problematisch empfunden. Nur ca. 17% der Klientinnen nennen „Außereheliche Beziehungen" als Konfliktbereich; ebenso erscheint die Häufigkeit von Problemen in den Bereichen Umgang mit „Alkohol/Medikamenten/Drogen" (14%) und „Tätlichkeiten" (9%) überraschend niedrig. Die partnerschaftliche Gesamtsituation wurde auf der Grundlage des umfassenden Fragebogen zur Einschätzung von Partnerschaft und Familie (EPF) in wesentlichen Bereichen als eher unbefriedigend umschrieben. Dabei handelt es sich insbesondere um die Bereiche „globale Zufriedenheit", „affektive Kommunikation", „Problemlösung" und „Freizeitgestaltung". Signifikante geschlechtsspezifische Unterschiede zeigten sich bei folgenden Skalen: Frauen gaben mehr Probleme in den Bereichen „affektive Kommunikation" und „Probleme in der Kindererziehung" an. Männer waren unzufriedener mit der „Sexualität". 43% der Frauen und 29% der Männer erreichten in der allgemeinen Depressivitätsskala (ADS) klinisch auffällige Werte. 50% der Frauen und 36% der Männer gaben an, subjektiv klinisch-relevante Beeinträchtigungen durch körperliche Beschwerden (Beschwerdeliste) zu erleben (psychosomatische Problematik).

Die Anzahl der Sitzungen lag zwischen 3 und 37 mit einer mittleren Anzahl von 13 Sitzungen. Die durchschnittliche Sitzungsdauer lag zwischen 50 und 95 Minuten, mit einem Durchschnittswert von 75 Minuten. Die Sitzungen fanden in 23% der Fälle wöchentlich statt, in 41 % alle zwei Wochen. Gegenüber der Prae-Messung nahmen nur noch 51% der Klientinnen an der Post-Messung teil. Zum Zeitpunkt der Nachkontroll-Messung (FU) waren es gegenüber der ersten Erhebung nur noch 24%. Nach Auswertung der verschiedenen Variablen der Fragebogen und der sozio-ökonomischen Daten scheint eine frühzeitige Identifizierung von möglichen „Aussteigern" zu Beratungsbeginn nicht möglich zu sein. Die Ausfallrate von 49% mag auf den ersten Blick zwar hoch erscheinen, entspricht aber den Abbruchraten, die bei ambulanter Psychotherapie berichtet werden. (Davis & Dhillon, 1989; Wierzbicki & Pekarik, 1993).

Die Wirksamkeit von Ehe- und Partnerschaftsberatung lässt sich zusammengefasst folgendermaßen darstellen: Im Vergleich zur Eingangsmessung hatten Paare nach Beendigung der Beratung im Durchschnitt weniger Probleme, waren mit ihrer Beziehung global zufriedener, konnten sich im affektiven Bereich besser austauschen und gaben an, ihre Probleme besser bewältigen zu können. Sie waren zufriedener mit der gemeinsamen Freizeitgestaltung und im sexuellen Bereich, waren weniger depressiv gestimmt und klagten über weniger körperliche Beschwerden als zum Zeitpunkt vor der Beratung. Keine signifikanten Veränderungen zwischen den Messzeitpunkten fanden sich in den nicht sonderlich belasteten Bereichen „Finanzplanung", „Rollenverständnis" und „Ehezufriedenheit". In den allerdings hoch belasteten Bereichen: „Zufriedenheit mit den Kindern" und „Kindererziehung" zeigten sich geringe Änderungen. Einige erzielten Veränderungen reichen bei den signifikanten verbesserten EPF-Skalen jedoch nicht aus, um Werte zu erreichen, die innerhalb des statistisch festgelegten Normalbereiches für zufriedene Paare liegen. Da im Kapitel 7 (Ergebnisse zur Klientinnenbefragung aus BF II) durchgängig auf die Ergebnisse aus dieser Studie Bezug genommen wird, wird im Rahmen dieser Darstellung nur auf die Methode der Effektstärkenberechnung (ES) Bezug genommen (Smith, Glass & Miller, 1980), die als Methode der Wahl gilt, wenn zusammenfassende Wirksamkeitsaussagen getroffen werden sollen. Vereinbarungsgemäß wird von mittleren Effekten gesprochen, wenn Werte zwischen .40 und .80 erreicht werden. Unter .40 ist die Effektstärke gering, über .80 dagegen groß. Bei den Summenwerten von der Problemliste, der Depressionsskala sowie bei der Skala „globale Ehezufriedenheit" aus dem EPF konnten mittlere Effekte erzielt werden. Geringe Effekte zeigten sich bei den EPF-Skalen „Problemlösung", „gemeinsame Freizeitgestaltung", „sexuelle Zufriedenheit", „Zufriedenheit mit den Kindern" und „Konflikte in der Kindererziehung" sowie bei der Beschwerdeliste. Über alle Skalen gemittelt ergab sich eine geringe Effektstärke von ES = .27. Bei Frauen lag die mittlere Effektstärke mit ES = .32 etwas höher als bei den Männern (ES = .20).

Bezüglich der sozio-ökonomischen Variablen zeigen sich keine Zusammenhänge mit dem Beratungserfolg, dies weder auf Seiten der Klientinnen noch auf Seiten der Beraterinnen. Die Variablen „Anzahl der Sitzungen" und „Dauer der Sitzungen" zeigten nur wenige bedeutsame Zusammenhänge mit den Erfolgsvariablen. Paare, die nur wenige Beratungsstunden erhalten hatten (weniger als 6 Stunden), profitierten nach den Ergebnissen mehr von der Beratung, als diejenigen Paare, die zwischen 6 und 15 Beratungsstunden in Anspruch genommen hatten.

Die globalen Zufriedenheitseinschätzungen von Klientinnen und Beraterinnen korrelierten nur gering (r = .32) miteinander. Dementsprechend zeigte sich auch nur eine geringe Korrelation mit den Fragebogendaten. Die globalen Urteile der Beraterinnen waren erheblich differenzierter und korrelierten etwas konsistenter mit den Fragebogendaten.

Mit diesem Projekt stellte sich die Ehe- und Partnerschaftsberatung erstmals einer ausführlichen nach wissenschaftlichen Kriterien durchgeführten Analyse.

4.7 AKTUELLER STAND DER ERGEBNISQUALITÄTSSICHERUNG UND PERSPEKTIVEN

In den letzten 15 Jahren haben einige Träger und Mitarbeiterinnen in den Beratungsstellen sowie Einzelpersonen aus der Beratung begonnen, die dort stattfindende Beratungsarbeit mit empirischen Methoden auf ihr Ergebnis hin zu untersuchen. Damit wird neben der Gruppen- und Einzelsupervision ein weiteres Element zur Ergebnisqualitätssicherung in die Beratung eingeführt. Hiermit wird auch den Standards entsprochen, die sich aus dem Psychotherapeutengesetz ableiten, um auf diese Weise Beratungsarbeit zu optimieren und einen geeigneten Verbraucherschutz (Deutscher Bundestag, 1998) gewährleisten zu können. Diese Bemühungen entsprechen auch den Anregungen des Wissenschaftlichen Beirates für Familienfragen beim Bundesministerium für Familien und Senioren, der in seinem Gutachten „Familie und Beratung" unter anderem gefordert hat „zur Erweiterung der Erkenntnisse über den Beratungsprozess empfiehlt der Beirat eine nachhaltige Unterstützung der Beratungsforschung und appelliert an die forschungsfördernden Einrichtungen, ... größeren Raum zu geben" (Bundesministerium für Familie und Senioren, 1993, S. 156). Das Ministerium selbst hat durch finanzielle Förderung der Verbände, die in diesem Sektor tätig werden wollten, dazu einen großen Beitrag geleistet (Dietzfelbinger, & Haid-Loh, 1998a, 1998b; Haid-Loh, Lindemann & Märtens, 1995; Klann & Hahlweg, 1996a; Klann & Hahlweg, 1996b).

Die Ergebnisse (Kap. 4.1-4.5) machen deutlich, dass die retrospektiven Klientinnenbefragungen über die Eindrücke und Erfahrungen mit der persönlich erlebten Beratung nur eine Orientierung bzw. grobe Rückmeldung sein können. Dafür sind nicht nur die unvollständigen Rücklaufquoten verantwortlich (diese sind Bestand jeder Form der Feldforschung), sondern auch die Art der Fragestellungen sowie der zeitliche Abstand zwischen Beratungsabschluss und Befragung. Dennoch wird durch die in den Kapiteln referierten Ergebnisse deutlich, dass das Beratungsangebot als für die Klientinnen gewinnbringend erlebt wird. Die hohen Zufriedenheitswerte kommen sicher auch dadurch zustande, dass eher besonders zufriedene Klientinnen als eher unzufriedene antworten. Für die ca. 65% bis 50% der Klientinnen, die keine Antwort gegeben haben, lässt sich ein eher durchschnittliches Ergebnis erwarten. Die Studie von Sanders (1997) unterstützt die Hypothese, dass Einstellungs- und Bewertungsfragen zu besseren Ergebnissen führen. Bei einer Gegenüberstellung der retrospektiven Einschätzungen mit den Ergebnissen aus den handlungsorientierten Fragebogen lässt sich eine Differenz feststellen. Es kommt dann zu niedrigeren Effekten. Wenn eine systematische Auswertung der Beratung im Hinblick auf ihre Effekte stattfinden soll, um dadurch u.a. die Arbeitsweise verändern zu können, sind geeignete Instrumente und entsprechende Vorgehensweisen bei der Datenerhebung notwendig. Dies kann gerade unter dem Aspekt der Feldforschung, die als für die Beratungsstellen geeignete Vorgehensweise, am ehesten durch prospektive Studien erfolgen. Die Katholische Bundesarbeitsgemeinschaft hat im Verbund mit anderen Verbänden und Trägern von Beratungsstellen einen ersten Ansatz hierfür etabliert. Das Ergebnis ist von Klann und Hahlweg erstmals 1994 publiziert worden. Die damals geleisteten Vorarbeiten sind bis zum heutigen Zeitpunkt kontinuierlich ausgebaut und verbessert worden. Diese Entwicklungsarbeit wurde vom Bundesministerium für Familie, Senioren, Frauen und Jugend finanziell gefördert. Das im Rahmen dieses ersten Forschungsprojektes (vgl. Kap. 4.6) entwickelte Computerprogramm, welches für die Datenerfassung und -auswertung benutzt wurde, stand ausschließlich dem Institut für Psychologie der Technischen Universität Braunschweig zur Verfügung. Dieses Programm wurde weiter entwickelt und dem jeweiligen neuesten technischen Standard angepasst. Dies geschah mit dem Ziel, von einer standortbezogenen zu einer flächendeckenden beratungsbegleitenden Forschung zu gelangen. Dies ist wie folgt realisiert worden:

(1) Etablierung der Möglichkeit, dass jede interessierte Beratungsstelle als autonomes Forschungszentrum für Probleme im Zusammenhang mit Partnerschafts- und Ehefragen tätig werden kann. Grundlage dafür ist das Computerprogramm, das dem Anwender ohne größere statistische Kenntnisse die Möglichkeit eröffnet, seine Klientinnen durch Fragebogen vor der Beratung, nach der Beratung und sechs Monate nach Abschluss der Beratungssequenz zu erfassen. Die Ergebnisse werden automatisch dargestellt und signifikante Veränderungen dokumentiert. Das Programm ist zum Selbstkostenpreis erhältlich (Klann, 1999b).

(2) Bereitstellung des „Manual zur Selbstevaluation bei Partnerschaftsproblemen" (Katholische Bundesarbeitsgemeinschaft für Beratung, 1999b), welches eine Einführung und Erläuterung des Computerprogramms mit den darin enthaltenen Fragebogen darstellt und somit als Interpretationshilfe anzusehen ist. Die Publikation ist als offenes Werk konzipiert. Die Kapitel und die Texte können auf Eigeninitiative der zusammenarbeitenden Stellen und Personen ergänzt werden. Die Katholische Bundesarbeitsgemeinschaft stellt die Möglichkeiten zur Integration und Vervielfältigung der Ergänzungen zur Verfügung. Begleitend werden und wurden Fortbildungsveranstaltungen für Stellenleiterinnen und Mitarbeiterinnen auf breiter Ebene angeboten.

(3) Da das Feld für die Qualitätssicherung in den Ehe-, Familien- und Lebensberatungsstellen sehr vielfältig ist, wird zunächst der Bereich der Partnerschaft zum Schwerpunkt der Untersuchungen gemacht. Gleichzeitig werden Fragebogen aufgenommen, die die Zuständigkeit prüfen helfen, da die Klientinnen auf Grund einer Selbstdiagnose die Beratungsstellen ausgewählt und ausgesucht haben. Diese Erhebungsbatterie ist Bestandteil des Computerprogramms. Auf diese Weise kann eine vergleichbare Klientinnenbeschreibung (derzeit 90.000 Klientinnen pro Jahr in den katholischen Ehe-, Familien- und Lebensberatungsstellen) vorgenommen werden.

(4) Durch die eingesetzten Fragebogen: Problemliste (PL), (Hahlweg, 1996), Stimmungsskala (ADS), (Hautzinger & Bailer, 1992), Beschwerdeliste (BL), (Zerssen, 1976), Fragebogen zur Einschätzung von Partnerschaft und Familie (EPF), (Klann et al., 1992; Snyder, 1981) und Fragen zur Lebenszufriedenheit (FLZ), (Henrich & Herschbach, 2000) kann ohne großen Aufwand eine Basis für eine sichere Entscheidung geschaffen werden, ob die Zuständigkeit gegeben ist oder ob die Notwendigkeit zur weiteren fachlichen Abklärung eröffnet werden muss (weitere Erläuterungen zu den Fragebogen s. Kap. 6.2).

(5) Das Computerprogramm eignet sich u.a. dazu, der eigenen Arbeitsweise stärker Aufmerksamkeit zuzuwenden. Da die Beraterinnen hypothesenorientiert tätig sind, haben sie auf der Grundlage der Auswertungsergebnisse von der Eingangserhebung die Möglichkeit, ihre subjektive Diagnose mit den Ergebnissen zu vergleichen, die durch die standardisierten Fragebogen erhoben werden konnten. Dies fordert und fördert die Dialogbereitschaft und die Notwendigkeit zur Präzisierung und Argumentation. Die gleiche Herausforderung ist nach Abschluss der Beratung sowie nach der Katamneseerhebung gegeben. Auf diese Weise kann auf die Dauer ein Zusammenhang zwischen persönlicher Arbeitweise und den sich daraus ergebenen Effekten hergestellt werden, der u.a. zu einer Kompetenzerweiterung führen wird.

(6) Vor dem Hintergrund längerer Praxiszeiträume mit dem Computerprogramm wird die Möglichkeit zur Variation der eigenen Arbeit bei bestimmten Problemen und das Prüfen der damit verbundenen Konsequenzen möglich. So können neuere Forschungen, die im Rahmen von zum Beispiel Fortbildungsveranstaltungen rezipiert werden, bei der eigenen Umsetzung ihre Relevanz für die Arbeit belegen. Aufgrund der Tatsache, dass durch die Grundqualifikation und die dazu gewonnenen Zusatzaus- und Fortbildungen im Team einer Beratungsstelle bzw. in der Region Übereinstimmungen in der Arbeitsweise auszumachen sind, besteht zum Beispiel die

Möglichkeit, bei bestimmten Anlässen und/oder Symptomen parallel zwei und sogar mehrere Arbeitsweisen zum Einsatz zu bringen, um dann nach Abschluss des Beratungsprozesses und/oder nach der Katamnese noch einmal zu prüfen, wie die Effekte aussehen und ob sich diese direkt oder indirekt aus der Arbeitsweise erklären lassen.

(7) Die Dokumentation der Klientinnendaten sowie die Angaben der Ratsuchenden zu den drei Erhebungszeitpunkten stellen eine gute Basis für Stellungnahmen, Gutachten und langfristige Verlaufsbeschreibungen dar, wenn zum Beispiel Klientinnen wiederkommen oder eine „Beratungsgeschichte" rekonstruiert werden soll, um daraus für die weiteren Entwicklungen Informationen gewinnen zu können.

(8) Die Prä-Messung ist eine gute Grundlage, die im Rahmen der eigenen Supervision genutzt werden kann, um im kollegialen Austausch in schwierigen Beratungsphasen eine sichere Ausgangsbasis zu haben.

(9) Die Angaben aus der Statistik, verbunden mit den Informationen aus den Fragebogen, bilden die Basis, um zum Beispiel unter regionalen Aspekten eine Situationsanalyse durchzuführen, aus der präventive Maßnahmen abgeleitet werden können. Damit liegen auch Ansätze für eine Gesellschafts- und Politikberatung vor. Gleichzeitig können für die Konzipierung der Weiterbildungskurse zur Ehe-, Partnerschafts-, Familien- und Lebensberaterin sowie für gezielte Fortbildungsangebote Impulse gewonnen werden.

Mit dieser fachlichen Vorgabe und durch die EDV-Unterstützung ist es möglich, aus Verantwortung gegenüber dem Arbeitsfeld und den Klientinnen auf die Dauer u.a. auf folgende Fragen eine Antwort zu finden, um dem professionellen Anspruch, der mit dem Beratungsangebot verbunden ist, gerecht werden zu können:

(1) Welche therapeutischen- und beraterischen Ansätze sind für die Partnerschafts- und Eheberatung hilfreich?

(2) Können die Erkenntnisse aus der Wirksamkeits- und Wirkfaktorenforschung in das spezifische Beratungsfeld übertragen werden?

(3) Welches sind die eigens in der Beratung entwickelten Arbeitsweisen und wie sind die damit erzielten Effekte festzustellen?

(4) Sind standardisierte Elemente und/oder Problemlösungswege für den Einsatz in der Partnerschafts- und Eheberatung geeignet und mit welchen Effekten kann dies geschehen?

(5) Lässt sich ein Erfahrungstransfer zwischen den in dem psychologischen, medizinischen und therapeutischen Feld Tätigen sicher stellen, der zum Nutzen der Klienten ist?

(6) Können der Erfahrungsaustausch und der wissenschaftliche Diskurs innerhalb des Beratungssektors und mit Nachbardisziplinen intensiviert werden?

(7) Lassen sich die Erfahrungen aus dem Tätigkeitsfeld zur Politik- und Gesellschaftsberatung und zur Information entsprechender Zielgruppen in geeigneter Weise zusammentragen und aufarbeiten?

(8) Wird die Partnerschafts- und Eheberatung schnell genug mit ihren Arbeitsweisen auf Veränderungen reagieren können?

Um diese verschiedenen Fragestellungen bearbeiten zu können, ist eine große Zahl der Beraterinnen notwendig, die kontinuierlich diese Form der beratungsbegleitenden Forschung durchführen. Gleichzeitig wird es notwendig sein, eine arbeitsteilige, das heißt sich ergänzende Forschungsarbeit durchzuführen. Dabei muss im Blick bleiben, dass sich der zeitliche Aufwand, der von den Klientinnen zu erbringen ist, ethisch vertretbar ist und das Ergebnis diese Investition rechtfertigen muss. Bis die Anwenderinnen, zum Beispiel die Mitarbeiterinnen einer Region, eines Bundeslandes, über eine ausreichend große Datenbasis verfügen, damit sich unter wissenschaftlichen Gesichtspunkten Erkenntnisse ergeben, ist ein mehr oder weniger großer Zeitraum vorzusehen, der ausschließlich für die Datensammlung gebraucht wird. Damit der Zeitraum nicht zu lange andauert, wird mit dieser Arbeit eine erste Auswertung der kontinuierlichen Datensammlung auf Bundesebene vorgelegt. Diese kann zum einen verdeutlichen, dass die in Aussicht gestellten Erkenntnisse tatsächlich erreichbar sind und zum anderen soll damit eine Replizierung der Studie von 1990-1993 (BF I) stattfinden. Gleichzeitig kann sie weitere Mitarbeiterinnen für den Einsatz der Selbstevaluation bei Partnerschaftsproblemen motivieren.

5. Zielsetzungen der Feldstudie zur Evaluation der Partnerschafts- und Eheberatung

Ergebnisqualitätssicherung ist ein kontinuierlicher Prozess, der nicht abreißen darf. Um dies erreichen zu können, wurden technische Hilfsmittel genutzt (Computerprogramm) sowie ein Kooperationsangebot von der Katholischen Bundesarbeitsgemeinschaft an interessierte Mitarbeiterinnen gemacht.

(1) Bei dieser Studie sollte geprüft werden, ob sich die Ergebnisse der Untersuchung 1990-1993 (BF I) (Klann & Hahlweg, 1996a) replizieren lassen.

(2) Es ist vorgesehen, das Auswertungsprogramm für SPSS weiter zu automatisieren, damit sich der Aufwand bei der Mitarbeit weiter reduziert.

(3) Wenn sich die Ergebnisse der beiden Studien vergleichen lassen, wird die dann vorhandene Gesamtuntersuchungsgruppe als Bezugsrahmen für weitere Auswertungen zur Verfügung gestellt.

(4) Für Mitarbeiterinnen, Beratungsstellen, Träger von Beratungsstellen wird das Angebot einer punktuellen oder kontinuierlichen Datenauswertung durch eine unabhängige Person gemacht.

Für die Beantwortung der Frage, ob sich die Ergebnisse der Untersuchung 1990-1993 (BF I) mit der aktuellen Studie 2000-2001 (BF II) replizieren lassen, werden die gleichen Fragestellungen aufgenommen, wie sie bei der BF I untersucht und beantwortet wurden:

Hypothese 1: Die Charakteristika der „durchschnittlichen" Klientinnen in Ehe-, Familien- und Lebensberatung unterscheiden sich zwischen BF I und BF II nicht.

Hypothese 2: Die Konflikte und die Konfliktmuster bei den Klientinnen von BF I und BF II unterscheiden sich nicht. Dies gilt auch für das Ausmaß der Belastung in der Partnerschaft, sowie der festzustellenden Depression und für die körperlichen Beeinträchtigungen.

Hypothese 3: Die Häufigkeit der Beratungskontakte, ihre Dauer sowie der zeitliche Abstand zwischen den Beratungsstunden sind in der BF I-Studie und in der BF II-Studie vergleichbar.

Hypothese 4: Die Abbruchrate während der Ehe- und Partnerschaftsberatung ist bei den beiden Studien (BF I und BF II) nicht unterschiedlich.

Hypothese 5: Die Wirksamkeit der Ehe- und Partnerschaftsberatung ist in beiden Studien vergleichbar. Das trifft auch für die Bereiche zu, in denen Veränderungen festzustellen waren bzw. in denen keine Veränderungen aufgetreten sind.

Geschlechtsspezifische Unterschiede in Bezug auf die einzelnen Fragestellungen wurden ohne gerichtete Hypothesen untersucht, da die Befunde empirischer Untersuchungen zu Bedeutung und Richtung geschlechtsspezifischer Unterschiede widersprüchlich sind (u.a. Karney & Bradbury, 1995).

6. Methode

Der Beginn der Vorbereitungen für den Einstieg in die kontinuierliche Feldstudie war die Veröffentlichung der Ergebnisse aus der „Beratungsbegleitenden Forschung – Evaluation von Vorgehensweisen in der Ehe-, Familien- und Lebensberatung und ihre spezifischen Auswirkungen" 1994 (Klann & Hahlweg, 1996a). Auf der Grundlage dieser Ergebnisse begann eine Diskussion mit den Beraterinnen, die an der Studie teilgenommen hatten. Das Interesse wurde auch bei anderen in den Beratungsstellen Tätigen geweckt. Daraus ergab sich der Wunsch, die Beratungsbegleitende Forschung weiter zu etablieren. Einen wichtigen Impuls hat dieses Bestreben dadurch erhalten, dass das für das erste Projekt entwickelte Computerprogramm, mit finanzieller Unterstützung des Bundesministeriums für Familie, Senioren, Frauen und Jugend, auf einen technischen Stand gebracht werden konnte, der einen unkomplizierten Einsatz in den Beratungsstellen möglich machte. So konnte jede Stelle, die dies wollte und über einen geeigneten Computer verfügte, ihr eigenes Forschungszentrum werden. Da das Programm selbstständig die notwendigen Auswertungen und die Darstellung der Resultate übernahm, waren minimale statistische Kenntnisse notwendig, um die Ergebnisse der Erhebungen auch für die praktische Beratungsarbeit nutzen zu können.

Nach der ersten Projektphase ist eine fachliche Bearbeitung der zu erhebenden Daten auf der Grundlage der gewonnenen Erkenntnisse vorgenommen worden. Es wurden Veränderungen und Ergänzungen durchgeführt.

Nachdem die technischen und fachlichen Voraussetzungen gegeben waren, begann eine Phase der Information:

• In dem internen Informationsdienst der Katholischen Bundesarbeitsgemeinschaft wurde regelmäßig über den Stand und das Ziel des Feldforschungsprojektes berichtet und zur Mitarbeit eingeladen.

• Es wurden zahlreiche Treffen der Stellenleiterinnen von Ehe-, Familien- und Lebensberatungsstellen besucht, um über das geplante Vorhaben zu informieren.

• In der Zeitschrift „Beratung Aktuell' wurde eine detaillierte Projektbeschreibung publiziert und auf die Forschungsarbeit hingewiesen (Klann, 1999a).

- Es kam zu einem langsamen Einstieg in das Projekt, das seinen Anfang im Herbst 1998 nahm. Der derzeitige Stand (Februar 2002) weist aus, dass inzwischen 96 Beratungsstellen das Computerprogramm erworben haben.

- Wegen der weit gestreuten Nachfrage entstand die Notwendigkeit, für die Einführung und Studienbegleitung einen verbindlichen Text zu erstellen. Daraus entwickelte sich die Konzeption ein Manual anzufertigen, in dem alle wichtigen und weiterreichenden Informationen enthalten sind. Dieses „Manual zur Selbstevaluation bei Partnerschaftsproblemen" (Katholische Bundesarbeitsgemeinschaft für Beratung, 1999b) wird als lose Blattform publiziert und soll regelmäßig ergänzt werden.

Auf diese Weise konnte eine einheitliche Basis für die kontinuierliche Ergebnisqualitätssicherung geschaffen werden.

Da es darum geht, die Beratungsbegleitende Forschung zu einem kontinuierlichen, zum Beratungsalltag gehörenden Element werden zu lassen, von dem alle Stellen Gebrauch machen, ist eine beständige Entwicklung und Dialogbereitschaft notwendig. Dies ist angestrebt, um die Klientenorientierung bei der Partnerschafts- und Eheberatung zu optimieren.

6.1.1 Datenschutz

Die Tatsache, dass im Rahmen der Beratungsbegleitenden Forschung über die Klientinnen eine Vielzahl von personenbezogenen Daten anfallen, macht es notwendig, geeignete Bedingungen zu schaffen, die diese vor Unbefugten schützen.

Damit die Klientinnen einen Einblick in die Datenerhebung und -verwaltung gewinnen können, ist eine entsprechende Informationsphase vorgesehen. Nach dieser wird den Klientinnen eine vorbereitete Einverständniserklärung vorgelegt, die zu unterschreiben ist und von der Beraterin aufbewahrt wird (Katholische Bundesarbeitsgemeinschaft für Beratung, 1999b, Kap. VI, S.3).

Um die Anonymität sowohl der Klientinnen wie auch der Beraterinnen zu gewährleisten, wurde die Codierung des Erhebungsmaterials mit Datenbeauftragten abgestimmt. Die jeweilige Code-Nummer für jede Klientin umfasst 15 Stellen. Diese setzt sich zusammen aus:

Stelle 1: Buchstabe nach Wahl (zum Beispiel W = West, O = Ost, A = Österreich). Hier kann es sich um einen beliebigen Buchstaben handeln.

Stellen 2 bis 6: Postleitzahl.

Stelle 7: Erweitungsmöglichkeit (zum Beispiel für die Postleitzahl oder wenn eine Beraterinnennummer vierstellig werden sollte).

Stellen 8 bis 10: Beraterinnennummer. Hier ist eine frei wählbare dreistellige Nummer möglich.

Stellen 11 bis 13: Klientinnennummer. Diese dreistellige Nummer wird jeweils von der Beraterin dem Paar bzw. der Klientin mit Partnerschaftsproblemen zugeordnet. Nur die Beraterin selbst kennt die Zuordnung der von ihr gewählten Zahlenkombination zum Namen des Klientenpaares bzw. der Klientin.

Stelle 14: Geschlecht.

Stelle 15: Messzeitpunkt.

Die Beraterin ist gehalten, im Hinblick auf die Klientinnendaten sicher zu stellen, dass keine Möglichkeit besteht, zwischen der zugeordneten Paarnummer bzw. Klientinnennummer und dem tatsächlichen Namen einen Bezug herzustellen (Katholische Bundesarbeitsgemeinschaft für Beratung, 1996b, Kap. II, S. 6-7).

Im Zusammenhang mit der Datensicherung und -verwaltung sieht das Computerprogramm zur Benutzerverwaltung zwei Ebenen vor. Die erste Ebene geht davon aus, dass jede Beraterin sich ein eigenes Passwort gibt, was nach ihren Vorstellungen immer geändert werden kann, und somit die eingegebenen Daten vor fremden Zugriffen schützt. Die zweite Ebene ist im Sinne einer Hierarchie aufgebaut. Es gibt eine (übergeordnete) Benutzerin, die neue Benutzerinnen mit Namen und Beraterinnennummer anlegen, Benutzerinnen löschen und die Zugangsberechtigung für die Programmpunkte erteilen kann. Diese Form der Handhabung ist von der jeweiligen Organisationsform und Kooperation der Mitarbeiterinnen einer Stelle abhängig (Katholische Bundesarbeitsgemeinschaft für Beratung, 1999b, Kap. II, S. 12-13).

6.1.2 Beteiligte Beraterinnen

Die Projektanlage weicht von dem sonst üblichen zentral koordinierten Vorgehen bei der Gewinnung der Untersuchungsteilnehmerinnen ab. Da jede Beratungsstelle ihre eigene Projektzentrale für die Beratungsbegleitende Forschung sein soll, sind Motive und Ziele für die Teilnehmerinnen an der Feldforschung als sehr unterschiedlich anzunehmen. Mit der Zuwendung zu einem empirischen- und fragebogengestützten Projekt zur Evaluation ist sicher, bezogen auf die Gesamtgruppe der Beraterinnen, ein Selektionskriterium verbunden. Bei dem ersten Projekt dieser Art von September 1990 bis Dezember 1993 (BF I), welches frei ausgeschrieben war und sich an alle Beratungsstellen in freier Trägerschaft richtete (Beratungsstellen der Katholischen Kirche, Evangelischen Kirche, PRO FAMILIA und Beratungsstellen in katholischer Trägerschaft in Österreich) beteiligten sich 84 Beraterinnen. Das entspricht etwa 1% von denjenigen, die in diesen Stellen tätig sind.

Nicht unerwähnt bleiben soll in diesem Zusammenhang, dass die organisatorischen Voraussetzungen bzw. die Tatsache, dass eine sehr große Anzahl der Mitarbeiterinnen als Honorarkräfte tätig ist, dazu führt, dass solche Aktivitäten zusätzlich und/oder in der Freizeit und damit sehr häufig ohne Honorar übernommen werden müssen. Gleichzeitig ist zu berücksichtigen, dass es in allen Beratungsstellen wegen der großen Nachfrage lange Wartezeiten gibt, so dass es sich für eine große Zahl der Mitarbeiterinnen als ethisch problematisch darstellt, bei einem Forschungsprojekt mitzuarbeiten.

Nähere Einzelheiten im Hinblick auf die Ansprache der Beratungsstellen und der dort tätigen Mitarbeiterinnen ist dem Kap. 6.1 „Vorbereitung und Durchführung der Feldstudie" zu entnehmen.

6.1.3 Gewinnung der Beratungspersonen

Die Beraterinnen wurden darauf hingewiesen, dass im Zusammenhang mit dem Beginn der Erhebung eine Entscheidung getroffen werden muss, nach welchem Prinzip die Beratungspersonen für die Selbstevaluation einbezogen werden. Es wurde empfohlen, alle Einzelpersonen mit Partnerproblemen und Paare mit Partnerproblemen in die Untersuchung einzubeziehen. Für den Fall, dass eine Experimentier- bzw. Probephase vorgesehen ist, sollte vor der ersten Erhebung der Modus festgelegt werden, der für die Auswahl der Klientinnen verbindlich ist. Wenn die Anzahl der zu erfassenden Klientinnen begrenzt sein soll, könnte eine Vorgabe lauten, dass zum Beispiel jedes 2. oder jedes 3. Klientenpaar in die Untersuchung einbezogen wird. In jedem Fall ist die vorher getroffene Festlegung umzusetzen, damit sich bei der Berücksichtigung der Klientinnen kein systematischer Fehler einschleicht, der die Aussagekraft der gewonnenen Ergebnisse nachdrücklich beeinflussen würde. (Katholische Bundesarbeitsgemeinschaft für Beratung, 1996b, Kap. I, S. 16).

6.1.4 Instruktion der Beraterinnen

Das Ziel der Initiative zur Evaluation der Partnerschafts- und Eheberatung besteht darin, interessierte Beratungsstellen und Einzelpersonen in die Lage zu versetzen, ihr eigenes beraterische Verhalten zu erfassen und mit ihm gewissermaßen in einen Dialog einzutreten. Da sich dieses Vorhaben an alle 1.875 Beratungsstellen richtete, deren Verbände im DAK repräsentiert sind, bestand die Notwendigkeit, die Instruktion in schriftlicher Form vorzulegen. Sie ist Bestandteil des „Manual zur Selbstevaluation bei Partnerschaftsproblemen" und stellt gleichzeitig Kapitel I dar. Sie umfasst folgende Elemente:

- Einleitung,

- zur Geschichte,

- Grundlagen und Projekte,

- Ergebnisse der ersten Studie zur Evaluation,

- Ergänzungen und Verbesserungen der Ergebnisqualitätssicherung,

- jede Beratungsstelle ein eigenes Forschungszentrum,

- Konzeption der Selbstevaluation,

- Darstellung der Elemente,

- erste Erhebung,

- zweite Erhebung,

- dritte Erhebung,

- Leistungen des Computerprogramms,

- Dokumentation und Supervision des Beratungsverlaufs,

- Auswertungsverbund,

- gesonderte Erhebung zum Erstgespräch,

- Vorlagetext zur Information der Klientinnen.

Da es sich um ein Langzeitprojekt handelt, wird diese Vorlage immer wieder ergänzt und/oder aktualisiert.

6.1.5 Stichprobenbeschreibungen

6.1.5.1 Stichprobe der Beraterinnen

Insgesamt nahmen bei der Prae-Messung im Rahmen dieser Studie 50 Beraterinnen teil. 30 Beraterinnen haben ausgefüllte Fragebogen zum Zeitpunkt der Post-Messung vorgelegt. Von diesen liegen somit auch Angaben zur Person vor. 93% von ihnen waren männlichen Geschlechts. Ihr durchschnittliches Alter betrug 51 Jahre (Range: 38 bis 62 Jahre). Die mittlere Berufserfahrung lag bei 14,3 Jahren (Range: 7 bis 27 Jahre). Im Mittel arbeiteten die Beraterinnen 450 Stunden pro Jahr mit Klientinnen (Range: 200 bis 1000 Stunden). Die Beraterinnen hatten folgende Grundberufe:

- Diplom-Pädagogin/Pädagogin   33%
- Diplom-Theologin/Theologin   22%
- Diplom-Psychologin   15%
- Diplom-Pädagogin/Theologin   11%
- Diplom-Psychologin/Diplom-Theologin   7%
- Diplom-Sozialpädagogin   7%

19 Beraterinnen legten ausgefüllte Fragebogen zur FU-Messung vor. Wenn die Beraterinnenstichprobe der BF II-Studie mit der der BF I-Stichprobe verglichen wird, zeigen sich deutliche Unterschiede. Die Anzahl der weiblichen Beraterinnen war deutlich höher, das Durchschnittsalter dagegen niedriger und die Berufserfahrung ebenfalls. Tabelle 6.1-1 macht dies deutlich.

Tabelle 6.1-1: Beschreibung der Beraterinnenstichproben der Studien BF II und BF I (Klann & Hahlweg, 1996a, S. 54)

Studie	Geschlecht	Alter	Berufserfahrung	Beratungsstunden pro Jahr
BF II	93% (männlich)	51 (Mittelwert)	14,3 Jahre (Mittelwert)	500 Stunden (Mittelwert)
BF I	60% (männlich)	44 (Mittelwert)	9,8 Jahre (Mittelwert)	450 Stunden (Mittelwert)

Die beiden Stichproben unterschieden sich auch deutlich hinsichtlich ihrer Grundberufe. Orientiert an der Stichprobenbeschreibung der BF I-Studie

(Klann & Hahlweg, 1996 b, S. 54) wird eine Gegenüberstellung versucht, in dem die Grundberufe zusammengefasst werden (vgl. Tabelle 6.1-2). Dabei zeigt sich, dass Theologinnen und Pädagoginnen den größten Teil der Beraterinnen ausmachen. Ein Abschluss in Psychologie wird von 22% der Beraterinnen angegeben. Diese Gruppe war in der BF I-Studie deutlich größer und die Anzahl der Pädagoginnen geringer.

Tabelle 6.1-2: Beschreibung der Beraterinnenstichproben hinsichtlich der zusammengefassten Grundberufe der Studien BF II und BFI (Klann & Hahlweg, 1996a, S. 54)

Berufe	BF II	BF I
Diplom-Psychologin	22%	38%
Sozialarbeiterin/Sozialpädagogin	7%	14%
Seelsorgerin/Theologin	33%	17%
Diplompädagogin/Lehrerin	33%	10%
Sonstige	5%	24%

Ein weiterer Unterschied zeigt sich auch beim Vergleich der pro Beraterin in die jeweilige Studie eingebrachten Klientinnen. Wie der Stichprobenbeschreibung der Klientinnen (vgl. 6.1.5.2) zu entnehmen ist, haben in der BF I-Studie 84 Beraterinnen insgesamt 495 Klientinnen eingebracht; bei der BF II-Studie 50 Beraterinnen insgesamt 657 Klientinnen. Bei einer weiteren Analyse (siehe Tabelle B 6-1 im Anhang) wird deutlich, dass elf Beraterinnen in der BF II-Studie insgesamt 81% der Klientinnen rekrutiert haben. Bei der BF I-Studie kommen elf Beraterinnen auf 41%. Zur Post-Messung bringen in der BF II-Studie drei Beraterinnen 70% der Klientinnen und in der BF I-Studie sechs Beraterinnen 26% ein. Als Bezugsrahmen wurden jeweils nur die Beraterinnen berücksichtigt, die zehn und mehr Klientinnen zum jeweiligen Erhebungszeitpunkt in die Studie eingebracht haben. Zur FU-Messung ergibt sich für die BF II-Studie, dass zwei Beraterinnen 50% und für die BF I-Studie drei Beraterinnen 27% zur Untersuchung beisteuerten. Bemerkenswert ist, dass eine Beraterin in der BF II-Studie zum Zeitpunkt der Prae-Messung mehr als 1/3 aller Klientinnen (38%) und zum Zeitpunkt der Post-Messung mehr als die Hälfte (55%) und bei der FU-Messung wiederum mehr als 1/3 (37%) der Klientinnen für die Studie gewonnen hat.

6.1.5.2 Stichprobe der Klientinnen

Insgesamt konnten 657 Klientinnen (305 Paare, zusätzlich 47 [19 m, 28 w] Einzelklientinnen mit Partnerschaftsproblemen) für die laufende Studie gewonnen werden. Das durchschnittliche Alter betrug 39,8 Jahre (SD = 10,7 Jahre; Männer = 41,0/SD = 11,2; Frauen = 38,6/SD = 9,9 Jahre). 87% der Paare waren verheiratet, 17% lebten derzeit mit ihrer Partnerin bzw. mit dem Partner nicht zusammen, 17% waren schon einmal verheiratet. 78% gaben an, aus der jetzigen Partnerschaft ein Kind zu haben und 15% hatten Kinder aus einer früheren Partnerschaft. 57% der untersuchten Klientinnen waren katholisch, 26% evangelisch. 15% gehörten keiner und 2% einer nicht näher bezeichneten Religionsgemeinschaft an. Die Untersuchungsgruppe setzt sich aus Klientinnen mit Hauptschulabschluss (10%), mittlerer Reife (18%), Fachschulabschluss (2%), Abitur (15%), Fachhochschulabschluss (29%), Universitätsabschluss (3%) und ohne Schulabschluss (0,3%) zusammen. 85% der Klientinnen waren zum Zeitpunkt der Erhebung berufstätig, 4% Hausfrau/Mann, 1% waren arbeitslos, 0,5% im Ruhestand bzw. 0,3% derzeit in einer Ausbildung.

Tabelle 6.1-3: Sozio-ökonomische Daten der Studien BF II und BF I

Variablen		BF II	BF I
N		657	495
Paare		305	234
Geschlecht %)	Frauen	50	48
	Männer	50	52
Alter (Jahre)	Mittelwert	39,8	38,0
	Standardwert	10,7	8,6
Männer		41,0	39,2
Frauen		38,6	36,8
Familienstand (%)	ledig	12	7
	verheiratet	88	93
Religion (%).	katholisch	57	59
	evangelisch	26	24
	sonstiges	17	16
Schulab. (%)	HS	10	30
	MR	18	32
	ABI	16	13
	UNI	32	24

Variablen		BF II	BF I
Beruf (%)	Arbeit	85	69
	ohne Arbeit	2	10
	Hausfrau/mann	4	22
Kinder (%)	0	22	23
	1	23	21
	2	39	35
	=/>3	16	21

Anmerkungen: (1) Familienstand „ledig" betrifft ledige (7%) und geschiedene Klienten (5%). (2) Religion: „sonst" setzt sich aus den Angaben „keine" (15%) und „sonstige" (2%) zusammen. (3) Schulabschluss: HS: „kein Schulabschluss" (0,3%) und „Hauptschulabschluss" (9,4%), MR: „Mittlere Reife" (16%) und „Fachschulabschluss" (2%), ABI: „Abitur" (15%) und „Fachhochschulreife" (1%), UNI: „Fachhochschulabschluss" (29%) und „Universitätsabschluss" (3%). (4) Beruf „ohne": Arbeitslose (0,9%), Personen in Ausbildung (0,3%) und Personen im Ruhestand (0,5%).

Zum Vergleich der sozio-ökonomischen Daten der vorliegenden Untersuchungsgruppe mit der Stichprobe, die in BF I erfasst wurde, werden die vergleichbaren Daten in der Tabelle 6.1-3 dargestellt.

Der Vergleich der beiden Stichproben von BF II und BF I ergibt, dass nicht nur zum Zeitpunkt der Prae-Messung bei der BF II-Studie eine größere Stichprobe zur Verfügung stand, sondern dass es hinsichtlich des Alters und bezüglich des Schulabschlusses sowie bei der beruflichen Tätigkeit signifikante Unterschiede zwischen beiden Stichproben gibt (siehe Tabelle B 6-2 im Anhang). Der aufgeführte Kontingenzkoeffizient (K > 0.10) verdeutlicht, dass es hier einen Unterschied gibt, der nicht nur auf Grund der großen Stichprobe zustande kommt. Von daher lässt sich die Stichprobe der BF II-Studie als etwas älter und bezüglich des Schulabschlusses als höher qualifiziert und prozentual häufiger im Arbeitsprozess stehend charakterisieren.

6.1.5.3 Ausfallraten

Diese Studie versteht sich als Zwischenauswertung eines langfristigen Projektes zur Ergebnisqualitätssicherung. Vor diesem Hintergrund ist die Feststellung, wie viele Ratsuchende aus dem Beratungsprozess ohne Teilnahme an der Post-Messung bzw. an der Follow-up-Messung ausgeschieden sind, nur schwer bestimmbar. Der aktuelle Stand zum Zeitpunkt der Auswertung stellt sich wie folgt dar: 657 Klienten haben an der Prae-Messung teilgenommen. Für die Post-Messung liegen Daten von 230 Klientinnen vor. An der Follow-up-Messung haben 99 Personen teilgenommen.

Tabelle 6.1-4: Vergleich der Teilnehmerinnen pro Messzeitpunkt zwischen den Studien BF I (Klann & Hahlweg 1996a, S. 88-90) und BF II

Studie	Prae-Messung	Post-Messung	Follow-up-Messung
BF I	495 (100%)	252 (51%)	120 (24%)
BF II	657 (100%)	230 (35%)	99 (15%)

Um dem wahren Wert näher zu kommen, sind folgende Bedingungen unterstellt worden, die sich aus BF I ableiten lassen. Wenn die durchschnittliche Beratung aus 13 Kontakten besteht, die Beratung alle drei Wochen stattfindet, ergibt sich für den Beratungszyklus eine Zeitspanne von neun Monaten. Somit könnten alle Beratungen, von denen nach diesem Zeitraum noch keine Post-Messung vorliegt, als potentielle Abbrecher gelten. Für den Zeitraum von der Post-Messung zur FU-Erhebung gelten als Standard sechs Monate.

Diese Rechnung zugrundelegend, ergibt sich nur ein sehr unzureichender Aufklärungsgrad (vgl. Tabelle 6.1-5).

Tabelle 6.1-5: Abbrecher pro Messzeitpunkt unter Berücksichtigung durchschnittlicher Beratungsdauer nach BF I (Klann & Hahlweg, 1996a, S. 124-125)

Abbrecher pro Messzeitpunkt	Klientinnen
Abbrecher nach der Prae-Messung	230
kein klarer Befund	197
Abbrecher nach der Post-Messung	107
kein klarer Befund	123
Potentielle Studienteilnehmer (innerhalb der Zeiträume)	89
Fehlerhafte Angaben	5

Wegen der unklaren Situation ist es schwer, zwischen der BF II-Studie und der Untersuchungsgruppe von 1990-1993 (BF I) einen direkten Bezug herzustellen. Bei dem Vergleich zwischen der absoluten Teilnehmerzahl von der Post-Messung zur Follow-up-Messung bei der BF I-Studie zeigt sich, dass 27% nicht mehr an der Katamnese-Erhebung gegenüber der Post-Messung teilgenommen haben. Bei der aktuellen Studie liegt die Ausfallrate bei 20%. In einer der zu erwartenden Nachfolgeauswertungen wird zu dieser Thematik eine ausführliche Auswertung und Analyse vorgenommen.

6.2 MESSINSTRUMENTE

Die Studie 1990-1993 (BF I) wird mit dieser Untersuchung repliziert. Aus diesem Grunde wurden die gleichen Messinstrumente zum Einsatz gebracht. Ergänzt wurde die Untersuchungsbatterie durch einen Fragebogen zur Lebenszufriedenheit (Kap. 6.2.1.5).

Die Bearbeitungszeit für alle sechs klientenbezogenen Fragebögen beträgt zwischen 20 und 45 Minuten. Die Klientinnen werden darauf hingewiesen, alle Fragen zu beantworten und, dass sie ernsthaft daran interessiert sein sollten, sowohl beim Abschluss des Beratungsprozesses wie auch sechs Monate danach ebenfalls die Fragebögen auszufüllen, da sonst die Auswertung nur unvollkommen möglich wird und die Aussagekraft eingeschränkt ist.

6.2.1 Fragebogen für Klientinnen

Die einzelnen Fragebögen, die den Klientinnen zu den drei Erhebungszeitpunkten (vor der Beratung, nach Abschluss der Beratung, sechs Monate nach Abschluss der Beratung) vorzulegen sind, werden dargestellt, um zu verdeutlichen, wie die Zielsetzungen zur Evaluation der Partnerschafts- und Eheberatung (vgl. Kap. 5) aufgegriffen und umgesetzt werden.

6.2.1.1 Fragebogen zur Einschätzung
von Partnerschaft und Familie (EPF)

(a) Gründe für die Auswahl des Fragebogens

Dieser Fragebogen zeichnet sich insbesondere dadurch aus, dass er präzise die Problemfelder auf der Verhaltensebene beinhaltet, die am häufigsten als

Anlässe für das Aufsuchen der Beratungsstellen von den Klientinnen genannt werden. Aus diesem Grunde wurde der von Snyder (1981) entwickelte „*Marital Satisfaction Inventory (MSI)*" auf die deutsche Situation mit Hilfe einer Validierungsstudie adaptiert und überarbeitet (Klann et al., 1992). Damit wurde erstmals aus der Beratung für die Beratung ein mehrdimensionales Selbstbeurteilungsinstrument zur partnerschaftlichen Interaktion und zur Bestimmung der Ehequalität vorgelegt. Da es für den „*Fragebogen zur Einschätzung von Partnerschaft und Familie (EPF)*" Normwerte gibt, ist es möglich, die Selbsteinschätzungen der Klientinnen mit denen der Validierungsstudie und der ersten Diagnose der Beraterinnen in Bezug zu setzen, um das objektive Ausmaß der Belastungen feststellen zu können.

(b) Beschreibung des Verfahrens

Der MSI ist mit Hilfe eines rational-statistischen Ansatzes entwickelt worden. Aus der Literatur wurden 440 Fragen gesammelt, die dann nach ihrem Inhalt (rational) 11 verschiedenen Skalen zugeordnet und insgesamt 141 Paaren zur Beantwortung vorgelegt wurden. Nach test-statistischen Kriterien sind 160 Fragen eliminiert worden. Die Endversion des Fragebogens enthält 280 Items, die entsprechenden Skalen zugeordnet sind. Bei der Überprüfung der Reliabilität und Validität des MSI für den deutschsprachigen Raum ergab sich, dass insgesamt eine gute interne Konsistenz und differenzielle Validität vorhanden ist. Ein Vergleich der Kontrollgruppen aus den USA und der Bundesrepublik Deutschland ergab nur zwei signifikante Unterschiede in den Skalen „Rollenorientierung" und „Zufriedenheit mit den Kindern". Ansonsten zeigte sich eine überraschend hohe kreuzkulturelle Stabilität (vgl. Tabelle 6.2-1).

Ohne wesentliche Einbuße an Reliabilität und Validität konnte der Fragebogen auf 120 Items reduziert werden. Damit war eine gute Voraussetzung erfüllt, um ihn für die tägliche Beratungspraxis nutzen zu können (Klann et al., 1992).

Tabelle 6.2-1: Interne Konsistenzen: Cronbach's Alpha [Die Gesamtstichprobe aus Kontrollgruppe und Therapiegruppe: BRD N = 480 und USA N = 750. Für die Skalen ZK und KE: BRD N = 343, USA N = 493] (Klann et al., 1992, S. 14)

		I	BRD		USA
			ORG	RED	
Validitätsskala	VA	21	0.89	-	0.91
Globale Zufriedenheit	GZ	43	0.96	0.94	0.97
Affektive Kommunikation	AK	26	0.90	0.88	0.88
Problemlösung	PL	38	0.95	0.91	0.93
Freizeitgestaltung	FZ	20	0.92	0.91	0.89
Finanzplanung	FP	22	0.84	0.82	0.86
Sexuelle Zufriedenheit	SZ	29	0.91	0.86	0.90
Rollenorientierung	RO	25	0.83	0.83	0.89
Elterliche Ehezufriedenheit	EZ	15	0.84	0.87	0.85
Zufriedenheit: Kinder	ZK	22	0.78	0.78	0.80
Kindererziehung	KE	19	0.89	0.88	0.84

Anmerkungen: N = Anzahl der Studienteilnehmerinnen, I = Itemzahl der Originalversion. ORG = Verwendung der MSI-Originalversion mit 280 Items, RED = Reduzierte Version mit jeweils 12 Items pro Skala.

Die 120 Items (12 Items pro Skala) sind folgenden Skalen zugeordnet:

(1) Globale Zufriedenheit mit der Partnerschaft (GZ)
Diese Skala soll die globale Ehezufriedenheit erfassen, zum Beispiel mit den Fragen: „Ich bin ziemlich glücklich verheiratet", „Selbst wenn ich mit meinem Partner zusammen bin, fühle ich mich häufig einsam".

(2) Affektive Kommunikation (AK)
Die Skala soll die Unzufriedenheit mit dem Ausmaß an Zuneigung, Affektivität, Selbstöffnung und Verständnis messen, das von den Partnern gezeigt wird. Die Fragen betreffen den Kommunikationsprozess im verbalen und nonverbalen Bereich, zum Beispiel „In unserer Partnerschaft drücken wir unsere Liebe und Zuneigung offen aus", „Manchmal glaube ich, dass mein(e) Partner(in) mich gar nicht richtig braucht".

(3) Problemlösung (PL)
Diese Skala soll die generelle Effektivität erfassen, mit der die Partner ihre
Ehekonflikte und Differenzen lösen können und misst: inwieweit aus kleinen Anlässen heraus ein großer Streit entsteht, ungeklärte Differenzen nicht
mehr diskutiert werden, der Partner sehr kritisch und bestrafend ist und sehr
sensitiv auf Kritik reagiert, zum Beispiel „Wenn wir miteinander streiten,
kommen immer wieder dieselben alten Probleme auf den Tisch", „Bei Diskussionen können wir uns ziemlich gut auf die wichtigsten Themen beschränken".

(4) Gemeinsame Freizeitgestaltung (FZ)
Diese Skala soll die Qualität und Quantität der gemeinsamen Freizeitgestaltung messen. Gefragt wird, ob die Partner ausreichend Zeit miteinander
verbringen, gemeinsame Interessen haben, die Zeit miteinander genießen
und ob die Partnerin sich an den eigenen Interessen ausreichend beteiligt,
zum Beispiel „Ich wünschte mir, mein(e) Partner(in) würde meinen Neigungen mehr Interesse entgegenbringen", „Wir verbringen mindestens eine
Stunde am Tag mit gemeinsamen Unternehmungen".

(5) Finanzplanung (FP)
Diese Skala erfasst die Übereinstimmung, mit der finanzielle Dinge in der
Partnerschaft gehandhabt werden. Erfragt wird, wie die Partnerin mit Geld
umgeht, ob finanzielle Probleme häufig zu Auseinandersetzungen führen und
ob diese dann ruhig und befriedigend gelöst werden können, zum Beispiel
„Wir entscheiden gemeinsam, wie das Familieneinkommen ausgegeben werden soll", „Mein(e) Partner(in) ist leichtsinnig im Umgang mit Geld".

(6) Sexuelle Zufriedenheit (SZ)
Diese Skala soll die Unzufriedenheit mit der partnerschaftlichen Sexualität
erfassen. Gefragt wird nach sexueller Aktivität, Befriedigung durch Zärtlichkeit und Geschlechtsverkehr, Interesse an außerehelichen sexuellen
Aktivitäten und ob Differenzen im sexuellen Bereich bewältigt werden
können, zum Beispiel „Ich genieße die sexuellen Kontakte mit meinem(r)
Partner(in)", „Es ist schwierig, mit meinem(r) Partner(in) über Sexualität
zu sprechen".

(7) Rollenorientierung (RO)
Hier soll die Einstellung zur ehelichen Rollenorientierung erfasst werden.
Gefragt wird nach der Zurückweisung traditioneller ehelicher Geschlechtsrollenverteilung, nach dem Ausmaß partnerschaftlicher Rollenverteilung
und danach, ob eine weibliche Berufstätigkeit akzeptiert wird, zum Bei-

spiel „In erster Linie ist der Mann für den Lebensunterhalt der Familie verantwortlich", „Im Grunde wünschen sich die meisten Männer fürsorgliche und „traditionelle" Frauen".

(8) Ehezufriedenheit der Eltern (EZ)
Diese Skala soll die elterliche Ehezufriedenheit erfassen. Gefragt wird nach dem Ausmaß an Bindung zwischen den Familienangehörigen, nach der elterlichen Ehezufriedenheit, der Kindheit und danach, ob die Befragte den Wunsch hatte, das Elternhaus so früh wie möglich zu verlassen, zum Beispiel „Meine Eltern haben mich nie wirklich verstanden", „Die Ehe meiner Eltern könnte für viele Paare ein gutes Vorbild sein".

(9) Zufriedenheit mit den Kindern (ZK)
Diese Skala soll das Ausmaß der Zufriedenheit in der Eltern-Kind-Beziehung erfassen. Es wird erfragt, ob gemeinsame Interessen mit den Kindern vorhanden sind, die Kinder Respekt vor den Eltern haben und welche Konsequenzen die Kinder für die Partnerschaft hatten, zum Beispiel „Die Kinder haben mir nicht die Befriedigung gebracht, die ich mir erhofft habe", „Durch die Kinder ist unsere Ehe glücklicher geworden".

(10) Kindererziehung (KE)
Diese Skala soll Konflikte zwischen den Ehepartnern bezüglich der Kindererziehung erfassen. Erfragt wird, ob Kindererziehung ein Hauptproblembereich der Partnerschaft ist, die Eltern sich uneinig bezüglich der Erziehung sind, die Partnerin kein Interesse an der Kindererziehung hat und die Pflichten in diesem Bereich ungleich verteilt sind, zum Beispiel „Wir beide entscheiden gemeinsam, welche Regeln für die Kinder gelten sollen", „Mein(e) Partner(in) trägt zu wenig zur Kindererziehung bei".

(c) Auswertung

Bei den einzelnen Items ist von den Klientinnen zu entscheiden, ob die Feststellung für sie zutrifft oder ob es nicht der Fall ist. Bei der Auswertung werden pro Skala Summenwerte gebildet. Diese können in standardisierte Werte (T-Werte) umgewandelt werden. Auf diese Weise ist es möglich zu beurteilen, ob die erreichten Werte zum Beispiel signifikant schlechter sind als die durchschnittlichen Werte von zufriedenen Paaren.

(d) Reliabilität

Die internen Konsistenzen (Cronbach's Alpha) für die deutsche und amerikanische Stichprobe sind sehr ähnlich mit einer maximalen Differenz von

.06 (bei der Skala Rollenorientierung) und von der Höhe her befriedigend bis sehr gut (.78 - .96). Die mittlere Interkorrelation der Skala beträgt r = .35 (USA: r = .34).

(e) Validität

Bei allen Skalen zeigen sich hochsignifikante Mittelwertsunterschiede zwischen den Personen in Eheberatung und den Paaren aus der Kontrollgruppe (vgl. Klann, Hahlweg & Hank, 1992).

(f) Veränderungsmessung

Bei einer Differenz von zehn und mehr T-Wert-Punkten kann von einem signifikanten Unterschied gesprochen werden.

Snyder hat 1997 eine überarbeitete Form des Fragebogens vorgelegt. Dieser MSI-R ist inzwischen übersetzt und wurde in 2001 im Rahmen einer Validierungsstudie für den deutschen Sprachraum adaptiert. Die neue Version aus den USA basiert auf einer größeren und differenzierteren Stichprobe, einige Items wurden überarbeitet, zwei neue Skalen wurden eingefügt (Aggressivitäts-Skala, Inkonsistenz-Skala) und die Auswertungsmodalitäten wurden vereinfacht (Limbird, 2002).

6.2.1.2 Problemliste (PL)

(a) Gründe für die Auswahl des Fragebogens

Die *„Problemliste (PL)"* wurde 1980 entwickelt (Hahlweg, 1996; Hahlweg, Krämer, Schindler & Revensdorf, 1980). In den Jahren 1982-84 ist erstmals eine umfangreiche Datenerhebung bei 24.518 Klientinnen durchgeführt worden, die eine katholische Ehe-, Familien- und Lebensberatungsstelle aufsuchten (Klann & Hahlweg, 1987). Die Analyse der von den Klientinnen genannten Anlässe für das Aufsuchen der Beratungsstellen zeigte, dass es in fast allen Bereichen eine hohe Übereinstimmung mit den Items der PL gab. Im Kontext dieser Auswertung wurde die Liste von 17 auf 23 Items erweitert. Die Art des Aufbaus der PL war ein weiterer Grund dieses Instrument zu wählen. Es wird nicht nur die ganze Palette der möglichen Problemfelder erfasst, sondern auch noch festgestellt, wie die derzeitige Situation von den Partnerinnen eingeschätzt wird, wo Ressourcen zum Problemlösungsverhalten vorliegen und in welchen Bereichen dies nicht der Fall ist. Gleichzeitig wird erfasst, wo die Paare aufgegeben haben, konfliktreiche Situationen einer Lösung zuzuführen.

Die PL eignet sich besonders zur Bestimmung des Beratungszieles am Anfang der Beratungssequenz, da einvernehmlich eine Gewichtung der Problembereiche vorgenommen werden kann, die zur Bearbeitung anstehen.
Auf diese Weise lässt sich umgehen, dass am Beginn der Beratungssequenz
mit zu schwierigen Problemfeldern begonnen wird, die den Einstieg in die
gemeinsame Arbeit nur unnötig erschweren. Die PL trägt dazu bei, dass eine
Rangreihe der Schwierigkeiten gebildet werden kann, die dann systematisch
im Beratungsprozess abgearbeitet werden könnte. Die PL unterstützt die Bemühungen, dem Beratungsprozess eine klare Struktur zu verleihen.

(b) Beschreibung des Verfahrens

Die Problemliste soll die spezifische Analyse von partnerschaftlichen Konfliktbereichen zu Beginn und die Suche nach Änderungswünschen im Verlauf der Beratung erleichtern. Außerdem kann die Liste zur Veränderungsmessung eingesetzt werden. In der PL sind Bereiche aufgeführt, in denen
es möglicherweise zu Konflikten kommen kann, zum Beispiel Sexualität,
Zuwendung, Temperament des Partners, Freizeitgestaltung, persönliche
Gewohnheiten, Vertrauen oder persönliche Freiheit. Die Klientinnen geben
an, in welchen Bereichen es zu Konflikten kommt. Aus diesen können dann
die Änderungswünsche abgeleitet werden.

(c) Aufbau

In der Problemliste sind 23 partnerschaftliche Bereiche aufgeführt, in denen es häufig zu Konflikten kommen kann. Die Klientinnen bearbeiten die
PL alleine und geben anhand einer vierstufigen Skala an, in welchen Bereichen Konflikte bestehen und wie mit diesen Konflikten üblicherweise umgegangen wird:
In dem jeweiligen Bereich des Zusammenlebens entstehen:

- keine Konflikte,   0

- des Öfteren Konflikte, erfolgreiche Lösungen,   1

- oft Konflikte, keine Lösungen, oft Streit   2

- oft Konflikte, aber wir sprechen nicht darüber.   3

(d) Auswertung

In der Diagnostikphase kann die Problemliste folgendermaßen verwendet
werden: Das Computerprogramm ordnet die Antworten nach der Konflikt-

trächtigkeit in einem Übersichtsblatt, um die problematischen Bereiche auf einen Blick zu erkennen. Werden Einzelgespräche geführt, können diese mit Hilfe des Übersichtsblattes strukturiert werden, indem zum Beispiel die Klientin die Bereiche, die mit Kategorie zwei oder drei beantwortet wurden, hinsichtlich ihrer Bedeutung in eine Rangreihe bringt, aus der dann Beratungsschwerpunkte und Ziele ausgewählt werden können. Für Paargespräche kann das Übersichtsblatt verwendet werden, um Diskrepanzen und Übereinstimmungen der Partner bezüglich der Konfliktträchtigkeit der Bereiche anschaulich darzustellen. Weiterhin kann das Übersichtsblatt zur Strukturierung der Beratung sowie den Klientinnen dabei helfen, um die Formulierung konkreter Änderungswünschen zu erleichtern.

(e) Einsatzmöglichkeit

Eingangsdiagnostik, Verlaufs- und Veränderungsmessung.

(f) Stichprobe

Die Problemliste fand ihren Einsatz in BF I. Damit bestand die Möglichkeit, das Verfahren weiterhin zu untersuchen und auf seine Brauchbarkeit zu überprüfen. Eine nähere Beschreibung der zugrunde liegenden Stichprobe ist dem Kapitel 4.6 zu entnehmen. Der Ergebnisvergleich mit der Untersuchung 1982-84 (Klann & Hahlweg, 1987) machte deutlich, dass es sich bei BF I um eine für „Paarberatung" typische Stichprobe handelte. Von daher ist eine Generalisierbarkeit der Ergebnisse auf die Klientinnen der täglichen Beratungspraxis in den entsprechenden Stellen gut möglich (Hahlweg, 1996).

(g) Reliabilität

Die PL-Gesamtskala hat eine gute interne Konsistenz (Cronbach's Alpha = .83; N = 416).
Die Re-Test-Reliabilität bei N = 124 Klientinnen lag nach einem 6-Monatszeitraum (Post-Katamnese) bei r = .55 (p < .000) (Hahlweg, 1996).

(h) Validität

Bezüglich der Konstruktvalidität zeigten sich signifikante Korrelationen zwischen dem PL-Gesamtwert und dem EPF (Fragebogen zur Einschätzung von Partnerschaft und Familie, Kap. 6.2.1.1). Darüber hinaus korreliert die PL signifikant mit der ADS (Stimmungsskala, Kap. 6.2.1.3) und der BL (Beschwerdeliste, Kap. 6.2.1.4). Für die Vorversion des PL (17 Items) liegen Zusammenhangsanalysen mit dem PFB (Partnerschaftsfragebogen) vor. Die PL wies sowohl signifikante Korrelationen mit der PFB-Skala Streitverhalten (r = .48) auf als auch mit den Skalen Zärtlichkeit (r = -.44) und Gemeinsamkeit/ Kommunikation (r = -.58). Außerdem unterschied sie hoch signifikant zwischen Therapie- und Normalpersonen (Hahlweg, 1996).

(i) Veränderungsmessung

Vor und nach der Beratung werden die Summenwerte der Kategorien zwei und drei ermittelt. Eine signifikante Reduktion der Problembereiche ist gegeben, wenn die Differenz mindestens drei Rohwertpunkte beträgt.

6.2.1.3 Stimmungsskala (ADS)

(a) Gründe für die Auswahl des Fragebogens

Die wiederholt durchgeführten Erhebungen bei Klientinnen in Beratungsstellen zeigen, dass stimmungs- und emotionsbezogene Belastungen zu den am häufigsten genannten individuellen Problemen zu zählen sind, die dazu führen, Beratungsstellen aufzusuchen (Klann & Hahlweg, 1996b; Kath. Bundesarbeitsgemeinschaft für Beratung, 1999b). Gleichzeitig ist belegt, dass Partnerschaftsprobleme, die im Mittelpunkt der Selbstevaluation stehen, nicht selten mit mehr oder weniger ausgeprägten depressiven Verstimmungen einhergehen, so dass eine begründete Erwartung besteht, Klientinnen mit diesen Belastungen bei Partnerschaftsproblemen zu begegnen.

(b) Beschreibung des Verfahrens

Die Stimmungsskala (Allgemeine Depressionsskala ADS) ist die von Hautzinger und Bailer (1992) ins Deutsche übersetzte und modifizierte Form der „Center for Epidemiological Studies – Depression Scale (CES-D)" von Radloff (1977). Es handelt sich um ein Selbstbeurteilungsinstrument zur Einschätzung der Depressivität und eignet sich besonders zur Erfassung momentaner depressiver Verstimmungen in der Allgemeinbevölkerung. In der Studie wurde die Langform des ADS zur Anwendung gebracht, die aus 20 Items besteht.

(c) Aufbau

Die mittels der ADS erfragten depressiven Merkmale sind: Verunsicherung, Erschöpfung, Hoffnungslosigkeit, Selbstabwertung, Antriebslosig-

82

keit, empfundene Ablehnung durch andere, Weinen, Genussunfähigkeit, Rückzug, Angst, fehlende Reagibilität, Schlafstörungen, Appetitstörungen, Konzentrationsprobleme, Pessimismus.

Der Fragebogen umfasst 20 Items. Davon sind 16 Items so ausgerichtet, dass die Beantwortung mit „meistens" auf deutlichere depressive Beeinträchtigung hinweist. Vier Items (Nr. 4, 8, 12 und 16) sind umgekehrt gepolt, so dass eine Antwort mit „selten" depressive Symptomatik beschreibt. Durch einfache, verständliche Sätze werden diese Symptome erfragt. Der Bezugszeitraum ist „die letzte Woche". Daraus ergibt sich dann eine vierstufige Beantwortungsmöglichkeit jeder Frage:

0	=	selten oder überhaupt nicht	=	weniger als ein Tag,
1	=	manchmal	=	ein bis zwei Tage lang,
2	=	öfters	=	drei bis vier Tage lang,
3	=	meistens, die ganze Zeit	=	fünf und mehr Tage lang.

(d) Auswertung

Über alle Aussagen wird die jeweils angekreuzte Zahl zu einer Gesamtsumme addiert (Minimum: 0 Punkte; Maximum: 60 Punkte). Vier der Items sind umgekehrt gepolt, um zu verhindern, dass stereotype Angaben gemacht werden. Es liegt ein „Lügenkriterium" zur Überprüfung der Glaubwürdigkeit des Fragebogenergebnisses vor. Der kritische Wert für das Vorliegen einer ernsthaft depressiven Verstimmung wurde in deutschsprachigen Stichproben abweichend vom amerikanischen Original (Summenwert = 16) für einen Summenwert von 23 ermittelt (Saßmann, 2001). Werte über 29 werden als Hinweis auf eine klinische Relevanz hinsichtlich der Depression gewertet.

(e) Einsatzmöglichkeit

Eingangsdiagnostik und zusätzliche Veränderungsmessung bei Therapie- und beratungsbegleitender Forschung.

(f) Reliabilität

Die innere Konsistenz (Cronbach's Alpha) beträgt für die Gesamtgruppe bei .89, für die Männer bei .86 und für die Frauen bei .90. Die Testhalbierungsrealibilität erreicht .81.

(g) Validität

Bezüglich der Validität wurden hochsignifikante Korrelationen mit anderen Depressionsskalen gefunden (z.B. Beck Depressionsinventar; Beck, Word, Mendelson, Mock & Erbaugh, 1961; Hamilton Depressionsskala; Hamilton, 1960). Ebenso mit der Beschwerdeliste (Zerssen, 1986a) und der Befindlichkeits-Skala (Zerssen, 1986b).

Hinsichtlich der diskriminativen Validität weisen Personen mit Belastungen durch kritische Lebensereignisse bzw. einer Selbsteinschätzung als depressiv einen signifikant höheren ADS-Wert auf. Außerdem hat dieser Fragebogen eine hohe Änderungssensitivität.

6.2.1.4 Beschwerdeliste (BL)

(a) Gründe für die Auswahl des Fragebogens

Die in den Beratungsstellen durchgeführten Erhebungen und Untersuchungen bei den Klientinnen haben deutlich werden lassen, dass die Beraterinnen mit einer breiten Palette von Anlässen konfrontiert werden (Klann & Hahlweg, 1987; Klann & Hahlweg, 1996b; Katholische Bundesarbeitsgemeinschaft für Beratung, 1999b). Aufgrund der Tatsache, dass die Klientinnen selbst entscheiden, ob sie eine Beratungsstelle aufsuchen, ist nicht auszuschließen, dass sie im Rahmen der von ihnen vorgenommenen „Selbstdiagnose" Belastungen und Problemfelder übersehen, die ins Arbeitsfeld anderer Fachleute gehören. Um dies zu klären, ist im Kontext des Erstkontaktes eine entsprechende Abklärung notwendig.

(b) Beschreibung des Verfahrens

Die „Beschwerdenliste (BL)" eignet sich zur quantitativen Abschätzung subjektiver, überwiegend körperlich bedingter Beeinträchtigungen. Sie kann dazu beitragen, eine globale Beeinträchtigung des subjektiven Befindens, gegebenenfalls auch deren Veränderungen über die Zeit hinweg, anhand konkreter Beschwerden zu objektiveren und zu quantifizieren. Die Item-Inhalte beziehen sich im Wesentlichen auf Allgemeinbeschwerden (Schwächegefühl, Müdigkeit) oder lokalisierbare körperliche Beschwerden (Schluckbeschwerden, Sodbrennen, saures Aufstoßen, Gliederschmerzen). Bei körpernahen Allgemeinbeschwerden (z.B. Appetitlosigkeit) gibt es alle Übergänge (Schlaflosigkeit, Konzentrationsschwäche) bis zu ausgesprochen psychischen Beschwerden (Angstgefühle, innere Gespanntheit).

Die Beschwerdenliste ist für die Erfassung der momentanen Beeinträchtigung vorgesehen.
Der Einsatz ist zur groben Orientierung über das Ausmaß subjektiver körperlicher Beeinträchtigung indiziert.

(c) Aufbau

Der Fragebogen umfasst 24 Items zur Beurteilung der Beschwerden mit einer vierstufigen Antwortmöglichkeit („gar nicht" bis „stark"). Beispiel: „Ich leide unter folgenden Beschwerden: Kloßgefühl, Engigkeit oder Würgen im Hals". Die Bearbeitungszeit beansprucht fünf bis zehn Minuten.

(d) Auswertung

Die Auswertung erfolgt durch Bildung eines Summenwerts, der die Gesamtbeeinträchtigung durch körperliche oder Allgemeinbeschwerden angibt. Dabei werden folgende Punktwerte vergeben: „gar nicht" = 0 Punkte, „kaum" = 1 Punkt, „mäßig" = 2 Punkte, „stark" = 3 Punkte (Minimum: 0 Punkte; Maximum: 72 Punkte).

(e) Reliabilität

Die innere Konsistenz (Cronbach's Alpha) ist mit .90 sehr gut. Ebenfalls sehr gut ist die Halbierungsreliabilität mit r = .91.

(f) Validität

Die Items sind inhaltlich valide. Zur Überprüfung der kriterienbezogenen Validität wurden die Summenwerte mit der Zugehörigkeit zu einer klinischen bzw. der Kontrollgruppe korreliert. Die Korrelation liegt bei r = .62.

(g) Veränderungsmessung

Ab einer Veränderung um 9 Punkte (= Krit. Diff.) kann von einer signifikanten Veränderung gesprochen werden.

6.2.1.5 Fragen zur Lebenszufriedenheit (FLZ)

(a) Gründe für die Auswahl des Fragebogens

Dieser Fragebogen ergänzt die Palette zur Erfassung der Gesamtsituation der Klientinnen. Hiermit soll die Lebenszufriedenheit insgesamt erfasst werden. Gleichzeitig liegt damit ein Instrument vor, welches die durch die

85

Beratung angestoßenen Veränderungen im Hinblick auf wichtige Lebensbereiche dokumentieren kann. Da es zu den Selbsteinschätzungen der Klientinnen vergleichbare Normenwerte gibt, lässt sich feststellen, wie groß das Ausmaß der Zufriedenheit bzw. der Beeinträchtigungen ist, verglichen mit anderen Personen in der Bundesrepublik Deutschland.

(b) Beschreibung des Verfahrens

Das Erhebungsinstrument „*Fragen zur Lebenszufriedenheit (FLZ^M)*" besteht aus drei „Modulen" (Heinrich & Herschbach, 2000). Für diese Studie wird das Modul: „Allgemeine Lebenszufriedenheit" eingesetzt. Es enthält acht Items (acht relevante Lebensbereiche – vgl. Aufbau des Verfahrens), die jeweils von den Klientinnen nach „subjektiver Zufriedenheit" und zusätzlich nach „subjektiver Wichtigkeit" beurteilt werden.
Diese Items eignen sich zur Bestimmung der subjektiven Lebensqualität bei Patientinnen mit chronischen oder anderen schwerwiegenden Erkrankungen, bei gesunden Vergleichsstichproben und im Längsschnitt zur Beurteilung der erwünschten und unerwünschten Wirkungen von therapeutischen Maßnahmen.

Den Klientinnen werden acht Lebensbereiche präsentiert, die sie unter dem Gesichtspunkt beurteilen sollen, wie wichtig diese für ihre Lebenszufriedenheit sind.
Es handelt sich dabei um die Kategorien:

1. Freunde/Bekannte	5. Beruf/Arbeit
2. Freizeitgestaltung/Hobbys	6. Wohnsituation
3. Gesundheit	7. Familienleben/Kinder
4. Einkommen/finanzielle Sicherheit	8. Partnerschaft/Sexualität

Zur Beurteilung dieser Lebensbereiche werden fünf Kategorien angeboten.

nicht wichtig	= 1
etwas wichtig	= 2
ziemlich wichtig	= 3
sehr wichtig	= 4
extrem wichtig	= 5

In einem weiteren Beurteilungsschritt werden noch einmal die acht Lebensbereiche vorgelegt. In dieser Phase müssen die Klientinnen beurteilen, wie zufrieden sie in diesen Bereichen in den letzten vier Wochen ihre Situation erlebt haben. Dabei wird unterschieden zwischen:

unzufrieden	= 1
eher unzufrieden	= 2
eher zufrieden	= 3
ziemlich zufrieden	= 4
sehr zufrieden	= 5

Zum Schluss wird eine Gesamtbeurteilung mit der Frage erbeten: „Wie zufrieden sind Sie mit Ihrem Leben insgesamt, wenn Sie alle Aspekte zusammennehmen?" Als Antwortkategorien werden wieder die gleichen fünf Vorgaben wie zur Zufriedenheitseinschätzung präsentiert.

(c) Fragebogenentwicklung

Die Entwicklung des FLZ^M erstreckt sich über mehrere Phasen der Datenerhebung an großen Stichproben von gesunden und kranken Personen, in denen aufgrund von statistischen Analysen (Faktorenanalyse; Itemanalyse, Gruppenvergleiche, Korrelationen) und aufgrund der Rückmeldung der Testpersonen Zahl und Formulierung der Items, Zahl und Verbalisierung der Antwortkategorien und Form der Instruktion modifiziert und optimiert wurde. Der FLZ^M nimmt inhaltliche Validität für sich in Anspruch. Test- und Itemkennwerte liegen vor.

Das Modul „Allgemeine Lebenszufriedenheit" ist für den Bereich der Bundesrepublik Deutschland (Ost und West) normiert. Zusätzlich liegen Vergleichsdaten von über N = 4.500 Patientinnen aus verschiedenen Diagnosegruppen vor, sowie von über N = 5.000 gesunden Personen.

(d) Auswertung und Interpretation

Die Wichtigkeit (W) und Zufriedenheit (Z) werden jeweils auf einer fünfstufigen Skala [Wert 1 (nicht wichtig) bis Wert 5 (extrem wichtig)] beurteilt.

Je Item können zwei Werte verwendet werden:

(1) die gewichtete Zufriedenheit (W*Z) errechnet sich nach der Formel[3]

$$W*Z = (W-1) \times (Z \times 2-5)$$

die den Anteil des entsprechenden Lebensbereichs an der globalen Lebenszufriedenheit darstellt. Der Wert kann zwischen -12 und +20 schwanken.

Beispiele

Wenn „Partnerschaft/Sexualität" als „extrem wichtig" (Wert 5) eingeschätzt werden und die ausfüllende Klientin die derzeitige Situation als
„unzufrieden" (Wert 1) erlebt, ergibt sich nach der Formel

$$W*Z = (5 - 1) \times (1 \times 2 - 5) = - 12$$

der für die Lebenszufriedenheit ungünstige Wert.

Unter der gleichen Ausgangsbedingung im Hinblick auf die Wichtigkeit
des Bereiches „Partnerschaft/Sexualität" (Wert 5) und bei gleichzeitiger
hoher Zufriedenheit (Wert 5) errechnet sich die gewichtete Zufriedenheit in
diesem Bereich wie folgt:

$$W*Z = (5 - 1) \times (5 \times 2 - 5) = 20.$$

Die vorhandenen Normwerte helfen dem Ergebnis zu einer qualitativen
Aussage.

(2) Die Wichtigkeit (W) als Maß für die subjektive Bedeutung eines Items
für die Lebensqualität. Dieser Wert kann die Wirkungen (besonders im
Längsschnitt) der Beratung widerspiegeln, wenn es zu Auf- bzw. Abwer-
tungen von Lebensbereichen kommt.

Der Summenwert (W*Z-Wert) gibt die globale Zufriedenheit bezogen auf
die acht Lebensbereiche wieder.

Das Computerprogramm präsentiert die Resultate der Einschätzung getrennt nach Frau und Mann. Gleichzeitig wird geprüft, ob etwaige Unterschiede bei der Beurteilung zwischen beiden statistisch signifikant voneinander abweichen. Wenn dies der Fall ist, wird dies durch „M = -; F = 0"
oder eine „M = 0; F = -" kenntlich gemacht. Bei einer Übereinstimmung
wird das Ergebnis durch „M = 0; F = 0" dargestellt.

Zur Unterstützung der qualitativen Bewertung der ermittelten Summenwerte und Ergebnisse liegen für die unterschiedlichen Kategorien Normwerte vor.

---

[3] Die Rangreihe der resultierenden Werte entspricht nach Expertenrating der psychologischen Rangreihe der Begriffspaare Wichtigkeit/Zufriedenheit, nicht jedoch
die Skalenabstände. Die W*Z-Werte sind dementsprechend als Ordinalskala zu
behandeln.

6.2.1.6 Sozio-ökonomischer Fragebogen

Die nachfolgenden Fragen zum sozio-ökonomischen Status der Klientinnen sind dem Minimal-Datensatz entnommen, der obligatorisch in den Ehe-, Familien- und Lebensberatungsstellen in katholischer Trägerschaft erhoben wird:

1. Alter in Jahren	5. Beruf (zuletzt ausgeübt)
2. Geschlecht	6. Religionszugehörigkeit
3. Letzter Ausbildungsabschluss	7. Familienstand
4. Derzeitige Tätigkeit	14. Nationalität

Ergänzt werden die Daten zum sozio-ökonomischen Status durch Fragen zur Person, die hypothesenorientiert ausgesucht wurden und eine gezielte Auswertung der anfallenden Daten möglich machen.

8. Leben Sie mit Ihrem Partner zusammen?

Wenn ja, wie lange? ____ Jahre/

Wenn nein, wie lange leben Sie getrennt? ____ Jahre

9. Sind Sie mit Ihrem Partner verheiratet?

Wenn ja, wie lange _____ Jahre

10. Waren Sie schon mal verheiratet?

11. Haben Sie Kinder aus der jetzigen Partnerschaft?

Anzahl: _____ Alter: _____

12. Haben Sie Kinder aus früheren Partnerschaften?

Anzahl: _____ Alter: _____

Leben diese Kinder bei Ihnen?

13. Leben zur Zeit außer Ihrem Partner und Ihren Kindern noch andere Personen mit Ihnen zusammen?

Wenn ja, welche: _____

15. Ehe der Eltern

1 nicht geschieden

2 geschieden

3 nach wie vielen Ehejahren erfolgte die Scheidung _____

6.2.1.7 Fragen zur Beratung an Klienten (FBK)

Im Rahmen der ersten Projektphase (Klann & Hahlweg, 1996a) wurde ein Einschätzungsbogen für Klientinnen über die Beratung und die Beraterin/Klientin-Beziehung „*Fragen zur Beratung an Klienten (FBK)*" entwickelt. Dieser Bogen soll von jeder Klientin (bei Paarberatung von jeder einzelnen Klientin) beim Abschluss der Beratung ausgefüllt werden. Erfasst werden Aspekte des Erlebens der Beratung, der Beziehung der Klientinnen zur Beraterin etc.

Als Vorlage für den FBK diente die „Stundenbeurteilung" (Schindler, Hohenberger-Sieber & Hahlweg, 1990), die sich als reliables und valides Instrument für eine detaillierte Analyse der Interaktion zwischen Beraterinnen/Therapeutinnen und Klientinnen erwiesen hat. Rund ein Drittel aller 20 Items mit den vierstufigen Antwortvorgaben („Stimmt gar nicht" bis „Stimmt vollkommen") des FBK wurden dem Stundenbeurteilungsbogen für Klientinnen entnommen. Die anderen Items sind in Absprache mit erfahrenen Therapeutinnen und Eheberaterinnen im Hinblick auf die Besonderheiten der Partnerschafts- und Eheberatung bei gleichen Antwortvorgaben ergänzt worden. Alle Fragen des FBK sollen rückblickend für den gesamten Beratungsprozess beantwortet werden.

Erfragt werden mit den 20 Items Aspekte wie:

- Erwartungen an die Beratung (z.B. „Meine Erwartungen an die Beratung sind erfüllt worden"),

- subjektiv empfundener Nutzen (z.B. „Ich sehe mich durch diese Beratung besser im Stande, auftretende Schwierigkeiten zu überwinden"),

- Transparenz des beraterischen Vorgehens (z.B. „Den Ablauf der Beratung habe ich als planvoll und zielgerichtet erlebt"),

- Aufbau von Zuversicht und Vertrauen (z.B. „Die Erfahrungen der Beratung haben mir Mut gemacht"),

- Aufbau von gegenseitigem Verständnis (z.B. „Ich habe in der Beratung mehr an Verständnis und Einsicht in die Situation meines/r Partner(s)in gewonnen"),

- Beziehung zur Beraterin (z.B. „Den/die Berater(in) erlebte ich als sympathisch"),

- auf einer weiteren Skala (0-100%) erfolgt eine Beurteilung der Gesamtzufriedenheit mit der Beratung.

6.2.2 Fragebogen für Beraterinnen

6.2.2.1 Fragen zur Beratung an den/die Berater/in (FBB)

Ebenso wurde in der ersten Projektphase (Klann & Hahlweg, 1996a) ein Einschätzungsbogen über die Beraterinnen-/Klientinnen-Beziehung „Fragen zur Beratung an die Beraterin" (FBB) entwickelt. Dieser Bogen wird bei Abschluss der Beratung vorgelegt. Analog zum Fragebogen „Fragen zur Beratung an Klienten (FBK)" werden diesmal aus der Sicht der Beraterin u.a. Aspekte des Erlebens der Beratung, der Beziehung der Beraterin zu den Klientinnen erfasst.

Als Vorlage für den FBB diente – wie schon beim FBK – die „Stundenbeurteilung" (Schindler, Hohenberger-Sieber & Hahlweg, 1990), die auch in einer Form für Therapeutinnen (SB-T) vorliegt.

Sechs von zehn rangskalierten Items mit den entsprechenden vierstufigen Antwortvorgaben („Stimmt gar nicht" bis „Stimmt vollkommen") des FBB wurden dem Stundenbeurteilungsbogen für Therapeutinnen entnommen, vier weitere Items in Absprache mit erfahrenen Therapeutinnen und Eheberatinnen bei gleichen Antwortvorgaben ergänzt. Alle Fragen des FBB sind wiederum auf die gesamte Beratung bezogen und nicht auf einzelne Stunden, wie in dem Verfahren von Schindler et al. (1990) vorgeschlagen.

Erfragt werden mit den Items Aspekte wie:

- Struktur und Stringenz der Beratung (z.B. „Ich hatte eine ziemlich genaue Vorstellung davon, wie ich die Stunden gestalten wollte"),
- Empathie (z.B. „Es ist mir gelungen, auf den/die Klienten(in) einzugehen"),
- Motivation und Zusammenarbeit (z.B. „Der/die Klient(en) war(en) sehr motiviert"),
- Fortschritt (z.B. „Die Beratungsziele wurden erreicht"),
- Bestätigung (z.B. „Ich habe Bestätigung für mein Vorgehen erhalten"),
- Persönliche Betroffenheit („Dieser Fall hat mich selbst persönlich sehr bewegt"),
- Beziehung zum/zu den Klienten (z.B. „Den/die Klienten(in) erlebte ich als sympathisch").
- Durch eine weitere Skala (0-100%) erfolgt eine Beurteilung der Zufriedenheit mit der Beratung.

Ergänzend werden Angaben zur Person der Beraterin wie Alter, Grundberuf, Zusatzausbildung, Berufserfahrung sowie eine Selbsteinschätzung bezüglich der fachlichen Schwerpunkte der eigenen Beratungstätigkeit erbeten.

Im Computerprogramm sind zwei Vorlagen vorgesehen. Dies wird dann notwendig, wenn eine Paarberatung von einem Beraterinnenpaar durchgeführt wurde, so dass die Möglichkeit gegeben ist, die durchaus zu erwartende unterschiedliche Einschätzung der beiden Beraterinnen zum Beratungsverlauf erfassen zu können.

6.2.2.2 Fragen zum Beratungsverlauf (FBV)

Der Fragebogen zum Beratungsverlauf (FBV) ist von der Beraterin nach Abschluss des Beratungsprozesses auszufüllen. Dabei handelt es sich um ein standardisiertes Protokoll des Beratungsablaufes. Erfasst werden:

• Beratungssetting,	• Beratungsabschluss,
• Beratungsintervalle,	• Überweisung.
• Beratungskontrakt,	

6.2.3 Auswertungsmodus

Das Computerprogramm ist für drei aufeinanderfolgende Erhebungen bei einer Klientin bzw. einem Klientenpaar konzipiert. Für die Datenerfassung zu den jeweiligen Messzeitpunkten bietet das Programm eine Eingabemaske an. Nach der ersten Erhebung besteht die Möglichkeit, eine Auswertung automatisch durchführen zu lassen. Das Ergebnis wird mit Hilfe von Tabellen, standardisierten Texten zu den Resultaten sowie durch eine Grafik dargestellt. Die Ergebnispräsentation schafft geeignete Voraussetzungen, um ggf. weitere diagnostische Schritte einzuleiten und/oder gezielte Überweisungen vornehmen oder ausschließen zu können. Bei der Post-Messung, nach Abschluss der Beratung, wird eine vergleichbare Prozedur für die Dateneingabe und -auswertung durchgeführt. Zusätzlich wird automatisch mit Hilfe von Tests geprüft, ob es zwischen der Prae- und Postmessung signifikante Unterschiede gibt. Das Ergebnis wird mit Hilfe von Tabellen präsentiert und zusätzlich graphisch abgebildet. Ergänzend wird die Auswertung der Klientinnen und Beraterinneneinschätzung mit Tabellen dokumentiert sowie der Beratungsverlauf dargestellt. Die katamnestische Erhebung wird sechs Monate nach Abschluss der Beratung durchgeführt und folgt in der Erfassung und Auswertung der Prae- und Post-Messung. Die Ergebnisse werden wiederum tabellarisch und graphisch dargestellt. Alle Fragebögen werden mit Hilfe eines Computerprogramms (UNISOLO-BF 2.0, 1998) automatisch ausgewertet. Gleichzeitig wird pro Messzeitpunkt eine ausführliche individuelle Rückmeldung erstellt. Diese erfolgt in schriftlicher sowie tabellarischer und grafischer Ausführung. Für die Ergebnisdarstellung des EPF, der ADS und BL-Fragebogen erstellt das Programm von dem Auswertergebnis ein Profilblatt. Für den FLZ wird dies in Form einer Tabelle präsentiert. Um die Werte der unterschiedlichen Fragebögen vergleichen zu können, werden die Rohwerte in T-Werte mit einem Mittelwert von 50 und einer Standardabweichung von 10 transformiert. Ein T-Wert von 50 entspricht somit dem „durchschnittlichen Wert der Normalbevölkerung", T-Werte $\geq$ 60 deuten auf einen signifikant vom Durchschnitt abweichenden Wert hin. Das gleiche gilt für T-Werte $\leq$ 40.

Die Auswertung signifikanter Veränderungen erfolgt mit Hilfe der kritischen Differenz. Dafür sind Ergebnisse von zwei Messungen (z.b. vor und nach der Beratung) notwendig. Im ersten Schritt werden Differenzen gebildet (Prä-/Postmessung) und mit der sog. kritischen Differenz verglichen. Nötige Angaben zur Berechnung dieser kritischen Differenz sind Standardabweichungen (s), Signifikanzniveau (z, 5% = 1,96) und Reliabilität (r_{tt}, hier immer interne Konsistenz). Die Formel lautet:

$$D_{krit} = z*s*\sqrt{2*(1-r_{tt})}$$

Eine signifikante Veränderung liegt vor, wenn der Differenzwert größer als die kritische Differenz ist. Da bei den Fragebogen hohe Werte Unzufriedenheit bzw. Störung bedeuten, deuten positive Differenzwerte auf eine Verbesserung, negative auf eine Verschlechterung hin (Klann & Hahlweg, 1996a, S. 60).

6.3 ERFAHRUNGEN MIT DEM BEGINN DER FELDFORSCHUNG

Nachdem mit der BF I-Studie die EDV-Grundlagen geschaffen waren, sollten diese so aufgearbeitet werden, dass sie von jeder Beratungsstelle, die über einen Computer verfügt, genutzt werden konnten. Dieser Entwicklungsprozess, der im Jahre 1997 mit finanzieller Unterstützung des Bundesministeriums für Familie, Senioren, Frauen und Jugend begann, dauert noch an und soll in der Zukunft weitergeführt werden. Ziel ist die kontinuierliche Ergebnisqualitätssicherung in allen Ehe-, Familien- und Lebensberatungsstellen.

Die Erfahrung mit der Etablierung des Ansatzes zur kontinuierlichen Qualitätssicherung sowie die Einführung des Computerprogramms sind von nicht vorhersehbaren Hindernissen geprägt gewesen. Hierzu zählen:

- Die große Nachfrage in den Beratungsstellen und die Wartezeiten für die Klientinnen führen dazu, dass die für die Datenerfassung und Auswertung notwendige Zeit nicht zur Verfügung gestellt wird.

- Der Klientinnen- und Beraterinnen bezogene Nutzen wird nicht verstanden bzw. wahrgenommen, so dass eine Mitarbeit bei dieser Form der Qualitätssicherung als zusätzliche und unnötige Belastung angesehen wird.

- Das persönliche und zeitliche Engagement liegt bei den Beraterinnen in der Regel deutlich über dem vereinbarten Stundenanteil durch den Arbeitsvertrag. Die Studienteilnahme wird somit als weiterer Belastungsfaktor angesehen und deshalb nicht akzeptiert.

- Die Funktionsfähigkeit des Computerprogramms ist an bestimmte Hardwarevoraussetzungen gebunden. Wenn nun gegen viele Bedenken eine Anschaffung des Programms erfolgte und dann technische Probleme auftraten (z.B. zu kleiner Speicherplatz beim Drucker), wurden diese als Argumente für die Einstellung der Mitarbeit angesehen.

- Als weitere Fehlerquelle und somit als Belastungspotenzial haben sich die unterschiedlichen Kenntnisse im Umgang mit Computern erwiesen. Auf diese Weise wurden Fehler gemacht, die demotivierten. Eine für die Nutzer kostenlos eingerichtete Hotline konnte hierbei nur wenig Entlastung bewirken.

- Das Computerprogramm selbst ist noch nicht optimal ausgereift. So kam es zu Programmkonstellationen, die bei der Entwicklung nicht vorhersehbar waren und nur mit Mühe aufgedeckt werden konnten. Gleichzeitig hat der Auftraggeber für das Programm seinerseits nicht an alle Varianten und Möglichkeiten gedacht, so dass Unklarheiten, Fehler und Defizite im Programm waren bzw. sind, die zu Rückzug und Aufgabe der Mitarbeit führten. Gleichzeitig wurden auch Fehler erst sehr spät entdeckt, die die vollständige Auswertung der Daten aus der aktuellen Studie beeinträchtigten bzw. nicht mehr möglich machten.

Die Erfahrungselemente verdeutlichen, dass nicht nur der gute Wille notwendig ist, um kontinuierliche Qualitätssicherung betreiben zu können. Ein solches Vorhaben stellt hohe Ansprüche an die Mitarbeiterinnen in den Stellen, an die technische Ausstattung der Beratungsstellen, an die Fähigkeiten der Sekretariatsmitarbeiterinnen und erfordet Kompetenz im Krisenmanagement, wenn immer wieder bestimmte Fehler auftauchen, die den investierten guten Willen und die Zeit zunichte machen. Um das Gesamtprojekt für die Zukunft zu sichern, ist es notwendig, dass technisch und pädagogisch kompetente Personen zusammenarbeiten, die geeignete Vorbereitungs- und Begleitangebote zur Verfügung haben, um eine kontinuierliche Qualitätssicherung mit Hilfe von Computerprogrammen realisieren zu können. In diesem Sinne soll das vorgelegte Ergebnis, das als Zwischenauswertung verstanden wird, dazu beitragen, dass für die Beraterinnen deutlich wird, wie der Gewinn aussieht, der sich aus einer Mitarbeit ergibt. Gleichzeitig müssen weitere Anstrengungen unternommen werden, um die technische Perfektion zu verbessern und den mit der Qualitätssicherung verbundenen persönlichen und zeitlichen Aufwand weiter zu reduzieren.

7. Ergebnisse zur Klientinnenbefragung

Die statistischen Analysen wurden mit dem Programm SPSS Version 10.0 gerechnet: Deskriptive Statistiken, Korrelationen (Pearson), Varianzanalysen (MANOVA, ANOVA und ONEWAY). Im Fall abhängiger T-Tests und Varianzanalysen erfolgte bei gegebenen Voraussetzungen eine Korrektur des Signifikanzniveaus (Bonferoni; Korrektur des Alpha-Fehler-Niveaus auf die Gesamtzahl der Tests $p' = p/m$). Ein wesentliches Ziel dieser Studie ist es zu prüfen, ob sich die Ergebnisse der Studie 1990-1993 (BF I) replizieren lassen. Um dies zu ermöglichen, werden die Ergebnisse der Analysen aus der BF II-Studie immer gleichzeitig mit den Daten aus der BF I-Studie präsentiert. Diese sind dem Abschlussbericht entnommen, der unter „Beratungsbegleitende Forschung – Evaluation von Vorgehensweisen in der Ehe-, Familien- und Lebensberatung und ihre spezifischen Auswirkungen" 1994 publiziert wurde (Klann & Hahlweg) und 1996 als zweite Auflage erschienen ist. Um die Lesbarkeit des Textes zu erhalten, wird der Bezug zu dieser Publikation immer durch BF I dargestellt.

Bei dem Vergleich der beiden Untersuchungsgruppen wurde auch bei allen Analysen geprüft, ob es geschlechtsspezifische Zusammenhänge gibt. Bei der Darstellung dieser Ergebnisse werden nur diejenigen berücksichtigt, bei denen es statistisch relevante Resultate gibt. Alle anderen sind beim Autor vorhanden und einsehbar.

7.1 ANALYSE DER PRAE-MESSUNG

Grundlage und Bezugsrahmen für die Datenanalyse und die einzelnen Auswertschritte ist der Abschlussbericht der BF I-Studie. Beim Vergleich der Prae-Messungsdaten aus beiden Untersuchungsgruppen geht es zunächst darum, die Vergleichbarkeit der beiden Gruppen zu prüfen.

7.1.1 Problemliste (PL)

Die „*Problemliste (PL)*" ist geeignet, typische Partnerschaftsprobleme und/oder Problemkonstellationen bei Paaren erfassen und abbilden zu können, die dazu führen eine Ehe-, Familien- und Lebensberatungsstelle aufzusuchen. In der PL sind 23 für das partnerschaftliche Zusammenleben wichtige Bereiche aufgeführt, in denen Konflikte vorhanden sein können. Zu ihnen gehören zum Beispiel die Zuwendung der Partnerin, Sexualität oder Freizeitgestaltung. Die Klientinnen haben die Möglichkeit, auf einer Skala von null bis drei zu bewerten, in welchem Ausmaß sie sich in den jeweiligen Bereichen belastet fühlen (nähere Beschreibung zur PL, siehe 6.2.1.2). Im Zentrum steht, ob und in welchem Ausmaß in der Beziehung Konflikte im jeweiligen Bereich bestehen und wie vorwiegend mit diesen umgegangen wird:

0 = keine Konflikte
1 = Konflikte, erfolgreiche Lösungen
2 = Konflikte, keine Lösung, oft Streit
3 = Konflikte, aber wir sprechen kaum darüber.

Zunächst wurde geprüft, wie häufig bestimmte Problemfelder von den Klientinnen benannt werden.

7.1.1.1 Häufigkeiten der Konfliktbereiche

Die Prüfung, wie viele Konfliktbereiche von den Klientinnen genannt werden (zusammengefasste Antwortkategorien: „Konflikte, keine Lösung, oft Streit" und „Konflikte, aber wir sprechen kaum darüber"), ergab für die BF II-Studie einen durchschnittlichen Summenwert von 7,8 für Bereiche des Zusammenlebens (SD = 4,6), die als problembehaftet bezeichnet wurden. Dieses Ergebnis entspricht demjenigen aus der BF I-Studie (M = 7,8; SD = 4,8). Die Rangreihe der Häufigkeiten bei den Klientinnen der BF II-Studie ist der Tabelle 7.1-1 zu entnehmen. In diesen Bereichen haben die Ratsuchenden die Antwortkategorien zwei oder drei markiert. Ergänzt wird die Darstellung durch die Rangreihe der Häufigkeitsrate, die durch die Nennungen der Klientinnen der BF I-Studie erzielt wurde.

Bei dem durchgeführten Vergleich der Rangreihen von den beiden Stichproben zeigt sich, dass es bezüglich der Problemlagen zwischen dem Erhebungszeitpunkt 1990-1993 und 2000-2001 eine hoch signifikante Übereinstimmung gibt (r[s]= .98, p < .001). Schon bei dem Vergleich der Rangreihen aus BF I zwischen den Untersuchungsergebnissen und einer Klientengruppe, die in Partnerschaftstherapie war, zeigte sich über einen Zeitraum von damals 15 Jahren eine hohe Übereinstimmung. (Klann & Hahlweg, 1996a, S. 75). Bei der Berücksichtigung der hinzu gekommenen Zeitspanne lässt sich feststellen, dass bei der qualitativen Gewichtung der einzelnen Konfliktbereiche über einen Zeitraum von fast 25 Jahren keine Änderungen zu beobachten sind, was die Ergebnisse aus Tabelle 7.1-1 belegen.

Tabelle 7.1-1: Rangreihe der Häufigkeiten in Prozent von nicht gelösten Problemen der BF II-Studie. Die Rangreihe wurde der BF I-Studie (Klann & Hahlweg 1996a, S. 73) zugeordnet

Bereich	BF II %	BF I %	χ^2	p
Zuwendung des Partners	65	62	0,7	n.s.
Sexualität	64	61	0,9	n.s.
Kommunikation/Gemeinsame Gespräche	59	55	1,0	n.s.
Forderungen des Partners	57	55	0,3	n.s.
Fehlende Akzept/Unterstützung des Partners	54	50	1,5	n.s.
Temperament des Partners	44	52	6,2	n.s.
Persönliche Gewohnheiten des Partners	43	47	2,3	n.s.
Freizeitgestaltung	37	40	1,0	n.s.
Vertrauen	36	36	0,0	n.s.
Gewährung persönlicher Freiheiten	36	36	0,1	n.s.
Haushaltsführung/Wohnung	34	32	0,4	n.s.
Vorstellungen über Kindererziehung[a]	33	42	5,9	n.s.
Eifersucht	33	28	2,3	n.s.
Verwandte	32	33	0,0	n.s.
Berufstätigkeit	26	29	1,3	n.s.
Freunde und Bekannte	22	22	0,0	n.s.
Attraktivität	22	22	0,0	n.s.
Außereheliche Beziehungen	21	17	3,5	n.s.
Einteilung des monatlichen Einkommens	21	21	0,0	n.s.
Krankheit/Behinderungen/psychische Störungen	19	25	5,6	n.s.
Kinderwunsch/Familienplanung	15	16	0,1	n.s.
Umgang mit Alkohol/Medikamenten/Drogen	13	14	0,1	n.s.
Tätlichkeiten	9	9	0,7	n.s.

Anmerkungen: Die Spalten BF II und BF I zeigen die zusammengefassten Antwortkategorien (2 = „Konflikte, keine Lösungen, oft Streit" und 3 = „Konflikte, aber wir sprechen kaum darüber" in Prozentangaben), χ^2 = Chi-Quadrat-Test, n.s. = nicht signifikant, a = Für den Bereich „Vorstellungen über Kindererziehung" wurde die Angaben nur für Personen mit Kindern berechnet.

Ungefähr die Hälfte aller Klientinnen, die im Untersuchungszeitraum 1990-2001 Beratungsstellen aufsuchten, taten dies, weil sie von Problemen berichteten, die direkt mit der emotionalen Qualität ihrer Partnerschaft in Beziehung stehen. So werden genannt: „Zuwendung des Partners", „Sexualität", „Forderungen des Partners", „Kommunikation/Gemeinsame Gespräche", „Temperament des Partners", „Fehlende Akzeptanz/Unterstützung des Partners" und „Persönliche Gewohnheiten des Partners". Für ca. 1/4 der Klientinnen werden Anlässe zum Problem, die sich durch folgende Bereiche charakterisieren lassen: „Berufstätigkeit", „Freunde und Bekannte", „Attraktivität", „Außereheliche Beziehung", „Einteilung des Monatseinkommens", „Krankheit/Behinderung/psychische Störungen", „Kinderwunsch/ Familienplanung", „Umgang mit Alkohol/Medikamenten/Drogen" und „Tätlichkeiten".
Diese Ergebnisse verdeutlichen sehr gut, wo sich die Klientinnen durch die Beratung Unterstützung erwarten bzw. mit welchen Kompetenzen die in den Beratungsstellen Tätigen ausgestattet sein müssen, um ein geeignetes Angebot machen zu können.

7.1.1.2 Geschlechtsunterschiede bezüglich der Konfliktbereiche

Von Frauen wurden durchschnittlich 8,3 (SD = 4,7) Bereiche als konfliktbehaftet angegeben. Die Männer erreichten einen Mittelwert von 7,2 (SD = 4,4). Der Unterschied ist signifikant (t [647] = -3,1; p < .01). Es zeigen sich bei der Gegenüberstellung der beiden Studien keine statistisch relevanten Unterschiede (Tabelle 7.1-2).

Tabelle 7.1-2: Vergleich der Anzahl der Konfliktbereiche der Studien BF II und BF I (Klann & Hahlweg, 1996a, S. 78) unter geschlechts spezifischen Aspekten

Geschlecht	BF II		BF I		t	df	p
	M	SD	M	SD			
Frauen	8,3	4,7	8,6	4,8	0,7	576	n.s.
Männer	7,2	4,4	7,0	4,6	-0,5	556	n.s.
p	***		***				

Anmerkungen: M = Mittelwert, SD = Standardabweichung, p = Signifikanzniveau, *** = p < .01, t = T-Test-Wert, df = Anzahl der Freiheitsgrade, n.s. = nicht signifikant.

Auf der Ebene der einzelnen Problembereiche wird nach der Bonferoni-Korrektur (siehe Tabelle B 7-1 im Anhang) nur für einen Bereich ein hoch signifikantes Ergebnis festgestellt. Wie bei BF I ist dies die Kategorie „Persönliche Gewohnheiten des Partners/der Partnerin". Ansonsten gibt es in den Bereichen „Vertrauen", „Eifersucht", „Attraktivität" und „Außereheliche Beziehungen" zwischen Männern und Frauen von der Tendenz her Unterschiede bei der Bewertung. Dies trifft auch für die Paare zu, die Kinder haben. Frauen waren dann häufiger der Meinung, dass es in den angegebenen Feldern ungelöste und/oder unausgesprochene Konflikte gäbe.

7.1.2 Einschätzung von Partnerschaft und Familie (EPF)

Der Fragebogen zur „*Einschätzung von Partnerschaft und Familie (EPF)*" misst mit 120 Fragen auf zehn verschiedenen Skalen Themenfelder, die eng mit Ehe und Partnerschaft verknüpft sind, wie beispielsweise affektive Kommunikation, Problemlösung, Finanzplanung, Sexualität oder Schwierigkeiten in der Kindererziehung.

Das Resultat des Gesamtergebnisses aus der BF II-Studie auf der Skalenebene, orientiert an den T-Werten, wird in der Tabelle 7.1-3 dargestellt. Bezugspunkt für die T-Wert-Normierung sind die Durchschnittswerte der Kontrollstichprobe der Deutschen Validierungsstudie (Klann et al., 1992). Ein Wert von T = 50 entspricht den Durchschnittswerten von Partnern, die mit ihrer Beziehung zufrieden sind. Abweichungen zwischen T = 40 und T = 60 liegen im Bereich der Norm (d.h. Mittelwert +/- 1 Standardabweichung). Werte unter 40 bedeuten, dass die Klientinnen zufriedener sind als der Durchschnitt – oder sich so darstellen –, Werte über 60 weisen auf überdurchschnittliche Unzufriedenheit bzw. Belastung hin.

Tabelle 7.1-3: Skalenbezogenes Gesamtergebnis der EPF-Skalen zum
Zeitpunkt der Prae-Messung im Vergleich der Studien BF II
N=657) und BF I (N=495)

Skala	BF II		BF I		t	df	p
	M	SD	M	SD			
GZ	69,0	10,2	68,0	10,9	-1,50	1127	n.s.
AK	63,3	10,7	62,8	10,9	-0,78	1136	n.s.
PL	66,8	9,7	66,4	9,8	-0,20	1137	n.s.
FZ	65,0	9,7	65,6	11,2	0,93	1131	n.s.
FP	57,8	14,1	58,5	14,9	0,75	1142	n.s.
SZ	59,9	12,1	60,6	12,4	0,90	1124	n.s.
RO	48,6	9,0	30,1	10,1	-32,5	1132	***
EZ	52,3	9,7	53,0	10,1	1,22	1112	n.s.
ZK[a]	57,7	14,4	60,4	14,4	2,82	940	*
KE[a]	59,5	14,6	62,4	14,8	3,00	952	*

Anmerkungen: M = Mittelwert, SD = Standardabweichung, t = T-Test-Wert, df = Anzahl der
Freiheitsgrade, p = Signifikanzniveau, * = p < .005 (Bonferoni-Korrektur), *** = p < .000, n.s.
= nicht signifikant, [a] = wurde nur für Paare mit Kindern berechnet. GZ = Globale Zufriedenheit, AK = Affektive Kommunikation, PL = Problemlösung, FZ = Gemeinsame Freizeitgestaltung, FP = Finanzplanung, SZ = Sexuelle Zufriedenheit, RO = Rollenorientierung, EZ = Ehezufriedenheit der Eltern, ZK[a] = Zufriedenheit mit den Kindern, nur für Klienten mit Kindern,
KE[a] = Kindererziehung, nur für Klienten mit Kindern.

7.1.2.2 EPF: Geschlechtsunterschiede

Die Tabelle 7.1-4 gibt die geschlechtsspezifischen Ergebnisse für die EPF-
Skalen unterschieden zwischen den beiden Studien (BF II, BF I) wieder.

Tabelle 7.1-4: Geschlechtsspezifische Ergebnisse für die EPF-Skalen
der Studien BF II und BF I (Klann & Hahlweg, 1996a, S. 248)

		GZ	AK	PL	FZ	FP	SZ	RO	EZ	ZK[a]	KE[a]
BF II											
w		69,9	64,4	66,7	64,9	58,9	55,2	49,0	52,2	56,6	65,2
	SD	9,9	10,4	9,8	11,0	14,5	8,9	8,6	10,2	13,5	15,9
m		68,0	62,1	66,7	64,9	56,6	64,7	48,2	52,4	58,9	53,7
	SD	10,4	10,9	9,6	11,1	13,5	12,9	9,4	9,4	15,3	10,3
	t	-2,3	-2,7	0,0	0,8	-2,1	10,9	-1,1	0,2	1,8	-10,1
	df	649	649	649	649	650	649	649	649	565	564
	p	n.s.	***	n.s.	n.s.	n.s.	***	n.s.	n.s.	n.s.	***
BF I											
w		69,2	64,8	67,3	66,2	60,1	57,0	52,4	54,3	60,4	69,4
	SD	10,7	10,3	9,5	11,4	15,3	10,9	9,5	10,2	14,3	15,3
m		66,7	60,6	66,0	65,0	56,7	64,3	54,1	51,7	60,5	55,2
	SD	11,1	11,2	10,2	11,0	14,4	12,9	10,5	9,8	14,7	10,0
	t	2,4	4,3	1,4	1,1	2,5	-6,6	-1,8	2,7	-0,0	10,8
	df	476	485	486	480	490	473	480	461	373	338
	p	n.s.	***	n.s.	n.s.	n.s.	***	n.s.	n.s.	n.s.	***

Anmerkungen: GZ = Globale Zufriedenheit, AK = Affektive Kommunikation, PL = Problemlösung, FZ = Freizeitgestaltung, FP = Finanzplanung, SZ = Sexuelle Zufriedenheit, RO = Rollenorientierung, EZ = Ehezufriedenheit der Eltern, ZK[a] = Zufriedenheit mit den Kindern, nur für
Klienten mit Kinder, KE[a] = Konflikte in der Kindererziehung, nur für Klienten mit Kindern, w
= Frauen, SD = Standardabweichung, m = Männer, t = T-Test-Wert, df = Anzahl der Freiheitsgrade, p = Signifikanzniveau, *** = p < .001 (Bonferoni-Korrektur), n.s. = nicht signifikant.

Es zeigten sich keine signifikanten Unterschiede. Somit trifft auch für diesen Fragebogen zu, dass die dort erzielten Werte über den Zeitraum von fast
zehn Jahre als stabil bezeichnet werden können. Wie bei BF I liegen bei den
Skalen „Globale Zufriedenheit", „Affektive Kommunikation", „Problemlösung" und „Freizeitgestaltung" die T-Werte von Frauen und Männern
über dem Grenzwert von 60. Bei der Skala „Kindererziehung" wird der

Grenzwert von 60 von den Frauen und bei der Skala „Sexuelle Zufriedenheit" von den Männern überschritten. Statistisch signifikante geschlechtsspezifische Unterschiede zeigen sich in folgenden Bereichen: Bei der Skala „Affektive Kommunikation" gaben Frauen mehr Probleme als bei der Skala „Probleme in der Kindererziehung" an. Männer waren unzufriedener mit der „Sexualität".

7.1.3 Depressionsskala (ADS)

Mit der *„Allgemeinen Depressivitätsskala (ADS)"* wird das Ausmaß depressiver Verstimmung erfasst. Sie eignet sich besonders für die Verwendung bei nicht-klinischen Stichproben und bietet die Möglichkeit, Personen mit klinisch auffälligen Werten zu identifizieren. Nach Hautzinger und Bailer (1992) zeigen Rohwerte von 23 oder höher an, dass bei diesen Personen eine klinisch bedeutsame Depression vorliegt.

Der durchschnittliche Rohwert, der von den BF II-Klientinnen erzielt wurde, liegt bei 20,8 (SD = 11,2). In der BF I-Studie wurde ein durchschnittlicher Rohwert von 21,3 (SD = 11,4) erzielt. Die Tabelle 7.1-5 verdeutlicht die hohe Übereinstimmung zum Zeitpunkt der Prae-Messung bei den beiden Studien.

Tabelle 7.1-5: Prozentsätze bei den Studien BF II und BF I (Klann & Hahlweg, 1996a, S. 78) zum Zeitpunkt der Prae-Messung für Klientinnen mit klinisch relevanter Depression

Geschlecht	BF II %	BF I %	χ^2	df	p	Normalbevölkerung %
Frauen	42	43	0,08	1	n.s.	24
Männer	32	29	0,81	1	n.s.	11

Anmerkungen: % = Angaben bezogen auf die jeweilige Stichprobe bzw. Normalbevölkerung, Normalbevölkerung = Angaben nach Hautzinger und Bailer (1992), χ^2 = Chi-Quadrat-Test, df = Anzahl der Freiheitsgrade, p = Signifikanzniveau, n.s. = nicht signifikant.

Neben der globalen Beschreibung interessiert, ob es innerhalb der beiden Untersuchungsgruppe geschlechtsspezifische Unterschiede gibt. Dies wird mit der Tabelle 7.1-6 verdeutlicht. Die Ergebnisse können sowohl hinsichtlich der Häufigkeit wie auch in der Richtung als vergleichbar eingeschätzt werden.

Der Summenwert der Frauen liegt bei der BF II-Studie mit 22,0 (SD = 11,4) signifikant höher als der der Männer von 19,7 (SD = 10,9; t [650] = - 2,6, p < .01). Zum Erhebungszeitpunkt stellen sich 43% der Frauen und 36% der Männer klinisch depressiv dar. Diese Zahlen liegen deutlich höher als dies in der Normalbevölkerung der Fall ist (w: 24% bzw. m: 11%; Hautzinger & Bailer 1992 [s. auch Tabelle 7.1-5]). Dieses Gewichtungsverhältnis besteht auch bei BF I. Die Untersuchungsgruppen sind somit vergleichbar.

Tabelle 7.1-6: Geschlechtsspezifische ADS Mittelwerte (M) und Standardabweichungen (SD) der Untersuchungsgruppen der Studien BF II und BF I (Klann & Hahlweg, 1996a, S. 78) zum Zeitpunkt der Prae-Messung

Geschlecht	BF II		BF I		t	df	p
	M	SD	M	SD			
Frauen	22,0	11,4	23,7	11,6	1,3	577	n.s.
Männer	19,7	10,9	18,7	10,7	-1,1	558	n.s.
p	***		***				

Anmerkungen: M = Mittelwert, SD = Standardabweichung, t = T-Test-Wert, df = Anzahl der Freiheitsgrade, p = Signifikanzniveau, *** = p < .01, n.s. = nicht signifikant.

7.1.4 Beschwerdeliste (BL)

Durch die *„Beschwerdeliste (BL)"* sollen die subjektiven Beeinträchtigungen, die durch körperliche Beschwerden verursacht sind, erfasst sowie Hinweise für eine psychosomatische Symptomatik gewonnen werden. Im Rahmen der BF II-Studie wurde über alle Klientinnen ein mittlerer Rohwert von 20,4 (SD = 11,1) ermittelt. Dieser entspricht dem mittleren Rohwert der BF I-Studie (M = 20,8; SD = 12,2). Die geschlechtsspezifische Auswertung (siehe Tabelle B 7-2 im Anhang) ergab für die Frauen (M = 22,6; SD = 11,2) einen signifikant höheren Rohwert als für die Männer (M = 18,1; SD = 10,7; t [649] = -5,2, p <.000). Die Tabelle 7.1-7 zeigt die Übereinstimmung zwischen den beiden Untersuchungsgruppen.

Tabelle 7.1-7: Prozentsätze bei den Studien BF II und BF I (Klann & Hahlweg, 1996a, S. 79) für Klientinnen mit klinisch auffälligen Werten in der Beschwerdeliste zum Zeitpunkt der Prae-Messung

Geschlecht	BF II %	BF I %	χ^2	df	p
Frauen	50	50	0,04	1	n.s.
Männer	38	36	0,81	1	n.s.

Anmerkungen: % = Angaben bezogen auf die jeweilige Stichprobe, χ^2 = Chi-Quadrat-Test, df = Anzahl der Freiheitsgrade, p = Signifikanzniveau, n.s. = nicht signifikant.

Als klinisch auffälliger Wert gilt für Frauen bei diesem Erhebungsbogen ein Rohwert von 23 und bei den Männern ein Rohwert von 19. 53% der Frauen und 42% der Männer erreichen bzw. übersteigen den kritischen Wert. In der BF I-Studie wurde im Rahmen dieser Auswertung bei den Frauen ein Prozentsatz von 50% und bei den Männern einer von 36% ermittelt. Bei der Gegenüberstellung Ergebnisse der BF I- und BF II-Studien zeigt sich, dass die Rangreihe der Beschwerden über den Erhebungszeitraum gleich ist (Spearman-Koeffizient von r[s]= .90, p < .001; siehe Tabelle B 7-3 im Anhang).

7.1.5 Interkorrelationen der Fragebogen

7.1.5.1 Zusammenhang zwischen psychischen und körperlichen Beschwerden

Ein 1/3 der Frauen (34%) und 1/4 aller Männer (26%) weisen sowohl in psychischer (Depressionsskala ADS) als auch in physischer Hinsicht (Beschwerdeliste BL) klinisch auffällige Beschwerden auf (Tabelle 7.1-8). Diese Ergebnisse bestätigen die Resultate der BF I-Studie.

Tabelle 7.1-8: Vergleich der Studien BF II und BF I (Klann & Hahlweg, 1996a, S. 80) hinsichtlich des prozentualen Anteils an klinisch auffälligen (ADS und BL) Klientinnen zum Zeitpunkt der Prae-Messung

ADS/BL	BF II %	BF I %	χ^2	df	p
Frauen	32	30	0,06	1	n.s.
Männer	23	18	1,22	1	n.s.

Anmerkungen: % = Angaben bezogen auf den prozentualen Anteil pro Studie bei Frauen und Männern, die von klinisch auffälligen Beschwerden berichten, χ^2 = Chi-Quadrat-Test, df = Anzahl der Freiheitsgrade, p = Signifikanzniveau, n.s. = nicht signifikant.

7.1.5.2 Interkorrelationen zwischen Partnerschaftsvariablen und individuellen Skalen

In Tabelle B 7-4 (im Anhang) sind die Interkorrelationen der EPF-Skalen für die BF I- und BF II-Studien aufgeführt. Deutlich wird, dass es eine Vielzahl von Übereinstimmungen gibt. Alle Korrelationen, die um r = .50 in der BF I-Studie lagen, erfüllen dieses Kriterium auch in der BF II-Studie (elf annähernd übereinstimmende Korrelationskoeffizienten). Der Summenwert aus der Problemliste (PLS) korreliert besonders mit den EPF-Skalen, die die Belastungen der Klientinnen besonders abbilden (T-Werte > 60; vgl. Tabelle 7.1-3). Diese EPF-Skalen korrelieren auch untereinander hoch. Es handelt sich dabei um „Globale Zufriedenheit", „Affektive Kommunikation", „Problemlösung", und „Gemeinsame Freizeitgestaltung". Signifikante Zusammenhänge ergeben sich auch zwischen der Depressionsskala (ADS) und der Beschwerdeliste (BL). Diese Ergebnisse stützen die aus der Literatur bekannten Befunde, dass eine entsprechende Ehequalität und depressive Episoden Korrelationen von .30 bis .40 aufweisen können (Beach et al., 1990). Bei der Gegenüberstellung der Interkorrelationen zwischen BF II und BF I gab es fünf Veränderungen bei den Korrelationskoeffizienten, deren Wert .35 und größer erreichten. In der BF I-Studie gab es nur eine Korrelation (r = .38) zwischen den Skalen „Konflikte in der Kinderziehung" und „Zufriedenheit mit den Kindern". In der BF II-Studie gibt es zwischen der Skala „Konflikte in der Kindererziehung" auch Korrelationen zu der Problemliste (r = .40) und den EPF-Skalen „Globale Zufriedenheit" (r = .37) und „Problemlösung" (r = .36).

7.1.5.3 Zusammenhang zwischen Fragebogen und sozio-ökonomischen Daten

Nachfolgend wird das entsprechende Kapitel aus BF I zur Orientierung referiert. Der Grund dafür ist in der Tatsache begründet, dass das derzeit zum Einsatz kommende Datenerfassungsprogramm bei der Umwandlung der Ursprungsdaten in ein SPSS-Files wichtige Fakten zur Person nicht transformieren kann. Dies wird in der Zukunft behoben, so dass dann gemeinsam mit einer notwendig werdenden Folgeauswertung diese Lücke geschlossen wird.

Tabelle 7.1-9: Korrelationen zwischen den sozio-ökonomischen Daten der BF
I-Klientinnen (N = 495) und den Summenwerten der
Problemliste (PLS), EPF-Skalen, Depressionsskala (ADS) und
Beschwerdenliste (BL)

	Alter	Sex	Schul	Beruf	Relig	Famst	Zeitr	Kanz
PLS	01	17**	-01	09	-14*	03	06	14**
GZ	03	11*	-06	08	-14*	10	06	14*
AK	12*	19**	-09	08	-12*	13*	17**	18**
PL	12*	07	-09	05	-10	10	11*	12*
FZ	06	05	-09	07	-05	16**	15**	20**
FP	01	11**	-14**	04	-05	-01	01	04
SZ	14**	-12*	-05	00	01	15**	13*	04
RO	29**	-08	-19**	17**	-11*	14**	31**	28**
EZ	-03	13*	-02	05	03	-01	-02	-02
ZK[a]	06	-02	-08	11	-01	16*	12*	11*
KE[a]	10	26**	-10	21**	-03	05	18**	13*
ADS	-01	22**	-14**	09	-14*	03	05	09
BL	00	28**	-19**	11	-08	03	06	04

Anmerkungen: PLS = Problemliste/Summenwert, GZ = Globale Zufriedenheit, AK = Affektive Kommunikation, PL = Problemlösung, FZ = Freizeitgestaltung, FP = Finanzplanung, SZ = Sexuelle Zufriedenheit, RO = Rollenorientierung, EZ = Ehezufriedenheit der Eltern, ZK = Zufriedenheit mit den Kindern, KE = Konflikte in der Kindererziehung, [a] = nur Klienten mit Kindern (N = 382), ADS = Summenwert Depressionsskala, BL = Summenwert Beschwerdenliste; Schul = Schulabschluss (1 = ohne Schulabschluss bis 8 = Universitätsabschluss), Beruf, Relig = Religion (1 = katholisch, 2 = evangelisch, 3 = andere), Famst. = Familienstand (1 = ledig/geschieden, 2 = verheiratet), Zeitr. = Ehedauer, Kanz. = Kinderanzahl. Bei den Korrelationskoeffizienten wurde auf die Angabe des Dezimalpunktes verzichtet (lies: 06 = .06), * = p < .05, ** = p < .01.

Aus Tabelle 7.1-9 geht hervor, dass die Zusammenhänge zwischen den sozio-ökonomischen Daten der BF-Klientinnen und den verwendeten partnerschaftlichen und individuellen Maßen insgesamt gering ausfallen. Maximal werden 9% der gemeinsamen Varianz aufgeklärt.

7.1.5.4 Fragen zur Lebenszufriedenheit (FLZ)

Um die Gesamtsituation bzw. die „Lebenslage" unabhängig von problembezogenen Fragestellungen erfassen zu können, wurden die „Fragen zur Lebenszufriedenheit (FLZ)" in die Batterie aufgenommen. In Tabelle 7.1-10 ist dargestellt, was den Klientinnen „sehr wichtig" oder „extrem wichtig" für ihr Leben ist. Insgesamt steht „Familienleben/Kinder" an erster Stelle, gefolgt von „Partnerschaft/Sexualität" und „Gesundheit". Die übrigen Bereiche werden deutlich niedriger bewertet.

Tabelle 7.1-10: Prozentuale Häufigkeiten von Klientinnen, die die Lebensbereiche des FLZ zum Zeitpunkt der Prae-Messung als „sehr wichtig" oder „extrem wichtig" einschätzen

Lebensbereich	Gesamt	Männer	Frauen	Prüfung auf Geschlechterunterschiede χ^2	p
Familienleben/Kinder	88%	84%	93%	8,9	***
Partnerschaft/Sexualität	86%	88%	83%	2,3	n.s.
Gesundheit	83%	80%	87%	4,3	n.s.
Beruf/Arbeit	65%	70%	60%	4,6	n.s.
Einkommen/finanz. Sicherheit	60%	58%	62%	1,0	n.s.
Wohnsituation	59%	58%	60%	0,1	n.s.
Freunde/Bekannte	56%	48%	63%	11,2	*
Freizeitgestaltung/Hobbys	42%	46%	39%	2,4	n.s.

Anmerkungen: χ^2 = Chi-Quadrat-Test, p = Signifikanzniveau, * = p < .006 (Bonferoni-Korrektur), *** p = < .001, n.s. = nicht signifikant.

Zwischen Frauen und Männern gibt es bei den ersten beiden Plätzen in der Rangreihe der wichtigen Bereiche eine unterschiedliche Akzentsetzung. Für Frauen ist „Familienleben/Kinder" wichtiger (Platz 1) als „Partnerschaft/Sexualität". Der Unterschied ist statistisch bedeutsam. Für Männer ist die Reihenfolge umgekehrt „Partnerschaft/Sexualität" rangieren vor „Familienleben/Kinder". Für Frauen sind auch „Freunde/Bekannte" wichtiger als für die Männer. Insgesamt ist festzustellen, dass die Klientinnen im Durchschnitt deutlich unzufriedener mit ihrer Lebenssituation (bis auf „Einkommen/finanz.Sicherheit" und „Beruf/Arbeit") sind als dies für die Normstichprobe der Fall ist. Die Beeinträchtigungen sind in den Bereichen am ausgeprägtesten, die zu den wichtigsten zählen („Familienleben/Kinder", „Partnerschaft/ Sexualität").

Tabelle 7.1-11: Mittelwerte (M) und Standardabweichungen (SD) der gewichteten Zufriedenheitsscores zum Prae-Messungszeitpunkt und Vergleich mit den Normwerten

Lebensbereich	Klienten- stichprobe (N = 460)	Normstich- probe (N = 2562)	$z_{emp.}$	p
	M (SD)	M (SD)		
Freunde/Bekannte	5,1 (6,9)	8,1 (6,3)	10,3	***
Freizeitgestaltung/Hobbys	2,8 (5,5)	6,3 (6,3)	12,1	***
Gesundheit	6,3 (7,9)	8,1 (7,5)	5,14	***
Einkommen/finanz. Sicherheit	6,0 (6,0)	6,5 (7,3)	1,47	n.s.
Beruf/Arbeit	4,8 (7,3)	5,5 (7,3)	2,06	n.s.
Wohnsituation	6,9 (6,9)	8,3 (6,4)	4,83	*
Familienleben/Kinder	4,9 (8,2)	9,8 (6,9)	15,31	***
Partnerschaft/Sexualität	-0,9 (8,1)	7,9 (7,7)	24,44	***
FLZ-Summenwert	35,7 (30,4)	60,5 (37,3)	14,25	***

Anmerkungen: M = Mittelwert, SD = Standardabweichung, $z_{emp.}$ = empirisch ermittelter Wert nach dem Grenzwerttheorem, p = Signifikanzniveau (Bonferoni-Korrektur), * = p < .006, *** = p < .001, n.s. = nicht signifikant.

Wie der Tabelle 7.1-11 zu entnehmen ist, sind die Klientinnen der BF II-Studie bis auf die Bereiche „Einkommen/finanz. Sicherheit" und „Beruf/ Arbeit" in allen anderen Sektoren der Lebensführung beeinträchtigt.

7.1.5.5 Nutzung der Daten und Ergebnisse für die Beratung

Die zum Einsatz gebrachten Fragebögen erfassten eine große Gruppe von möglichen Problemfeldern (vgl. Kap. 6.2.1), die dazu führen, eine Ehe-, Familien- und Lebensberatungsstelle aufzusuchen. Die Klientinnen berichten in der Regel von mehreren Bereichen, die sie als belastend erleben und wo Änderungen angestrebt werden. Somit kann man grundsätzlich von einer Anlasskombination ausgehen, die von den Klientinnen auch in unterschiedlicher Weise thematisiert und zu Veränderungspunkten für die Beratung gemacht werden. Da die durchschnittliche Beratungsdauer in der BF I-Studie 13 Beratungskontakte umfasst (Klann & Hahlweg, 1996a, S. 124), besteht in der Regel die Notwendigkeit einer Auswahl der Beratungsziele bzw. einer Akzentsetzung. Mit einer Erhebung während der laufenden Studie sollte die Frage beantwortet werden, inwieweit die Beraterinnen die Ergebnisse aus der Prae-Messung zum direkten und/oder indirekten Bezugspunkt für ihre Beratungsarbeit machen. Es wurde gleichzeitig erfragt, ob zusätzliche diagnostische Verfahren oder Strategien zum Einsatz gebracht und in welchem Umfang die aus der Auswertung ableitbaren Zielvorgaben für die Beratung übernommen wurden. Von den möglichen 30 Beraterinnen haben auf die Umfrage 19 (59%) geantwortet. Die Tabelle 7.1-12 gibt das Ergebnisse der Umfrage wieder.

Tabelle 7.1-12: Auswertung zur Stellungnahme über die Nutzung der Ergebnisse aus der Erhebung

Frage	trifft zu
Das computergestützte Auswertergebnis der Datenerhebung zum Beginn des Beratungszyklus habe ich als Bezugspunkt für die Diagnostik bei der/dem Klientin/en bzw. dem Klientenpaar benutzt.	50%
Das Ergebnis der Datenerhebung zum Beginn des Beratungszyklus habe ich nur teilweise, ergänzt durch zusätzliches diagnostisches Know-how, als Bezugspunkt für die Diagnostik benutzt.	72%
Zur Diagnostik habe ich die Ergebnisse aus der Datenerhebung zum Beginn des Beratungszyklus nicht benutzt.	12%
Die sich aus der Auswertung ergebenden Zielvorgaben für den Beratungsprozess wurden grundsätzlich übernommen und im Beratungsverlauf bearbeitet.	31%
Die sich aus der Auswertung ergebenden Zielvorgaben für den Beratungsprozess wurden teilweise durch mit dem Klienten darüber hinausgehende bzw. anderslautende Zielvorgaben ergänzt und im Beratungsverlauf bearbeitet.	95%
Die sich aus der Auswertung ergebenden Zielvorgaben für den Beratungsprozess wurden überhaupt nicht aufgenommen und im Beratungsverlauf bearbeitet.	6%

Anmerkungen: % = Teilmenge von denjenigen, die geantwortet haben. Die Anfrage erfolgte anonym bzw. es bestand die Möglichkeit, ohne Nennung des Namens zu antworten.

50% gaben an, dass sie am Beginn des Beratungszyklus die Auswertungsergebnisse von der Datenerhebung zum Bezugspunkt ihrer Diagnostik gemacht haben. 72% äußerten sich dahingehend, dass sie darüber hinaus zusätzliches diagnostisches Know-how zu Beginn der Beratung benutzt haben. 12% haben überhaupt nicht auf die Ergebnisse aus der Datenerhebung zurückgegriffen. 31% haben die Zielvorgaben aus der Auswertung grundsätzlich übernommen und diese im Beratungsverlauf bearbeitet. Im Rahmen des Beratungsprozesses wurden von 95% die Zielvorgaben teilweise übernommen und durch weitere ergänzt, die dann Thema in der Beratung wurden. 6% haben völlig unabhängig von den sich aus der Auswertung ergebenden Zielvorgaben den Beratungsverlauf gestaltet.

7.1.6 Zusammenfassung der Analyse der Prae-Daten

Auf der Grundlage von insgesamt 25.670 Klientinnen, erhoben an fünf Zeitpunkten (1982, 1983, 1984, 1990-1993, 2000-2001), kann festgestellt werden, dass sich die qualitative Gewichtung der Konfliktbereiche, die dazu führen, eine Ehe-, Familien- und Lebensberatungsstelle aufzusuchen, konstant geblieben sind. Von den Ratsuchenden werden am häufigsten solche Probleme als konfliktbeladen bezeichnet, die direkt mit der emotionalen Qualität der Partnerschaft in Beziehung stehen. Hierzu zählen: „Zuwendung des Partners", „Sexualität", „Forderungen des Partners", „Kommunikation/Gemeinsame Gespräche", „Temperament des Partners" oder „Fehlende Akzeptanz/ Unterstützung der Partnerin". Bereiche wie „Haushaltsführung/Wohnung", „Berufstätigkeit", „Krankheit/Behinderung/Psychische Störungen", „Einteilung des monatlichen Einkommens" oder „Tätlichkeiten" spielen dagegen eher eine untergeordnete Rolle. Der Vergleich der Studien BF II und BF I zeigt, dass die Problembereiche in beiden Untersuchungen signifikant hoch übereinstimmen.

Der Fragebogen „Einschätzung von Partnerschaft und Familie (EPF)", der eine Kurzfassung des „Marital Satisfaction Inventory (MSI)" darstellt, der von Synder in den USA (1981) entwickelt und für den deutschsprachigen Raum von Klann et al. (1992) validiert wurde, ist als zentrales Erhebungsinstrument eingesetzt worden. In der BF I-Studie konnte der Nachweis erbracht werden, dass es sich um einen reliablen sowie validen Fragebogen handelt. Die aktuelle Studie (BF II) bestätigt dieses Ergebnis. Die Rangreihe der Gesamtwerte für die einzelnen Skalen ist fast identisch. So sind Anlässe für das Aufsuchen der Beratungsstellen mangelnde Ehezufriedenheit, die Problemlösung, die Freizeitgestaltung, die affektive Kommunikation und die partnerschaftliche Sexualität. Die *„Problemliste* (PL)" verdeutlicht, dass es sich am häufigsten um Schwierigkeiten in der partnerschaftlichen Interaktion handelt. Danach kommen Konflikte in der Kindererziehung, Finanzplanung, Zufriedenheit mit den Kindern und Rollenorientierung. Aufgrund dieser Übereinstimmung ergibt sich ein weiterer Beleg dafür, dass die Untersuchungsgruppen BF I und BF II gut vergleichbar sind.

Diese große Übereinstimmung der Untersuchungsgruppen findet auch ihre Bestätigung in dem Ausmaß der individuellen Beeinträchtigungen, die durch die *„Depressionsskala (ADS)"* und durch die *„Beschwerdeliste (BL)"* erfasst wurden. Bei beiden Untersuchungsgruppen zeigte sich, dass sowohl im Bereich der Depression wie im psychosomatischen Sektor bei fast der Hälfte der Frauen und bei 1/3 der Männer klinisch auffällige Beeinträchtigungen existieren. Diese Ergebnisse liegen deutlich über den Werten der Normal-Bevölkerung.

Der Erhebungsbogen *„Fragen zur Lebenszufriedenheit (FLZ)"* verdeutlicht das Ausmaß der Belastungssituation der Klientinnen. Gerade in den Bereichen, die zu den wichtigsten des Lebens zählen, nämlich „Familienleben/ Kinder" und „Partnerschaft/Sexualität", sind die größten Unzufriedenheitswerte festzustellen. Dadurch scheint auch der gesamte Kommunikations- und Interaktionsbereich in Mitleidenschaft gezogen zu sein. Somit kann von einer eher umfassenden Beeinträchtigung bei denjenigen gesprochen werden, die eine Ehe-, Familien- und Lebensberatungsstelle aufsuchen.

Die Ergebnisse der BF II-Studie bestätigen das Resultat aus der BF I-Untersuchung, dass die ausgewählte diagnostische Batterie geeignet ist, im Bereich der Ehe-, Familien- und Lebensberatung bei Partnerschaftsproblemen eingesetzt werden zu können.

7.2 VERGLEICH DER PRAE- UND POST-WERTE

7.2.1 Vergleich von Aussteigern und Studienteilnehmern

Im Rahmen der BF I-Studie erfolgte eine ausführliche Analyse der Studienteilnehmerinnen, die sich nicht mehr an der Post-Messung beteiligt haben.

Im Rahmen dieses Zwischenberichtes, der auf einige Jahre angelegten Studie, wird darauf verzichtet. Zu einem späteren Zeitpunkt soll die damals begonnene Auswertung der Abbrecher umfangreich aufgenommen werden. Zur Post-Messung (BF II) lagen von 230 Klientinnen Fragebogen vor, bei der BF I-Studie waren es 252 Klientinnen (vgl. Kap. 6.1.5.3 Tabelle 6.1-4).

7.2.2 Prae-/Post-Vergleich auf Skalenebene

Bei der varianzanalytischen Überprüfung der Veränderungen durch die Beratung wird wie bei der BF I-Studie davon ausgegangen, dass die Skalenwerte der Partner voneinander abhängig sind. Die Messwertpaare von Mann und Frau werden deshalb bei der Auswertung als Messwiederholung angesehen. Diese Vorgehensweise hat zur Folge, dass die Anzahl der Freiheitsgrade (= Anzahl der paarweise unabhängigen Messwerte), die in die Varianzanalyse eingehen, korrigiert werden können. Für die varianzanalytische Überprüfung gilt:

Faktor 1: Messwiederholung Prae-Post,

Faktor 2: Messwiederholung Geschlecht.

Die beiden Skalen „Zufriedenheit mit den Kindern (ZK)" und „Konflikte in der Kindererziehung (KE)" werden nicht in die multivariate Varianzanalyse einbezogen, da nur ein Teil der Paare Kinder hatte.

Zur Festlegung der Signifikanz der sich anschließenden univariaten Analysen wird eine Alpha-Fehler-Korrektur nach Bonferoni vorgenommen (Bortz, 1999), da mehrere Tests an einer Stichprobe die Wahrscheinlichkeit erhöhen, dass einer zufällig signifikant wird. Da die untersuchten Skalen nicht als völlig unabhängig voneinander angesehen werden können, sind die adjustierten Alpha-Werte als konservativ anzusehen.

Die multivarate Analyse (MANOVA, MVar; siehe Tabelle 7.2-1) über alle Skalen zeigt einen signifikanten multivariaten Haupteffekt (F [49,6]= 9.9; p < .000).

Die signifikante Interaktion erster Ordnung zwischen den Faktoren Geschlecht und Prae-Post deutet darauf hin, dass bei der Skala „Globale Zufriedenheit" Männer und Frauen unterschiedliche Veränderungen über die Zeit durchlaufen. Alle anderen signifikanten Haupteffekte zwischen den Prae- und Postwerten sind eindeutig interpretierbar, das heißt Paare mit Post-Messung hatten nach der Beratung im Durchschnitt weniger Probleme, waren mit ihrer Beziehung globaler zufrieden und konnten ihre Proble-

me besser bewältigen. Sie waren zufriedener mit der gemeinsamen Freizeitgestaltung und weniger depressiv gestimmt als zum Zeitpunkt vor der Beratung. Keine signifikanten Veränderungen fanden sich in den EPF-Skalen „Finanzplanung", „Sexuelle Zufriedenheit", „Zufriedenheit mit den Kindern" und „Ehezufriedenheit der Eltern". Diese Ergebnisse aus der aktuellen Studie entsprechen zum größten Teil den Ergebnissen aus der BF I-Studie.
Der einzige Unterschied besteht darin, dass bei den weiblichen und männlichen Klienten im Rahmen der Post-Messung bei der Skala „Sexuelle Zufriedenheit" keine Veränderung feststellbar war. Dies ist aber im BF I-Projekt der Fall (siehe Tabelle B 7-5 im Anhang).

Tabelle 7.2-1: BF-II Studie: Darstellung der varianzanalytischen Haupteffekte des Prae-/Post-Vergleiches, der Geschlechtsunterschiede und der Wechselwirkung zwischen Prae-Post und Geschlecht

	Haupteffekt Prae-Post		Haupteffekt Geschlecht		Interaktion Prae-Post/Geschlecht	
	F-Wert	p	F-Wert	p	F-Wert	p
Mvar	9,9	p < .000	3,0	p < .002	1,6	n.s.
PLS	49,6	p < .000	10,5	p < .002	0,5	n.s.
GZ	35,7	p < .000	2,2	n.s.	8,7	p < .004
AK	23,7	p < .000	4,3	n.s.	0,2	n.s.
PL	32,6	p < .000	0,1	n.s.	0,1	n.s.
FZ	25,2	p < .000	0,2	n.s.	2,6	n.s.
FP	0,7	n.s.	5,3	n.s.	1,9	n.s.
SZ	5,4	n.s.	4,4	n.s.	0,0	n.s.
RO	4,5	n.s.	0,0	n.s.	0,5	n.s.
EZ	1,5	n.s.	0,0	n.s.	0,9	n.s.
ZK[a]	1,6	n.s.	0,1	n.s.	0,3	n.s.
KE[a]	2,2	n.s.	5,4	n.s.	2,2	n.s.
ADS	66,7	p < .000	5,3	n.s.	0,5	n.s.
BL	44,1	p < .000	8,9	p<.004	6,2	n.s.

Anmerkungen: PLS = Summenwert Problemliste, GZ = Globale Zufriedenheit, AK = Affektive Kommunikation, PL = Problemlösung, FZ = Freizeitgestaltung, FP = Finanzplanung, SZ = Sexuelle Zufriedenheit, RO = Rollenorientierung, EZ = Ehezufriedenheit der Eltern, ZK^a = Zufriedenheit mit den Kindern nur für Klienten mit Kindern, KE^a = Konflikte in der Kindererziehung, nur für Klienten mit Kindern, ADS = Summenwert Stimmungsskala, BL = Summenwert Beschwerdenliste, MVar = Multivariate Analyse (Bonferoni-Korrektur = p < .004), F-Wert = Fehlervarianz, p = Signifikanzniveau.

Um zu verdeutlichen welcher Art die Veränderungen sind, die bei den einzelnen Messinstrumenten zu registrieren waren, werden diese im Einzelnen dargestellt.

7.2.3 Veränderungen in der Problemliste (PL)

Beim Vergleich der Summenwerte von der Problemliste zwischen der Prae- und Post-Messung im Rahmen der BF II-Studie zeigt sich ein hochsignifikanter Unterschied. Damit wird das Ergebnis aus der früheren Studie (BF I) repliziert (Tabelle 7.2-2).

Tabelle 7.2-2: Mittelwerte (M) und Standardabweichungen (SD) der Summenwerte der Problemliste (PL) zu den Messzeitpunkten Prae und Post für die Studien BF II und BF I (Klann & Hahlweg, 1996a, S. 93)

Studien	Prae-Messung		Post-Messung		p
	M	SD	M	SD	
BF II	7,0	4,3	4,6	4,7	***
BF I	7,6	4,6	4,9	4,8	***

Anmerkungen: p = Signifikanzniveau, *** = p < .000.

Es zeigt sich kein signifikanter Unterschied bei der Post-Messung zwischen BF II und BF I (vgl. Tabelle 7.2-3).

Tabelle 7.2-3: Vergleich der PL-Post-Werte für die BF II- und BF I-Klientinnen

Messzeitpunkt	BF II		BF I		t	df	p
	M	SD	M	SD			
Post-Messung	4,6	4,7	4,9	4,8	0,6	473	n.s.

Anmerkungen: M = Mittelwert, SD = Standardabweichung, t = T-Test-Wert, df = Anzahl der Freiheitsgrade, p = Signifikanzniveau, n.s. = nicht signifikant.

Die Prüfung, in wieweit auf Item-Ebene bei der Post-Messung die Ergebnisse beider Studien vergleichbar sind, ergab eine große Übereinstimmung (siehe Tabelle B 7-6 im Anhang).

In zehn PL-Bereichen zeigten sich hoch signifikante Veränderungen: „Freizeitgestaltung", „Temperament des Partners", „Zuwendung des Partners", „Sexualität", „Fehlende Akzeptanz/Unterstützung des Partners", „Persönliche Gewohnheiten des Partners", „Kommunikation/Gemeinsame Gespräche", und „Forderungen des Partners". Ebenfalls signifikant, aber schwächer ausgeprägt reduzierten sich die Schwierigkeiten in den Bereichen: „Haushaltsführung/Wohnung" und „Tätlichkeiten". Keine signifikanten Veränderungen ergaben sich in den Bereichen: „Einteilung des monatlichen Einkommens", „Berufstätigkeit", „Freunde und Bekannte", „Vorstellungen über Kindererziehung", „Gewährung persönlicher Freiheiten", „Attraktivität", „Verwandte", „Umgang mit Alkohol/Medikamenten/Drogen", „Eifersucht", „Vertrauen", „Außereheliche Beziehung", „Kinderwunsch/ Familienplanung" und „Krankheit/Behinderung/psychische Störungen" (Tabelle 7.2-4).

Tabelle 7.2-4: BF II: Prae- und Post-Häufigkeiten von nicht gelösten/ unausgesprochenen Konflikten und Ergebnisse der McNemar-Signifikanztests (N = 230 Klienten)

Items	Prae	Post	McNemar-χ^2	p
Zuwendung des Partners	64%	35%	41,33	***
Sexualität	64%	43%	24,51	***
Fehlende Akzeptanz/Unterstützung des Partners	54%	26%	45,38	***
Kommunikation/gemeinsame Gespräche	53%	30%	31,81	***
Forderungen des Partners	53%	29%	34,23	***
Temperament des Partners	43%	29%	12,33	***
Persönliche Gewohnheiten des Partners	39%	24%	17,50	***
Freizeitgestaltung	38%	20%	25,47	***

Items	Prae	Post	McNemar-χ^2	p
Vorstellungen über Kindererziehung[a]	35%	23%	8,89	n.s.
Gewährung persönlicher Freiheiten	33%	22%	8,27	n.s.
Vertrauen	32%	25%	4,06	n.s.
Haushaltsführung/Wohnung	30%	19%	10,78	*
Verwandte	29%	24%	1,89	n.s.
Eifersucht	27%	20%	5,36	n.s.
Attraktivität	21%	17%	1,16	n.s.
Berufstätigkeit	21%	16%	1,62	n.s.
Außereheliche Beziehungen	20%	14%	5,30	n.s.
Freunde und Bekannte	20%	15%	3,23	n.s.
Kinderwunsch/Familienplanung	17%	9%	6,32	n.s.
Einteilung des monatlichen Einkommens	14%	13%	0,03	n.s.
Krankheiten/Behinderungen/ psychische Störungen	13%	8%	4,11	n.s.
Umgang mit Alkohol/Medikamenten/ Drogen	12%	9%	---[b]	n.s.
Tätlichkeiten	7%	1%	---[b]	*

Anmerkungen: [a] wurde nur für Paare mit Kindern berechnet, [b] da weniger als 25 Fälle beim Prae-Post-Vergleich die Kategorie gewechselt haben, berechnet SPSS anhand der Binomialverteilung das Signifikanzniveau, daher entfällt die Prüfgröße McNemar-χ^2, * = p < .002 (Bonferoni-Korrektur), *** = p < .000, n.s. = nicht signifikant.

Wenn die Ergebnisse aus der BF I-Studie mit denen der BF II-Studie verglichen werden, zeigt sich, dass es in acht Bereichen bei beiden Untersuchungen zu keinen signifikanten Veränderungen kam. Dies sind: „Verwandte", „Attraktivität", „Freunde und Bekannte", „Einteilung des monatlichen Einkommens", „Außereheliche Beziehung", „Eifersucht", „Familienplanung" und „Umgang mit Alkohol/Medikamenten/Drogen". Gegenüber der BF I-Studie wurden bei der BF II-Studie noch fünf weitere Problembereiche nicht signifikant: „Vorstellungen über Kindererziehung", „Gewährung persönlicher Freiheiten", „Vertrauen", „Krankheiten/Behin-

117

derungen/psychische Störungen" und „Berufstätigkeit" (zur BF I-Studie siehe Tabelle B 7-7 im Anhang).

Bei geschlechtsspezifischer Betrachtung der Veränderungen in den PL-Bereichen zeigte sich, dass in sieben Bereichen bei der aktuellen Studie sowohl bei Frauen wie auch bei Männern signifikante Reduktionen eingetreten sind: „Zuwendung des Partners", „Sexualität", „Kommunikation/gemeinsame Gespräche", „Fehlende Akzeptanz/Unterstützung des Partners", „Forderungen des Partners" und „Freizeitgestaltung". Diese Aufzählung zeigt, dass eine deutliche Annäherung zwischen den Partnern durch die Beratung zu Stande gekommen ist. Auf Seiten der Frauen wird darüber hinaus von Veränderungen im Bereich „Persönliche Gewohnheiten des Partners" berichtet. Männer haben einen neuen Zugang zum „Temperament des Partners" gefunden. Tabelle 7.2-5 verdeutlicht das Ausmaß der Veränderung. Grundlage für diese Gegenüberstellung sind die geschlechtsspezifischen Auswertungen für Frauen (siehe Tabelle B 7-8 im Anhang) und Männer (siehe Tabelle B 7-9 im Anhang).

Tabelle 7.2-5: BF II-Studie: Gegenüberstellung der signifikant veränderten PL-Bereiche differenziert zwischen Frauen und Männer

p	Bereich Frauen	Bereich Männer	p
< .002	Freizeitgestaltung	Freizeitgestaltung	< .000
		Temperament des Partners	< .001
< .000	Zuwendung Partner	Zuwendung des Partners	< .000
< .002	Sexualität	Sexualität	< .000
< .000	Persönliche Gewohnheiten des Partners		
< .000	Kommunikation/gemeinsame Gespräche	Kommunikation/gemeinsame Gespräche	< .000
< .000	Fehlende Akzeptanz/ Unterstützung des Partners	Fehlende Akzeptanz/Unterstützung des Partners	< .000
< .000	Forderungen des Partners	Forderungen des Partners	< .000

Anmerkungen: p = Signifikanzniveau (Bonferoni-Korrektur = p < .002).

Beim Vergleich der BF II- und BF I-Studien zeigte sich, dass in der ersten Studie (BF I) zwölf Bereiche signifikant geworden sind (BF II = acht Bereiche). Bei Frauen wie auch Männern wurden damals die Bereiche „Kommunikation/gemeinsame Gespräche" und „Forderungen des Partners" signifikant (BF II waren es sechs Bereiche). Für die Frauen wurden zusätzlich in acht Bereichen eine Entlastung (BF II = ein Bereich) und für die Männer in zwei Bereichen (BF II = ein Bereich) festgestellt. Eine detaillierte Darstellung der Ergebnisse ist der Tabelle B 7-10 im Anhang zu entnehmen.

7.2.4 Veränderungen bei den EPF-Skalen

Von der Prae- zur Post-Messung zeigen sich bei BF II signifikante Verbesserungen in den Skalen (vgl. Tabelle 7.2-6): „Globale Zufriedenheit mit der Partnerschaft", „Problemlösung", „Gemeinsame Freizeitgestaltung" und „Affektive Kommunikation".

Tabelle 7.2-6: BF II-Studie: Mittelwertvergleich der T-Werte der Prae-/ Post-Messung über die Skalen des Fragebogens zur Einschätzung von Partnerschaft und Familien (EPF) (N = 230)

Skalen	Prae-Messung		Post-Messung		p
	M	SD	M	SD	
Zufriedenheit/Partnerschaft	67,3	11,3	61,1	12,5	***
Affektive Kommunikation	61,8	10,8	57,8	11,7	***
Problemlösung	65,2	10,1	60,1	11,5	***
Freizeitgestaltung	64,1	11,3	60,4	11,7	***
Finanzplanung	56,1	13,2	55,1	12,7	n.s.
Sexuelle Zufriedenheit	60,2	11,5	57,8	12,1	n.s.
Rollenzufriedenheit	48,6	9,1	49,7	8,8	n.s.
Ehezufriedenheit der Eltern	52,5	9,2	53,1	9,8	n.s.
Zufriedenheit mit den Kindern[a]	58,4	14,1	57,1	13,5	n.s.
Kindererziehung[a]	59,1	14,7	57,7	13,2	n.s.

Anmerkungen: M = Mittelwert, SD = Standardabweichung, p = Signifikanzniveau (Bonferoni-Korrektur p < .005), *** = p < .000, n.s. = nicht signifikant, [a] = nur für Klienten mit Kindern.

Die Ergebnisse der Prae-Messung lassen deutlich werden, dass die „Globale Zufriedenheit" mit der Partnerschaft am meisten beeinträchtigt war. Nach der Beratung hat sich zwar eine signifikante Reduktion ergeben, die aber immer noch im auffälligen Bereich (T-Wert >60) liegt. Vergleichbare Effekte finden sich bei der „Gemeinsamen Freizeitgestaltung" wie auch im Bereich der „Problemlösung". Bei der „Affektiven Kommunikation" wird zum Zeitpunkt der Post-Messung ein Wert erreicht, der sich im statistischen Normalbereich befindet. In den anderen Skalen zeigten sich keine signifikanten Veränderungen.

Wenn das Ergebnis aus der BF II-Studie mit dem der BF I-Studie verglichen wird, zeigen sich ähnliche Ergebnisse (siehe Tabellen B 7-11 im Anhang). In einem weiteren Auswertschritt wurde untersucht, ob sich diese Ergebnisse zum Zeitpunkt der Post-Messung (getrennt zwischen Frauen und Männer) über beide Studien (BF II-BF I) gleichen (siehe Tabelle B 7-12 im Anhang). Sowohl bei Frauen wie auch bei den Männern haben sich in den Bereichen „Rollenorientierung", „Zufriedenheit mit den Kindern" und „Konflikte in der Kindererziehung" Veränderungen ergeben. Im Zusammenhang mit der „Rollenorientierung" sind die Belastungen hoch signifikant (zwei Standardabweichungen) sowohl bei Frauen wie auch bei Männern angewachsen. Nicht so stark, aber dennoch statistisch bedeutsam (eine Standardabweichung) trifft dies für Frauen und Männer bei der „Zufriedenheit mit den Kindern" und ausschließlich bei den Männern bei „Konflikte in der Kindererziehung" zu. Alle anderen Skalen sind über die annähernd zehn Jahre, die zwischen den Studien liegen, konstant geblieben.

Zur Prüfung, inwieweit es sich bei dieser Auswertung um Ergebnisse handelt, welche die vorher erreichten Resultate stützen oder relativieren können, wurden die Ergebnisse der BF I- und BF II-Studien gegenüber gestellt. Hierbei wird deutlich, dass bei der „Rollenzufriedenheit", „Zufriedenheit mit den Kindern" sowie bei „Kindererziehung" eine Entwicklung zu einer stärkeren Belastung bei der BF II-Studie festzustellen ist. Darüber hinaus zeigten sich keine signifikanten Unterschiede (siehe Tabelle B 7-13 im Anhang).

7.2.5 Depressionsskala (ADS)

In der ADS wird nach dem Befinden in der „letzten Woche" gefragt, während durch die EPF-Skalen länger überdauernde Haltungen und Einstellungen der Klientinnen erfasst werden. Für die Gesamtstichprobe (BF II) lässt sich eine statistisch bedeutsame Verbesserung des ADS-Summenwertes nachweisen (F[1, 98] = 66,6; p < .000). Sowohl die Frauen (t[112] = 6,6; p < .000) wie auch die Männer (t[112] = 6,7; p < .000) verbesserten sich hoch signifikant.

Tabelle 7.2-7: Vergleich der Teilnehmerinnen pro Messzeitpunkt zwischen der BF I-Studie (Klann & Hahlweg, 1996a, S. 258) und der BF II-Studie bezüglich ADS

Studie	Prae-Messung		Post-Messung		p
	M	SD	M	SD	
BF I	21,2	11,4	15,5	10,1	***
BF II	20,7	10,9	13,7	8,0	***

Anmerkungen: M = Mittelwert, SD = Standardabweichung, p = Signifikanzniveau, *** = p < .01.

Damit werden in der BF II-Studie die gleichen Resultate erreicht wie in der BF I-Untersuchung (vgl. Tabelle 7.2-7).

Die Gegenüberstellung der Veränderungsresultate im Rahmen der Post-Messung weisen für die BF II-Studie einen signifikant besseren Summengesamtwert (je kleiner der Wert, um so geringer die Belastung) aus (Tabelle 7.2-8).

Tabelle 7.2-8: Mittelwertvergleiche der Summengesamtwerte zum Zeitpunkt der Post-Messung der BF II- und BF I-Studien bei der ADS

Gesamt/Geschlecht	Post-Messung				t	df	p
	BF II		BF I				
	M	SD	M	SD			
	13,7	8,0	15,5	10,1	3,0	475	***
Frauen	13,7	7,9	16,5	10,7	2,2	237	**
Männer	12,2	7,6	14,3	9,1	1,9	230	*

Anmerkungen: M = Mittelwert, SD = Standardabweichung, t = T-Test-Wert, df = Anzahl der Freiheitsgrade, p = Signifikanzniveau, * = p < .05, ** = p < .01, *** = p < .001.

Das Resultat verdeutlicht, dass Frauen von der Beratung in diesem Bereich mehr profitieren (p < .02) als Männer (p < .059).

Auf Itemebene zeigen sich bei der Depressionsskala von der Prae- zur Post-Messung in der BF II-Studie bei fast allen Fragen signifikante Verbesserungen (siehe Tabelle B 7-14.1 im Anhang). Bei folgenden Items hat sich keine signifikante Veränderung eingestellt: Während der letzten Woche „kam ich mir genauso gut vor wie andere", „waren die Leute unfreundlich zu mir" und „musste ich manchmal weinen".

Das Veränderungsausmaß bei beiden Studien ist vergleichbar (siehe Tabelle B 7-14.2 im Anhang). Die statistische Prüfung auf der Ebene der Items ergab (siehe Tabelle B 7-15 im Anhang), dass in der BF II-Studie bis auf 6 von 20 Items ein identisches Resultat wie bei der BF I-Studie erreicht wurde. Das Ergebnis war bei folgenden Bereichen unterschiedlich: „kam ich mir genauso gut vor wie andere", „war ich deprimiert/niedergeschlagen", „dachte ich, mein Leben ist einziger Fehlschlag", „hatte ich oft Angst", „war ich fröhlich gestimmt" und „konnte ich überhaupt nicht richtig aktiv werden".

7.2.6 Beschwerdeliste (BL)

Bei der „*Beschwerdeliste (BL)*" zeigte sich, dass zwischen der Prae- und Post-Messung eine signifikante Verbesserung bei den Klientinnen eingetreten ist (F[44,1] = 100; p < .000). Diese Veränderung ist sowohl bei Frauen (t[114] = 5,7; p < .000) wie auch bei Männern (t[113] = 3,9; p < .000) festzustellen. Hier liegt gegenüber der BF I-Studie ein Unterschied vor, da zur damaligen Zeit bei den Männern keine signifikante Veränderung festgestellt werden konnte (Klann & Hahlweg, 1996a, S. 98). Bei Einbeziehung aller Klientinnen ergab sich ein bedeutsamer Unterschied (Tabelle 7.2-9).

Tabelle 7.2-9: Vergleich der Teilnehmerinnen pro Messzeitpunkt zwischen der BF I- (Klann & Hahlweg, 1996a, S.98) und der BF II-Studie bei der BL

Studie	Prae-Messung		Post-Messung		p
	M	SD	M	SD	
BF I	54,9	10,9	52,0	9,5	***
BF II	55,3	9,8	51,2	9,2	***

Anmerkungen: M = Mittelwert, SD = Standardabweichung, p = Signifikanzniveau, *** = p < .001.

Für die Prüfung, ob die Veränderungen zur Post-Messung in den beiden Studien (BF II und BF I) vergleichbar sind, wurden die Summengesamtwerte einem T-Test unterzogen. Die durch die Beratung erreichten Resultate weichen weder im Gesamtwert noch differenziert zwischen Frauen und Männern voneinander ab (Tabelle 7.2-10).

Tabelle 7.2-10:   Mittelwertvergleiche der Summengesamtwerte zum Zeitpunkt der Post-Messung der BF II- und BF I-Studien bei der BL

Gesamt/ Geschlecht	Post-Messung				t	df	p
	BF II		BF I				
	M	SD	M	SD			
Gesamt	15,3	10,1	16,5	10,4	1,3	478	n.s.
Frauen	16,3	10,9	17,9	10,9	1,1	238	n.s.
Männer	14,0	8,9	15,0	9,5	0,8	232	n.s.

Anmerkungen: t = T-Test-Wert, df = Anzahl der Freiheitsgrade, p = Signifikanzniveau, n.s = nicht signifikant.

Die Analyse auf der Item-Ebene zeigte, dass das Ausmaß der signifikanten Änderungen in der Post-Messung gegenüber der Prae-Messung deutlich geringer ausfällt als dies bei der Depressionsskala der Fall war. Die durch die Beschwerdeliste erfassten Probleme erweisen sich als überdauernder. Von den insgesamt 24 Beschwerden wurden bei zehn bedeutsame Verbesserungen festgestellt. Diese waren zu registrieren bei: „Kloßgefühl, Engigkeit oder Würgen im Hals", „Schwächegefühl", „Stiche, Schmerzen oder Ziehen in der Brust", „Mattigkeit", „Reizbarkeit", „Grübelei", „innere Unruhe", „Schlaflosigkeit", „Nacken- oder Schulterschmerzen" und „Gewichtsabnahme" (siehe Tabelle B 7-16.1 im Anhang). Zum Zeitpunkt der BF I-Studie zeigten sich ausschließlich für sechs Bereiche signifikante Veränderungen beim Prae-/Post-Vergleich (siehe Tabelle B 7-16.2 im Anhang). Die statistische Prüfung mit dem T-Test, in wieweit die erreichten Werte auf Itemebene bei der Post-Messung zwischen den beiden Studien (BF I und BF II) übereinstimmen, ergab eine hohe Gemeinsamkeit. Von 24 Items waren 23 im Resultat vergleichbar (siehe Tabelle B 7-17 im Anhang).

7.2.7 Fragen zur Lebenszufriedenheit (FLZ)

Zum Postmessungszeitpunkt liegen von 137 Klientinnen Fragebogen vom *„Fragen zur Lebenszufriedenheit (FLZ)"* vor. Der Grund für diese Abweichung bei der Anzahl gegenüber den anderen Erhebungsinstrumenten ist darin begründet, dass dieser Fragebogen bei der schon laufenden Studie erst zu einem späteren Zeitpunkt eingeführt wurde. Das Ergebnis zeigte, dass sich in den zum Beginn der Beratung hoch belasteten Bereich „Familienleben/Kinder" und „Partnerschaft/Sexualität" statistisch bedeutsame Veränderungen eingestellt haben. Gleichzeitig hat sich das Allgemeinbefinden, ausgedrückt durch den Summenwert des Fragebogens, in gleicher Weise verbessert. Die Tabelle 7.2-11 gibt alle Ergebnisse wieder.

Tabelle 7.2-11:   Mittelwerte und Standardabweichungen der gewichteten Zufriedenheitsscores zur Prae- und Postmessung (N = 137) sowie Ergebnisse der univariaten Varianzanalysen

Lebens-bereich	Prae		Post		Haupt-effekt Prae-/Post		Haupt-effekt Geschlecht		Interaktion	
	Frauen	Männer	Frauen	Männer						
	M	M	M	M	F	p	F	p	F	p
	(SD)	(SD)	(SD)	(SD)						
Freunde/ Bekannte	6,5 (7,2)	5,0 (5,1)	8,1 (5,7)	5,3 (4,4)	2,51	n.s.	5,89	n.s.	1,93	n.s.
Freizeit-gestalung/ Hobbys	3,2 (4,9)	3,7 (4,9)	4,1 (4,7)	5,5 (5,1)	7,06	n.s.	1,72	n.s.	1,18	n.s.
Gesund-heit	6,2 (7,7)	7,2 (6,6)	7,8 (6,4)	7,1 (6,6)	0,78	n.s.	0,01	n.s.	1,15	n.s.
Einkom-men/ finanz. Sicherheit	7,9 (4,7)	6,1 (5,1)	7,0 (5,2)	6,7 (5,4)	0,08	n.s.	2,19	n.s.	1,53	n.s.
Beruf/ Arbeit	5,2 (6,9)	5,9 (7,4)	4,7 (6,2)	6,2 (6,9)	0,02	n.s.	1,08	n.s.	0,40	n.s.

Lebens-bereich	Prae		Post		Haupt-effekt Prae-/Post		Haupt-effekt Geschlecht		Interaktion	
	Frauen	Männer	Frauen	Männer						
	M (SD)	M (SD)	M (SD)	M (SD)	F	p	F	p	F	p
Wohn-situation	6,9 (6,9)	8,7 (5,8)	6,9 (6,3)	9,2 (5,3)	0,16	n.s.	3,99	n.s.	0,24	n.s.
Familien-leben/ Kinder	4,8 (8,3)	5,5 (6,9)	8,4 (8,0)	7,1 (7,2)	11,52	***	0,04	n.s.	2,22	n.s.
Partner-schaft/ Sexualität	-1,0 (7,4)	1,4 (8,1)	4,7 (8,3)	3,3 (8,1)	17,21	***	0,28	n.s.	8,70	*
FLZ-Summen-wert	39,4 (26,1)	42,6 (28,5)	50,7 (26,2)	50,0 (29,3)	15,64	***	0,11	n.s.	0,79	n.s.

Anmerkungen: M = Mittelwert, SD = Standardabweichung, F = Fehlervarianz, p = Signifikanzniveau (Bonferoni-Korrektur), * = p < .006, *** = p < .001, n.s. = nicht signifikant.

7.2.8 Effektstärken und andere klinisch relevante Veränderungen

Als Ergänzung zu den Prae-/Post-Vergleichen auf Skalen- und Itemebene wurden weitere Verfahren zur Veränderungsmessung genutzt. Unter der Rücksicht, dass bei den BF I- und BF II-Studien keine Kontrollgruppen zur Verfügung standen, war es notwendig, die ursprüngliche Form der Effektstärkenberechnung von Smith, Glass und Miller (1980) zu modifizieren. Die Empfehlung von Hartmann und Herzog (1995) aufnehmend, wurden zur Ermittlung der Effektstärke bei den Studien die Mittelwerte der Post-Messung von denen der Prae-Messung subtrahiert und die Differenz durch die über beide Messzeitpunkte ermittelten Standardabweichungen dividiert. Vereinbarungsgemäß spricht man in diesem Zusammenhang bei Effektstärken zwischen .40 und .80 von einer mittleren Effektstärke. Unter .40 wird diese als gering erachtet und über .80 dagegen als groß angesehen. Dabei ist zu beachten, dass diese Vorgehensweise mit einem systematischen Einflussfaktor verbunden ist, der sich dahingehend auswirkt, dass die so errechneten Effektstärken in der Regel höher ausfallen als dies bei Berechnungen mit Kontrollgruppen der Fall ist. Der von Grawe und Braun (1994) durchgeführte systematische Vergleich beider Berechnungsarten zeigt, dass Prae-/Post-Effektstärken durchschnittlich etwa um .36 höher liegen als die in Relation zu einer Kontrollgruppe errechneten Effektstärken. Dies wird dadurch erklärt, dass bei dieser Art von Prae-/Post-Effektstärkenberechnung Veränderungen einfließen, die auf Spontanremissionen sowie auf statistische und natürliche Regressionen zurückzuführen sind (Schulz, Hoyer & Hahlweg, 1998).

Die erreichten Effektstärken sind unterschiedlich ausgeprägt. Vergleichsweise hoch fallen die Effektstärken für die allgemeine Depressionsskala (ADS) sowie für die Problemliste (PL) aus, gefolgt von den EPF-Skalen „Globalen Zufriedenheit mit der Partnerschaft", der Fähigkeit, „Probleme zu lösen" und der Beschwerdeliste (BL). Kaum nennenswerte Effekte ergaben sich bei den EPF-Skalen im Bezug auf „Finanzplanung" und „Zufriedenheit mit den Kindern" sowie bei der „Kindererziehung". Die Frauen lagen mit der Gesamt-Effektstärke (ES = .36) höher als die Männer (ES = .28).

Bei dem Vergleich der beiden Studien (BF II vs. BF I) zeigte sich, dass im Rahmen der BF II-Studie vergleichbare Effektstärken erzielt wurden (siehe Tabelle B 7-18 im Anhang). Es gibt keine signifikanten Unterschiede.

Tabelle 7.2-12: Prae-/Post-Vergleiche: Mittelwerte und Standardabweichungen der Effektstärken zum Postmessungszeitpunkt. Gesamtstichprobe zum Post-Messung: N = 230, Frauen: N = 116, Männer: N = 114

Fragebogen	Gesamt	Frauen	Männer
	M (SD)	M (SD)	M (SD)
Problemliste, Anzahl von Problembereichen	**.59** (.97)	**.60** (1.01)	**.59** (.94)
EPF-Skalen:[1] Globale Zufriedenheit mit Partnerschaft	**.52** (.93)	**.58** (.94)	**.45** (.91)
Affektive Kommunikation	.36 (.84)	.37 (.85)	.35 (.83)
Problemlösung	**.48** (.92)	**.50** (.98)	**.45** (.85)
Gemeinsame Freizeitgestaltung	.33 (.82)	.39 (.85)	.27 (.79)

Fragebogen	Gesamt	Frauen	Männer
	M (SD)	M (SD)	M (SD)
Finanzplanung	.08 (.80)	.13 (.78)	.03 (.85)
Sexuelle Zufriedenheit	.21 (.94)	.22 (.96)	.19 (.92)
Rollenorientierung	.13 (.82)	.11 (.76)	.16 (.87)
Ehezufriedenheit der Eltern	-.06 (.55)	-.08 (.55)	-.03 (.54)
Zufriedenheit mit den Kindern[a]	.07 (.85)	.05 (.78)	.13 (.90)
Kindererziehung[a]	.09 (.72)	.16 (.68)	.01 (.63)
Beschwerdenliste, Summenwert[2]	**.42** (.92)	**.51** (.95)	**.34** (.90)
Allgemeine Depressionsskala, Summenwert	**.72** (1.14)	**.74** (1.18)	**.70** (1.11)
Gesamt-Effektstärke[2]	.32 (.49)	.36 (.51)	.28 (.47)

Anmerkungen: M = Mittelwert, SD = Standardabweichung, 1 EPF = Fragebogen zur Einschätzung von Partnerschaft und Familie, a = wurde nur für Paare mit Kindern berechnet, 2 = Gesamt-Effektstärke wurde unter Ausschluss der Skala Ehezufriedenheit der Eltern berechnet. Effektstärken > .40 werden durch Fettdruck als mittlerer Effekt gekennzeichnet (ES < .40 bedeutet geringer Effekt).

Jacobson, Follette & Revensdorf (1984) haben vorgeschlagen, zur Veranschaulichung des Therapieerfolges auch anzugeben, welcher Prozentsatz von denjenigen, die Beratung bzw. Therapie in Anspruch genommen haben, eine

• statistisch reliable Verbesserung,
• statistisch reliable Verschlechterung und/oder
• klinisch signifikante Verbesserung
  (d.h. nach der Behandlung bzw. Beratung Werte im Bereich von Normalpersonen erreichen)

aufweisen.

Danach liegt klinische Signifikanz vor, wenn die beratenen Klientinnen, die zum Beginn der Beratung mit ihren Werten im klinisch bedeutsamen Bereich lagen, nach Ende des Beratungszyklus Werte im Bereich der Normalpopulation aufweisen, sich vom dysfunktionalen zum funktionalen Bereich verändert haben. Deshalb ist zunächst zu ermitteln, ob sich bei den ehemaligen Klientinnen eine statistisch zuverlässige Veränderung (kritische Differenz: p < .05) eingestellt hat. In einem zweiten Schritt ist dann zu prüfen, inwieweit ein normorientierter kritischer Wert (cut off) in der Ergebnisdiagnostik erreicht werden konnte. Damit kann festgestellt werden, ob der Postwert der Klientinnen statistisch gesehen zur Verteilung der klinisch unauffälligen Personen zu zählen ist oder nicht.

Tabelle 7.2-13: Statistisch reliable Besserungen (SRB) und Verschlechterungen (SRV) sowie klinisch signifikante Besserungen (KSB) zum Zeitpunkt der Postmessung (N = 230)

Fragebogen	SRB	SRV	KSB
Problemliste, Summenwert	55,8%	15,2%	25,2%
EPF-Skalen:[1] Globale Zufriedenheit mit Partnerschaft	36,3%	6,6%	25,1%
Affektive Kommunikation	31,1%	8,9%	18,6%
Problemlösung	38,1%	8,4%	21,9%
Gemeinsame Freizeitgestaltung	27,4%	7,5%	12,7%
Finanzplanung	11,1%	7,5%	6,1%
Sexuelle Zufriedenheit	15,9%	9,3%	13,7%
Rollenorientierung	5,8%	11,1%	3,1%
Ehezufriedenheit der Eltern	2,2%	2,7%	1,3%
Zufriedenheit mit den Kindern[a]	9,2%	6,7%	5,5%
Kindererziehung[a]	15,9%	11,8%	7,0%
Beschwerdenliste, Summenwert	22,3%	5,2%	15,7%
Allgemeine Depressionsskala, Summenwert	38,1%	4,0%	27,6%

Anmerkungen: 1 EPF = Fragebogen zur Einschätzung von Partnerschaft und Familie, a = wurde nur für Paare mit Kindern berechnet.

Die Ergebnisse zeigen, dass die stärksten Veränderungen im Bereich der Problemliste (PL), gefolgt von der Allgemeinen Depressionsskala (ADS) sowie bei der EPF-Skala „Problemlösung" erreicht wurden. Die PL zeigt, dass es Klientinnen gab, die eine signifikante Verschlechterung erlebten, was auch bei den EPF-Skalen „Rollenorientierung" und „Kindererziehung" der Fall war. Bei der ADS ist mit 27,6% der größte Effekt beim Wechsel von klinisch auffälligen Werten in den Normalbereich zu verzeichnen. Es folgen der Summenwert der Problemliste und die Skalen „Globale Zufriedenheit mit der Partnerschaft" sowie „Problemlösung" aus dem EPF. Die Verschlechterungsrate entspricht den Werten aus der Psychotherapieforschung (Smith at al., 1980).

Bei der vorangegangenen Auswertung (Tabelle 7.2-13.) zur Prüfung der signifikanten Verbesserungen wurde die gesamte Stichprobe (N = 230) zur Grundlage gemacht. Das Ergebnis in Tabelle 7.2-14 berücksichtigt für die Veränderungsbestimmung ausschließlich Klientinnen, die zum Zeitpunkt der Prae-Messung Werte im dysfunktionalen Bereich aufwiesen.

Tabelle 7.2-14: Klinisch signifikante Veränderungen (KSB) zum Zeitpunkt der Postmessung. Basis der Prozentwertberechnung ist die Anzahl derjenigen Klientinnen, die zum Zeitpunkt der Prae-Messung Werte im dysfunktionalen Bereich bei dem jeweiligen Fragebogen bzw. den entsprechenden Skalen aufwiesen

Fragebogen	KSB
Problemliste, Summenwert	30,5%
EPF-Skalen:[1] Globale Zufriedenheit mit Partnerschaft	31,8%
Affektive Kommunikation	27,3%
Problemlösung	28,7%
Gemeinsame Freizeitgestaltung	17,1%
Finanzplanung	14,9%
Sexuelle Zufriedenheit	19,5%
Rollenorientierung	3,9%
Ehezufriedenheit der Eltern	2,3%
Zufriedenheit mit den Kindern[a]	9,8%
Kindererziehung[a]	12,1%
Beschwerdenliste, Summenwert	37,1%
Allgemeine Depressionsskala, Summenwert	54,8%

Anmerkungen: 1 EPF = Fragebogen zur Einschätzung von Partnerschaft und Familie, a = wurde nur für Paare mit Kindern berechnet.

Diese Berechnungsart verdeutlicht, dass die erzielten Veränderungsraten deutlich höher liegen. Die nachfolgenden Ergebnisse haben diesen Berechnungsansatz zur Grundlage.

Um das Ausmaß der Veränderungsraten der BF II- und BF I-Studien bei der Gegenüberstellung quantifizieren zu können, wurden die Ergebnisse beider Studien auf Signifikanz (χ^2- Chi-Quadrat-Test) geprüft. Das Ausmaß der Verbesserungen (siehe Tabelle B 7-19 im Anhang) sowie die feststellbaren Verschlechterungen (siehe Tabelle B 7-20 im Anhang) unterscheiden sich nicht. Dies trifft auch für die klinisch relevanten Verbesserungen zu, die Veränderungen von einer dysfunktionalen- zu einer funktionalen Situation (siehe Tabelle B 7-21 im Anhang).

Bei der BF II-Studie ist in die Diagnostikbatterie der Bogen „Fragen zur Lebenszufriedenheit (FLZ)" zusätzlich aufgenommen worden (vgl. Kap. 6.2.1.5). Die in der Tabelle 7.2-15 vorgelegten Ergebnisse zeigen, dass ausschließlich in dem Lebensbereich „Partnerschaft/Sexualität" mittlere Effekte (ES 0.40-0.80) erzielt werden konnten. Geringe Effekte (ES < 0.40) sind in den für die Ehe-, Partnerschafts- und Familienberatung relevanten Lebensbereichen wie „Familienleben/Kinder" und „Freizeit/Hobbys" festzustellen. Bei der Gegenüberstellung der Effektstärken von Frauen und Männern fällt auf, dass die Zufriedenheit bei den Frauen, soweit es um Beziehungskomponenten wie „Partnerschaft/Sexualität", „Familienleben/Kinder" und „Freunde/Bekannte" geht, gegenüber der der Männer deutlich ausgeprägtere Veränderungen erfahren hat. Dagegen werden am Ende der Beratung die Lebensbereiche „Einkommen/finanzielle Sicherheit", „Beruf/Arbeit" und „Wohnsituation" von den Frauen ungünstiger beurteilt als dies bei den Männern der Fall ist.

Tabelle 7.2-15: Mittelwerte und Standardabweichungen der Effektstärken zum Postmessungszeitpunkt für den FLZ (auf der Grundlage der gewichteten Zufriedenheitsscores)

Lebensbereich	Gesamt	Frauen	Männer
	M (SD)	M (SD)	M (SD)
Freunde/Bekannte	.16 (.89)	.23 (.87)	.09 (.97)
Freizeit/Hobbys	.26 (.95)	.13 (1.03)	.36 (.88)
Gesundheit	.09 (1.15)	.20 (1.14)	-.03 (1.15)
Einkommen/finanzielle Sicherheit	-.08 (1.06)	-.18 (.97)	.00 (1.13)

Lebensbereich	Gesamt	Frauen	Männer
	M (SD)	M (SD)	M (SD)
Beruf/Arbeit	.00 (.97)	-.14 (1.06)	.12 (.88)
Wohnsituation	-.03 (1.07)	-.09 (1.12)	.04 (1.01)
Familienleben/Kinder	.29 (.96)	.31 (1.0)	.27 (.93)
Partnerschaft/Sexualität	**.49** (1.04)	**.64** (1.02)	.35 (1.04)
FLZ-Summenwert	.29 (.87)	.31 (.97)	.28 (.79)

Anmerkungen: M = Mittelwert, SD = Standardabweichung.

7.2.9 Zusammenfassung der Ergebnisse aus dem Prae-/Post-Vergleich

Für die aktuelle Studie (BF II) lagen zur Auswertung von 230 Klientinnen ausgefüllte Fragebögen vor. Bei der BF I-Studie waren es 252 Klientinnen. Statistisch signifikant hatten Paare zum Zeitpunkt der Post-Messung nach der Beratung im Durchschnitt weniger Probleme, waren mit der Beziehung globaler zufrieden und konnten ihre Probleme besser bewältigen. Die Freizeitgestaltung war zufriedenstellender und die depressive Gestimmtheit hatte sich verringert. Keine statistisch bedeutsamen Veränderungen fanden sich bei den EPF-Skalen „Finanzplanung", „sexuelle Zufriedenheit", „Zufriedenheit mit den Kindern" und „Ehezufriedenheit der Eltern". Diese Ergebnisse aus der BF II-Studie entsprechen zum größten Teil den Resultaten aus der BF I-Studie. Um die Veränderungen auf den unterschiedlichen Ebenen erfassen zu können, wurden Effektstärkenberechnungen durchgeführt. In den für die Partnerschafts- und Eheberatung relevanten Bereiche wurde auf Skalen-Ebene zum Zeitpunkt der Post-Messung mittlere Effekte (ES) erzielt (Werte zwischen .40 und .80). Eine statistisch signifikante (d.h. reliable) Verbesserung wurde in den zentralen Beratungsbereichen bei 22% bis 56% der Klientinnen festgestellt. Für die Veränderungen vom dysfunktionalen in den funktionalen Bereich ergeben sich Veränderungsprozentränge bei den Problembereichen zwischen 27% und 55%. Die durchschnittliche signifikante Verschlechterungsrate liegt bei 8%. Bei den „Fragen zur Lebenszufriedenheit" wird zum Zeitpunkt der Post-Messung in den Bereichen „Partnerschaft/Sexualität" ein mittlerer Effekt erreicht, wobei Frauen deutlich mehr in diesem Bereich von der Beratung profitiert haben. Die Ergebnisse der Post-Messung zeigen, dass die in der BF II-Studie erreichten Werte die der Untersuchung von 1990-1993 (BF I) replizieren. Bei BF II liegen die erreichten Werte im Durchschnitt auf einem höheren Niveau.

7.3 STABILITÄT DER VERÄNDERUNGEN

Diese Studie versteht sich als ein Zwischenbericht im Rahmen einer auf mehrere Jahre angelegten Untersuchung zur Ergebnisqualitätssicherung. Aus diesem Grunde lagen für den Zeitpunkt der Prae-Messung von 657 Klientinnen ausgefüllte Fragebögen vor (vgl. Kap. 6.1.5). Für die Post-Messung standen die Daten von 230 Klientinnen (vgl. Kap. 7.2.1) zur Verfügung, in die Untersuchungsgruppe zur Follow-up FU-Messung gehen 99 Klientinnen ein, von denen 48 Paare (N = 96) und 3 Einzelklientinnen sind.

7.3.1 Vergleich der Studienaussteiger und Studienteilnehmer

Eine ausführliche Analyse der Studienaussteiger im Vergleich zu den Studienteilnehmern, wie sie im Rahmen der BF I-Studie erfolgte (Klann & Hahlweg, 1996a, S. 88-90), kann zum derzeitigen Auswertungszeitpunkt nicht sach- und fachgerecht durchgeführt werden (vgl. Kap. 6.1.5.3). Zu einem späteren Zeitpunkt soll die damals begonnene Auswertung der Abbrecher erneut aufgenommen werden.

7.3.2 Vergleich der Werte von Prae-, Post- und FU-Messung

Für die Teilnehmerinnen, die für die FU-Messung zur Verfügung standen, soll in diesem Teil geprüft werden, inwieweit die durch die Beratung erzielten Veränderungen ein halbes Jahr nach Beendigung der Beratung stabil geblieben sind.

In dem verwendeten SPSS-Programm existiert keine Vorgabe, die es möglich macht, die Kontraste über Messwiederholungsfaktoren zu analysieren. Aus diesem Grunde wurden neben anderen Analysen über alle drei Messzeitpunkte eine Varianzanalyse mit den Prae-/Post-Daten und den Post-/Follow-up-Daten gerechnet. Bei dieser Prozedur werden die korrespondierenden Skalenwerte der Partnerinnen als Messwiederholungen behandelt und eine Alpha-Fehler-Korrektur nach Bonferoni durchgeführt.

Die Tabelle B 7-22 (im Anhang) gibt die Summenwerte auf Skalenebene getrennt nach Männern und Frauen für die Klientinnen der BF II-Studie wieder, die an allen drei Messzeitpunkten teilgenommen haben (Prae-, Post- und FU-Messung). Die Ergebnisse aus der BF I-Studie sind der Tabelle B 7-23 (im Anhang) zu entnehmen. Die beiden Tabellen sind die Grundlage für den Vergleich der drei Messzeitpunkte untereinander.

Bei dem Vergleich der Erhebungszeitpunkte mit Hilfe der multivariaten Varianzanalyse, werden nur die Klientinnen berücksichtigt, die an allen drei Messzeitpunkten teilgenommen haben. Da für diese Teil-Stichprobe zu den Zeitpunkten Prae und Post noch keine Auswertung vorliegt, gibt die Tabelle 7.3-1 diesen Messzeitpunktvergleich wieder.

Tabelle 7.3-1: Darstellung der varianzanalytischen Haupteffekte Prae-/Post-Vergleich, Geschlechtsunterschiede und der Wechselwirkung zwischen Prae-Post und Geschlecht für die Klientinnen mit FU-Messung (N = 99)

	Haupteffekt Prae-Post		Haupteffekt Geschlecht		Interaktion Prae-Post/Geschlecht	
	F-Wert	p	F-Wert	p	F-Wert	p
Mvar	6,8	p<.000	2,1	n.s.	2,1	n.s.
PLS	35,1	p<.000	5,7	n.s.	0,1	n.s.
GZ	35,7	p<.000	3,1	n.s.	3,9	p<.004
AK	20,3	p<.000	0,1	n.s.	1,1	n.s.
PL	18,7	p<.000	0,2	n.s.	0,0	n.s.
FZ	22,4	p<.000	0,1	n.s.	5,2	n.s.
FP	0,0	n.s.	5,6	n.s.	0,3	n.s.
SZ	5,6	n.s.	2,6	n.s.	2,7	n.s.
RO	1,8	n.s.	0,5	n.s.	4,9	n.s.
EZ	1,6	n.s.	0,2	n.s.	0,0	n.s.
ZK[a]	1,6	n.s.	3,0	n.s.	0,4	n.s.
KE[a]	2,9	n.s.	4,5	n.s.	8,8	n.s.
ADS	31,9	p<.000	0,2	n.s.	0,1	n.s.
BL	17,1	p<.000	2,7	p<.004	1,1	n.s.

Anmerkungen: MVar = Multivariate Analyse (Bonferni-Korrektur = p <. 004), PLS = Summenwert Problemliste, GZ = Globale Zufriedenheit, AK = Affektive Kommunikation, PL = Problemlösung, FZ = Freizeitgestaltung, FP = Finanzplanung, SZ = Sexuelle Zufriedenheit, RO = Rollenorientierung, EZ = Ehezufriedenheit der Eltern, ZK [a] = Zufriedenheit mit den Kindern nur für Klienten mit Kindern, KE [a] = Konflikte in der Kindererziehung, nur für Klienten mit Kindern, ADS = Summenwert Stimmungsskala, BL = Summenwert Beschwerdenliste; F-Wert = Fehlervarianz, p = Signifikanzniveau, n.s. = nicht signifikant.

Die Varianzanalyse bestätigt die Ergebnisse des Prae-/Post-Vergleichs (Tabelle 7.2-1). Deutlich signifikante Verbesserungen wurden durch die Absenkung der Anzahl der Partnerschaftsprobleme gemäß der Problemliste (PL) sowie in den Bereichen „Globale Zufriedenheit der Beziehung", „Affektive Kommunikation", „Problemlösung" und „Freizeitgestaltung" bei den EPF-Skalen erreicht. Ebenso lassen sich bei der Depressionsskala (ADS) sowie bei der Beschwerdeliste (BL) signifikante Veränderungen nachweisen.

Bei der multivariaten Varianzanalyse (ohne die Skalen Zufriedenheit mit den Kindern ZK und Konflikte in der Kindererziehung KE) der Daten zum Post- und Follow-up Erhebungszeitpunkt tritt bei dem Haupteffekt für die Messzeitpunkte kein signifikanter Unterschied auf. Auf der Skalenebene ist ebenfalls kein signifikanter Unterschied festzustellen (Tabelle 7.3-2). Die Ergebnisse des Post-/Follow-up-Vergleiches zeigen, dass die in der Beratung erzielten Effekte auch über ein halbes Jahr nach Ende der Beratung stabil geblieben sind. Wenn die Ergebnisse der BF I-Studie (siehe Tabelle B 7-24 im Anhang) hinzugezogen werden, ist festzustellen, dass es in beiden Studien auf der Skalenebene eine hohe Übereinstimmung gibt.

Tabelle 7.3-2: Darstellung der varianzanalytischen Haupteffekte Post-/FU-Vergleich, Geschlechtsunterschiede und der Wechselwirkung zwischen Post-FU und Geschlecht für die Klientinnen mit FU-Messung (N = 99)

	Haupteffekt Post-FU		Haupteffekt Geschlecht		Interaktion Post-FU/Geschlecht	
	F-Wert	p	F-Wert	p	F-Wert	p
Mvar	0,7	n.s.	1,9	n.s.	0,6	n.s.
PLS	0,1	n.s.	5,4	n.s.	0,9	n.s.
GZ	0,0	n.s.	1,0	n.s.	0,6	n.s.
AK	0,7	n.s.	0,1	n.s.	1,1	n.s.
PL	1,1	n.s.	0,0	n.s.	0,4	n.s.
FZ	0,0	n.s.	0,0	n.s.	0,9	n.s.
FP	0,0	n.s.	5,3	n.s.	0,3	n.s.
SZ	0,4	n.s.	4,1	n.s.	0,0	n.s.

	Haupteffekt Post-FU		Haupteffekt Geschlecht		Interaktion Post-FU/Geschlecht	
	F-Wert	p	F-Wert	p	F-Wert	p
RO	0,0	n.s.	0,0	n.s.	0,9	n.s.
EZ	2,1	n.s.	0,3	n.s.	0,2	n.s.
ZK[a]	0,4	n.s.	1,0	n.s.	1,0	n.s.
KE[a]	0,0	n.s.	1,6	n.s.	1,3	n.s.
ADS	0,3	n.s.	0,5	n.s.	0,1	n.s.
BL	0,0	n.s.	0,6	n.s.	0,2	n.s.

Anmerkungen: MVar = Multivariate Analyse (Bonferoni-Korrektur = $p < .004$), PLS = Summenwert Problemliste, GZ = Globale Zufriedenheit, AK = Affektive Kommunikation, PL = Problemlösung, FZ = Freizeitgestaltung, FP = Finanzplanung, SZ = Sexuelle Zufriedenheit, RO = Rollenorientierung, EZ = Ehezufriedenheit der Eltern, ZK [a] = Zufriedenheit mit den Kindern nur für Klienten mit Kindern, KE [a] = Konflikte in der Kindererziehung, nur für Klienten mit Kindern, ADS = Summenwert Stimmungsskala, BL = Summenwert Beschwerdenliste, F-Wert = Fehlervarianz, p = Signifikanzniveau, n.s. = nicht signifikant.

Um eine differenzierte Auswertung der erzielten Effekte im Hinblick auf ihre Stabilität über ein halbes Jahr nach der Beratung vornehmen zu können, werden die einzelnen Messinstrumente gesondert dargestellt.

7.3.2.1 Problemliste (PL)

Die Tabelle 7.3-3 dokumentiert, wie sich die mittleren Summenwerte der Klientinnen in der Problemliste über die drei Messzeitpunkte verändert haben bzw. wie stabil die durch die Beratung erzielten Effekte waren.

Tabelle 7.3-3: Mittelwerte (M) und Standartabweichungen (SD) der Summenwerte der Problemliste (PL) zu den Messzeitpunkten Prae, Post und FU für die Studien BF II und BF I (Klann & Hahlweg, 1996a, S. 265)

	BF II		p	BF I		p
	M	SD		M	SD	
Prae	6,7	3,9		7,8	4,8	
Post	3,7	3,6	***	4,3	4,8	***

	BF II		p	BF I		p
	M	SD		M	SD	
Post	3,9	3,6		4,3	4,8	
FU	4,1	4,6	n.s.	4,2	4,8	n.s.

Anmerkungen: M = Mittelwert, SD = Standardabweichung, p = Signifikanzniveau, *** = $p < .000$, n.s. = nicht signifikant.

Zum Zeitpunkt der Prae-Messung konnten bei den 99 FU-Teilnehmerinnen durchschnittlich 6,7 Bereiche, die durch die PL erfasst wurden, als problematisch bezeichnet werden. Nach der Beratung ergab sich in der Post-Messung eine durchschnittliche Reduzierung auf 3,7 Bereiche. Im Rahmen der Follow-up-Messung wurde deutlich, dass die Anzahl der problematischen Bereiche konstant geblieben ist (M = 4,1). Die Ergebnisse der BF I-Studie (Tabelle 7.3-3) zeigen, dass auch zum damaligen Zeitpunkt eine identische Entwicklung bzw. Konstanz der erzielten Effekte zu verzeichnen war. Es lässt sich feststellen, dass eine Bestätigung der Ergebnisse aus der BF I-Studie durch die BF II-Studie erfolgt ist.

7.3.2.2 Fragebogen zur Einschätzung von Partnerschaft und Familie (EPF)

Die skalenbezogene Auswertung zeigt, dass sich zwischen der Post-Messung und der FU-Messung keine signifikanten Veränderungen eingestellt haben (vgl. Tabelle 7.3-2). Vor diesem Hintergrund kann bei den EPF-Skalen von einer Stabilität der Veränderungen über den Nachkontrollzeitraum gesprochen werden. Damit wird das Ergebnis der BF I-Studie repliziert (siehe Tabelle B 7-24 im Anhang).

Die Analyse der Veränderungsstabilität bei Frauen zwischen der Post- und Follow-up-Messung zeigt auch auf dieser Ebene hohe Stabilität (Tabelle 7.3-4).

Tabelle 7.3-4: Mittelwertvergleiche der T-Werte Prae-/Post-/FU-Messung bei Frauen über alle Skalen des Fragebogens zu Partnerschaft und Familie (EPF) im Rahmen der BF II-Studie. Es werden nur die Klientinnen berücksichtigt, die an den drei Messungen teilnahmen

Skalen	Prae-Messung		Post-Messung		t	p	FU-Messung		t	p
	M	SD	M	SD			M	SD		
GZ	69,2	11,3	60,2	11,8	5,9	***	60,9	13,0	-0,5	n.s.
AK	62,5	10,4	57,3	10,6	3,8	***	56,7	12,4	0,5	n.s.
PL	65,5	9,5	59,6	11,0	3,9	***	58,6	12,0	0,9	n.s.
FZ	65,1	13,1	59,0	11,8	4,4	***	59,4	13,2	-0,3	n.s.
FP	58,1	14,9	58,3	15,0	-0,1	n.s.	58,5	15,6	-0,2	n.s.
SZ	55,8	9,0	53,1	9,0	2,3	n.s.	52,8	8,2	0,4	n.s.
RO	48,6	9,4	48,5	11,4	0,1	n.s.	49,3	8,7	-0,7	n.s.
EZ	51,7	10,1	52,7	10,6	-1,1	n.s.	51,3	10,3	1,6	n.s.
ZK[a]	56,1	12,6	55,6	14,6	0,2	n.s.	57,1	14,5	-0,8	n.s.
KE[a]	64,8	16,5	62,6	15,2	1,1	n.s.	62,3	14,4	0,5	n.s.

Anmerkungen: GZ = Globale Zufriedenheit, AK = Affektive Kommunikation, PL = Problemlösung, FZ = Freizeitgestaltung, FP = Finanzplanung, SZ = Sexuelle Zufriedenheit, RO = Rollenorientierung, EZ = Ehezufriedenheit der Eltern, ZK a = Zufriedenheit mit den Kindern, nur für Klienten mit Kindern, KE a = Konflikte in der Kindererziehung, nur für Klienten mit Kindern, M = Mittelwert, SD = Standardabweichung, df = Anzahl der Freiheitsgrade (Schwankungsbreite 47-48, mit Kindern 37-40), t = T-Test-Wert, p = Signifikanzniveau, * = p < .005 (Bonferoni-Korrektur), *** = p < .000, n.s. = nicht signifikant.

Eine vergleichbare Stabilität findet sich auch hinsichtlich der anhaltenden Veränderungen durch die Beratung bei den Männern (Tabelle 7.3-5).
Wenn die Ergebnisse aus der BF II-Studie mit den Resultaten aus der vorangegangenen BF I-Studie verglichen werden, ergibt sich eine fast identische Situation.

Tabelle 7.3-5: Mittelwertvergleiche der T-Werte Prae-/Post-/FU-Messung bei Männern über alle Skalen des Fragebogens zu Partnerschaft und Familie (EPF) im Rahmen der BF II-Studie. Es werden nur diese berücksichtigt, die an den drei Messungen teilnahmen

Skalen	Prae-Messung		Post-Messung		t	p	FU-Messung		t	p
	M	SD	M	SD			M	SD		
GZ	66,1	10,9	57,9	11,9	5,1	***	58,0	13,2	-0,0	n.s.
AK	61,8	10,1	56,4	11,3	3,9	***	55,0	11,5	1,0	n.s.
PL	65,5	9,0	58,6	9,6	4,8	***	57,9	11,9	0,5	n.s.
FZ	63,3	11,1	58,9	11,4	3,5	*	58,1	12,2	0,5	n.s.
FP	53,9	10,9	54,2	10,4	-0,2	n.s.	54,0	10,6	0,2	n.s.
SZ	64,2	12,5	60,1	12,7	2,4	n.s.	59,8	13,0	0,3	n.s.
RO	45,8	11,0	49,3	9,7	-2,8	n.s.	50,0	10,5	1,2	n.s.
EZ	53,6	9,3	54,5	9,2	-1,2	n.s.	53,8	9,2	1,0	n.s.
ZK[a]	60,5	16,5	59,3	14,5	0,6	n.s.	58,2	14,9	0,5	n.s.
KE[a]	52,9	10,6	53,2	8,7	-0,2	n.s.	52,9	10,2	0,2	n.s.

Anmerkungen: GZ = Globale Zufriedenheit, AK = Affektive Kommunikation, PL = Problemlösung, FZ = Freizeitgestaltung, FP = Finanzplanung, SZ = Sexuelle Zufriedenheit, RO = Rollenorientierung, EZ = Ehezufriedenheit der Eltern, ZK a = Zufriedenheit mit den Kindern, nur für Klienten mit Kindern, KE a = Konflikte in der Kindererziehung, nur für Klienten mit Kindern, M = Mittelwert, SD = Standardabweichung, df = Anzahl der Freiheitsgrade (Schwankungsbreite 47-48, mit Kindern 37-40), t = T-Test-Wert, p = Signifikanzniveau, * = p < .005 (Bonferoni-Korrektur), *** = p < .000, n.s. = nicht signifikant.

Die Tabelle 7.3-6 bestätigt die Ergebnisse. Abweichend ist nur das hohe Niveau im Bereich „Rollenorientierung". Dies wurde auch schon bei anderen Ergebnissen in der BF II-Studie deutlich (vgl. Kap. 7.1.2, 7.2.4). Die Ergebnisse der BF II-Untersuchung bestätigen den anhaltenden Beratungserfolg über einen Zeitraum von sechs Monate.

Tabelle 7.3-6: Vergleich der skalenbezogenen Summenwertergebnisse aus den
Studien BF II und BF I (Klann & Hahlweg, 1996a, S. 265) zum
FU-Messzeitpunkt

Skala	BF II		BF I		t	df	p
	M	SD	M	SD			
PLS	3,9	4,6	4,2	5,0	0,3	215	n.s.
GZ	5,5	4,2	5,9	4,4	0,7	209	n.s.
AK	4,6	3,6	4,9	3,8	0,5	211	n.s.
PL	5,8	3,8	6,2	3,8	0,8	211	n.s.
FZ	5,4	3,9	5,3	3,8	-0,2	210	n.s.
FP	2,6	2,7	1,9	2,7	-2,0	214	n.s.
SZ	5,1	3,4	5,2	4,1	0,0	205	n.s.
RO	8,6	2,5	3,8	2,7	-13,5	211	n.s.
EZ	5,9	3,5	5,7	3,6	-0,5	208	n.s.
ZK[a]	3,2	2,4	3,2	2,3	0,2	174	n.s.
KE[a]	3,8	3,1	4,2	3,6	0,8	178	n.s.
ADS	12,7	8,8	14,2	10,0	1,2	217	n.s.
BL	15,6	10,0	16,0	10,4	0,4	216	n.s.

Anmerkungen: PLS = Summenwert Problemliste, GZ = Globale Zufriedenheit, AK = Affektive Kommunikation, PL = Problemlösung, FZ = Gemeinsame Freizeitgestaltung, FP = Finanzplanung, SZ = Sexuelle Zufriedenheit, RO = Rollenorientierung, EZ = Ehezufriedenheit
der Eltern, ZK a = Zufriedenheit mit den Kindern, nur für Klienten mit Kindern, KE a = Kindererziehung, nur für Klienten mit Kindern, ADS = Summenwert Stimmungsskala,
BL = Summenwert Beschwerdeliste, M = Mittelwert, SD = Standardabweichung, t = T-Test-
Wert, df = Anzahl der Freiheitsgrade, p = Signifikanzniveau, * = p < .005 (Bonferoni-Korrektur), *** = p < .000, n.s. = nicht signifikant.

7.3.2.3 Depressionsskala (ADS)

Für die Klientinnen, die an der FU-Messung teilgenommen haben, zeigt
sich, dass die im Prae-/Post-Zeitraum erzielten Verbesserungen, zum Zeitpunkt der Follow-up-Messung stabil sind (vgl. Tabelle 7.3-2).

Tabelle 7.3-7: Mittelwertvergleiche der Summenwerte Prae-/Post-/
FU-Messung in der Depressionsskala (ADS) im Rahmen der
BF II-Studie. Angaben erfolgen getrennt nach Geschlecht

Geschlecht	Prae-Messung		Post-Messung		FU-Messung		t	df	p
	M	SD	M	SD	M	SD			
Frauen	18,5	12,4	12,4	0,0	13,1	9,0	-0,3	48	n.s.
Männer	18,9	10,1	11,2	6,6	12,2	8,6	-0,8	49	n.s.
Frauen (klinisch)	37%		8%		14%				
Männer (klinisch)	33%		6%		8%				

Anmerkungen: M= Mittelwert, SD = Standardabweichung, t = T-Test-Wert, df = Anzahl der Freiheitsgrade, p = Signifikanzniveau, n.s. = nicht signifikant.

Die Tabelle 7.3-7 mit dem Ergebnis der T-Testprüfung bestätigt die fortdauernde Besserung.

Bei der Prüfung, ob die in der BF II-Studie erreichten Veränderungen mit denen aus der BF I-Studie vergleichbar sind, ergibt sich eine große Übereinstimmung (vgl. Tabelle 7.3-8).

Tabelle 7.3-8: Vergleich der Summenwerte für die Depressionsskala (ADS)
aus den Studien BF II und BF I (Klann & Hahlweg, 1996a,
S. 265)

Skala	BF II		BF I		t	df	p
	M	SD	M	SD			
ADS	12,7	8,8	14,2	10,0	1,2	217	n.s.

Anmerkungen: M = Mittelwert, SD = Standardabweichung, t = T-Test-Wert, df = Anzahl der Freiheitsgrade, p = Signifikanzniveau, n.s. = nicht signifikant, ADS = Summenwert Stimmungsskala.

7.3.2.4 Beschwerdeliste (BL)

Auch für diesen Fragebogen gilt, dass wie bei der Depressionsskala keine statistisch relevanten Veränderungen bezogen auf die Gesamtgruppe zwischen Post- und Follow-up-Messung festzustellen waren (vgl. Tabelle 7.3-2). Nach Geschlecht getrennt, erweisen sich auch auf dieser Ebene die erreichten Veränderungen als konstant. Dies verdeutlicht Tabelle 7.3-9.

Tabelle 7.3-9: Mittelwertvergleiche der Summenwerte Prae-/Post-/FU-Messung bei der Beschwerdeliste (BL) im Rahmen der BF II-Studie. Angaben erfolgen getrennt nach Geschlecht

Geschlecht	Prae-Messung		Post-Messung		FU-Messung		t	df	p
	M	SD	M	SD	M	SD			
Frauen	21,7	12,3	17,2	11,5	16,4	10,8	0,8	48	n.s.
Männer	17,9	8,5	14,4	7,5	14,6	8,9	-0,2	49	n.s.
Frauen (klinisch)	50%		24%		27%				
Männer (klinisch)	33%		26%		30%				

Anmerkungen: M= Mittelwert, SD = Standardabweichung, t = T-Test-Wert, df = Anzahl der Freiheitsgrade, p = Signifikanzniveau, n.s. = nicht signifikant.

Die durch die Beratung erfolgten Veränderungen, soweit sie durch die Beschwerdeliste erfasst werden können, zeigen beim Vergleich zwischen BF II und BF I eine gute Übereinstimmung (Tabelle 7.3-10).

Tabelle 7.3-10: Vergleich der Summenwerte für die Beschwerdeliste (BL) aus den Studien BF II und BF I (Klann & Hahlweg, 1996a, S. 265) zum FU-Messzeitpunkt

Skala	BF II		BF I		t	df	p
	M	SD	M	SD			
BL	15,6	10,0	16,0	10,4	0,4	216	n.s.

Anmerkungen: M = Mittelwert, SD = Standardabweichung, t = T-Test-Wert, df = Anzahl der Freiheitsgrade, p = Signifikanzniveau, n.s. = nicht signifikant.

7.3.2.5 Fragen zur Lebenszufriedenheit (FLZ)

Da der FLZ in der BF I-Studie nicht zum Einsatz kam, wird für diesen Fragebogen eine gesonderte Auswertung beim Vergleich der drei Messzeitpunkte vorgenommen. Dabei werden die identischen Rechenschritte zur Anwendung gebracht (vgl. Kap. 7.3.2).

Der Vergleich der erreichten Werte bei den Fragen aus dem FLZ zwischen den Erhebungszeitpunkten macht eine Entwicklung, getrennt nach dem Geschlecht, deutlich (vgl. Tabellen 7.3-11; 7.3-12).

Tabelle 7.3-11: Mittelwerte (M) und Standardabweichungen (SD) der gewichteten Zufriedenheitsscores zur Prae-/Post-/FU-Messung für Frauen, von denen FLZ-Daten für alle drei Messzeitpunkte vorliegen

Lebensbereich	Prae-Messung	Post-Messung	FU-Messung
	M (SD)	M (SD)	M (SD)
Freunde/Bekannte	7,6 (7,3)	7,8 (5,7)	8,3 (7,1)
Freizeitgestaltung/ Hobbys	4,2 (5,2)	3,6 (4,9)	4,4 (5,6)
Gesundheit	6,0 (8,1)	8,1 (6,8)	8,4 (6,3)
Einkommen/finanz. Sicherheit	8,6 (4,4)	6,6 (5,9)	7,3 (4,8)
Beruf/Arbeit	6,1 (7,5)	5,0 (5,4)	5,9 (5,1)
Wohnsituation	5,6 (8,0)	6,5 (5,8)	7,0 (6,9)
Familienleben/Kinder	3,4 (7,8)	8,6 (5,7)	7,6 (7,4)
Partnerschaft/Sexualität	-2,2 (5,8)	5,0 (7,2)	3,0 (7,2)
FLZ-Summenwert	38,3 (24,5)	49,7 (27,5)	51,9 (28,1)

Tabelle 7.3-12: Mittelwerte (M) und Standardabweichungen (SD) der gewichteten Zufriedenheitsscores zur Prae-/Post-/FU-Messung für Männer, von denen FLZ-Daten für alle drei Messzeitpunkte vorliegen

Lebensbereich	Prae-Messung	Post-Messung	FU-Messung
	Männer M (SD)	Männer M (SD)	Männer M (SD)
Freunde/Bekannte	5,7 (5,7)	5,2 (4,9)	5,6 (5,4)
Freizeitgestaltung/Hobbys	4,3 (5,2)	6,6 (4,2)	6,8 (4,8)
Gesundheit	7,7 (7,5)	8,2 (7,7)	7,9 (6,4)
Einkommen/finanz. Sicherheit	6,8 (5,9)	6,3 (6,1)	7,0 (7,2)
Beruf/Arbeit	7,1 (7,0)	6,6 (6,5)	6,3 (6,6)
Wohnsituation	9,0 (6,6)	7,6 (5,2)	7,2 (5,8)
Familienleben/Kinder	5,8 (6,3)	8,3 (6,1)	9,4 (4,7)
Partnerschaft/Sexualität	0,9 (6,3)	3,9 (7,8)	5,3 (7,5)
FLZ-Summenwert	46,61(25,4)	52,2 (28,4)	55,5 (29,8)

Zwischen der Prae- und Post-Messung ergaben sich die größten Veränderungen, die auch statistisch bedeutsam sind (Tabelle 7.3-13). Ein weiterer Zuwachs ist bei der FU-Messung zu registrieren, der aber nicht signifikant wurde (Tabellen 7.3-11; 7.3-12; 7.3-14).

Tabelle 7.3-13: Ergebnisse der univariaten Varianzanalysen auf der Grundlage der gewichteten Zufriedenheitsscores mit den Prae-/Post-FLZ-Daten für Klientinnen mit Follow-up-Daten

Lebensbereich	Haupteffekt		Haupteffekt		Interaktion	
	Prae-/Post		Geschlecht			
	F	p	F	p	F	p
Freunde/Bekannte	0,33	n.s.	5,33	n.s.	1,13	n.s.
Freizeitgestaltung/Hobbys	1,92	n.s.	0,51	n.s.	1,45	n.s.
Gesundheit	1,32	n.s.	1,90	n.s.	0,01	n.s.
Einkommen/finanz. Sicherheit	0,26	n.s.	1,50	n.s.	0,56	n.s.
Beruf/Arbeit	1,24	n.s.	4,85	n.s.	0,22	n.s.

143

Lebensbereich	Haupteffekt Prae-/Post		Haupteffekt Geschlecht		Interaktion	
	F	p	F	p	F	p
Wohnsituation	0,01	n.s.	4,33	n.s.	0,11	n.s.
Familienleben/Kinder	11,98	*	1,43	n.s.	0,06	n.s.
Partnerschaft/Sexualität	9,92	*	0,55	n.s.	3,91	n.s.
FLZ-Summenwert	7,43	n.s.	1,84	n.s.	0,09	n.s.

Anmerkungen: F = Fehlervarianz, p = Signifikanzniveau, * = p < .006 (Bonferoni-Korrektur), n.s. = nicht signifikant.

Die Ergebnisse aus der Tabelle 7.3-14 unterstreichen die Konstanz der durch die Beratung angestoßenen Entwicklungen für einen Zeitraum von sechs Monaten.

Tabelle 7.3-14: Ergebnisse der univariaten Varianzanalysen auf der Grundlage der gewichteten Zufriedenheitsscores mit den Post-/Follow-up-FLZ-Daten

Lebensbereich	Haupteffekt Prae-/FU		Haupteffekt Geschlecht		Interaktion	
	F	p	F	p	F	p
Freunde/Bekannte	0,32	n..s	4,34	n.s.	0,01	n.s.
Freizeitgestaltung/Hobbys	0,93	n.s.	6,24	n.s.	0,27	n.s.
Gesundheit	0,00	n.s.	0,04	n.s.	0,09	n.s.
Einkommen/finanz. Sicherheit	1,60	n.s.	0,10	n.s.	0,00	n.s.
Beruf/Arbeit	0,22	n.s.	0,56	n.s.	0,71	n.s.
Wohnsituation	0,02	n.s.	0,39	n.s.	0,91	n.s.
Familienleben/Kinder	0,00	n.s.	0,32	n.s.	1,64	n.s.
Partnerschaft/Sexualität	0,07	n.s.	0,21	n.s.	3,10	n.s.
FLZ-Summenwert	1,19	n.s.	0,30	n.s.	0,03	n.s.

Anmerkungen: F = Fehlervarianz, p = Signifikanzniveau, n.s. = nicht signifikant.

7.3.3 Effektstärken: Vergleich der Post- und FU-Messung

Um die Stabilität der Veränderungen zu prüfen, wurde neben den skalenbezogenen Messzeitpunktvergleichen (Post- und FU-Messung) eine Effektstärkenberechnung durchgeführt (vgl. Kap. 7.2.7). Die Ergebnisse zeigen, dass die Veränderungen, bezogen auf 6 Monate, überdauernd sind.

Tabelle 7.3-15: Mittelwerte (M) und Standardabweichungen (SD) der Effektstärken von der Post- zur Follow-up-Messung (Überprüfung der Stabilität der Veränderungen)

Skala	Gesamt		Frauen		Männer	
	M	SD	M	SD	M	SD
PLS	-.03	.96	.09	.88	-.18	1.1
GZ	-.03	.80	.06	.73	-.01	.87
AK	.09	.83	.05	.80	.12	.86
PL	.07	.75	.09	.63	.06	.87
FZ	.01	.78	-.03	.65	.06	90
FP	.02	.66	-.01	.63	.02	.76
SZ	.04	.73	.04	.65	.03	.80
RO	.03	.79	-.08	.80	.13	.79
EZ	.11	.58	.14	.55	.08	.61
ZK[a]	.02	.82	-.03	.68	.09	.98
KE[a]	.05	.66	-.07	.46	-.02	.77
BL	.03	.74	.08	.68	-.03	.88
ADS	-.10	1.16	-.06	1.17	-.14	1.16
Gesamt-Effektstärke	.02	.42	.01	.38	.02	.47

Anmerkungen: PLS = Summenwert Problemliste, GZ = Globale Zufriedenheit, AK = Affektive Kommunikation, PL = Problemlösung, FZ = Freizeitgestaltung, FP = Finanzplanung, SZ = Sexuelle Zufriedenheit, RO = Rollenorientierung, EZ = Ehezufriedenheit der Eltern, ZK a = Zufriedenheit mit den Kindern, nur für Klienten mit Kindern, KE a = Konflikte in der Kindererziehung, nur für Klienten mit Kindern, BL = Beschwerdeliste Summenwert, ADS = Allgemeine Depressionsskala, Summenwert, Gesamt-Effektstärke = wurde unter Ausschluss der Skala Ehezufriedenheit der Eltern berechnet.

Ein vergleichbarer Effekt ist auch bei den Fragen zur Lebenszufriedenheit (FLZ) festzustellen. Dies verdeutlicht die Tabelle 7.3-16.

Tabelle 7.3-16: Mittelwerte (M) und Standardabweichungen (SD) der Effektstärken von der Post- zur Follow-up-Messung (Überprüfung der Stabilität der Veränderungen) für den FLZ (auf der Grundlage der gewichteten Zufriedenheitsscores)

Lebensbereich	Gesamt		Frauen		Männer	
	M	SD	M	SD	M	SD
Freunde/Bekannte	.07	.87	.06	.97	.08	.76
Freizeit/Hobbys	.09	.87	.14	.93	.03	.83
Gesundheit	-.04	.95	-.01	1.04	-.07	.88
Einkommen/finanzielle Situation	.10	.89	.06	.97	.14	.83
Beruf/Arbeit	.03	.81	.23	.94	-.11	.70
Wohnsituation	.01	.74	.09	.64	-.08	.84
Familienleben/Kinder	-.01	.89	-.17	.81	.15	.93
Partnerschaft/Sexualität	-.04	.98	-.25	.83	.15	1.09
FLZ-Summenwert	.06	.69	.05	.77	.07	.64

Um auch auf dieser Ebene zu prüfen, inwieweit die in der aktuellen Studie (BF II) erzielten Werte zur Stabilität, die Effektstärken, mit denen aus der BF I-Studie vergleichbar sind, wurde mit dem T-Test ihre Übereinstimmung geprüft. Die Ergebnisse beider Studien können als vergleichbar bezeichnet werden (siehe Tabelle B 7-25 im Anhang).
Damit das Ausmaß der Veränderungen bzw. der Einflüsse, die durch die Beratung erzielt wurden, insgesamt erfasst werden kann, wurden zusätzlich die signifikanten Verbesserungen, Verschlechterungen und der Wechsel vom dysfunktionalen zum funktionalen Bereich (klinisch relevante Reduktion der Belastungen) untersucht und dokumentiert (vgl. Kapitel 7.2.7). Die Tabelle 7.3-17 fasst das Ergebnis zum Zeitpunkt der Follow-up-Messung zusammen.

Tabelle 7.3-17: Statistisch reliable Besserungen (SRB) und Verschlechterungen (SRV) sowie klinisch signifikante Besserungen (KSB) zum Zeitpunkt der Follow-up-Messung. Es werden nur die Klientinnen einbezogen, die an allen drei Messzeitpunkten teilnahmen (N = 99/N = 80 mit Kindern)

Fragebogen/Skalen	SRB	SRV	KSB
Problemliste, Summenwert	61,2% (56,7%)	16,3% (13,4%)	45,1% (33,3%)
EPF-Skalen:[1] Globale Zufriedenheit mit Partnerschaft	50,0% (45,4%)	8,2% (5,2%)	33,3% (39,5%)
Affektive Kommunikation	40,8% (38,1%)	5,1% (8,2%)	36,2% (33,8%)
Problemlösung	48,0% (46,4%)	7,1% (7,2%)	36,4% (35,1%)
Gemeinsame Freizeitgestaltung	32,7% (27,8%)	6,1% (5,2%)	30,1% (20,5%)
Finanzplanung	10,2% (9,3%)	9,2% (9,3%)	14,8% (14,5%)
Sexuelle Zufriedenheit	22,4% (18,6%)	8,2% (7,2%)	23,9% (20,0%)
Rollenorientierung	9,2% (8,2%)	11,2% (16,5%)	6,5% (6,6%)
Ehezufriedenheit der Eltern	7,2% (2,1%)	5,2% (5,2%)	10,0% (0,0%)
Zufriedenheit mit den Kindern[a]	16,0% (10,0%)	11,1% (8,8%)	16,7% (8,5%)
Kindererziehung[a]	25,9% (18,3%)	14,8% (11,3%)	12,5% (8,7%)
Beschwerdenliste, Summenwert	22,2% (20,2%)	4,0% (5,1%)	32,6% (39,5%)
Allgemeine Depressionsskala, Summenwert	37,4% (39,4%)	9,1% (6,1%)	60,9% (60,9%)
Mittelwert	26,2% (29,5%)	8,4% (8,9%)	24,7% (27,6%)

Anmerkungen: 1 EPF = Fragebogen zur Einschätzung von Partnerschaft und Familie, a = wurde nur für Paare mit Kindern berechnet. Die Werte in den Klammern geben den Anteil signifikanter Veränderungen bei den Teilnehmerinnen der Follow-up-Messung zum Zeitpunkt der Post-Messung an.

Auf Skalenebene lassen sich bei den Klientinnen, die an der FU-Messung teilgenommen haben, unterschiedlichste Veränderungen in Richtung weiterer Verbesserungen wie auch Reduzierungen (Verschlechterungen) des erreichten Wertes gegenüber der Post-Messung feststellen. Diese Werte bestätigen grundsätzlich die Ergebnisse der schon vorher referierten Auswertungen. Die durchschnittliche Veränderungsrate der statistisch gebesserten Klientinnen beträgt 26,2% (Post: 29,5%), für die Gruppe, die sich vom dysfunktionalen zum funktionalen Bereich geändert hat (d.h. klinisch relevante Verbesserungen erreichten), beträgt der Mittelwert 24,7% (Post: 27,6%) und bei den Klientinnen, die sich unter statistischen Gesichtspunkten verschlechtert haben, beträgt die Prozentrate 8,4% (Post: 8,9%). Das Veränderungsausmaß, das bei der Problemliste (PL) und bei den EPF-Skalen „Globale Zufriedenheit", „Problemlösung", „Affektive Kommunikation" und bei dem Depressionsfragebogen erreicht wurde – Besserungsraten zwischen 37,4% bis 61,2% – entsprechen Werten, die von Jacobson et al. (1984) bei einer Meta-Analyse von vier kontrollierten Verhaltenstherapie-Studie ermittelt wurden. Das heißt bei der Subgruppe der Klientinnen mit Nachkontrolle lassen sich Besserungsraten in – gemessen am Stand der Literatur – befriedigender Höhe feststellen.

Die Analyse der Daten aus der BF I-Studie zeigt, dass in der Tendenz identische Ergebnisse erzielt wurden (siehe Tabelle B 7-26 im Anhang). Die gerichtete Prüfung, inwieweit sich die beiden Studien hinsichtlich ihrer Ergebnisse zur Follow-up-Messung gleichen, erbrachte eine hohe Übereinstimmung (siehe Tabellen B 7-27, B 7-28 und B 7-29 im Anhang).

8. Ergebnisse der Nachbefragung bei Beraterinnen und Klientinnen

Die Darstellung der Gesamtanalyse der Nachbefragungsdaten wird im Kontext der weitergehenden Auswertungen (vgl. Kap. 7.1.5.3 und 7.3.1) erfolgen. Aus diesem Grunde werden die Ergebnisse in diesem Kontext ausschließlich deskriptiv dargestellt.

8.1 BERATERINNENBEFRAGUNG

Zur Evaluation der Beratungsarbeit gehört nicht nur die Erfassung der Selbstäußerungen der Klientinnen oder anderer Personen zu den durch die Beratung erzielten Effekten, sondern auch die Einbeziehung der Dokumentation des Beratungsgeschehens, seines Verlaufes sowie die Erfassung der Reflexion des Beratungsprozesses selbst. Um dies zu ermöglichen, wurde den Beraterinnen nach Abschluss eines Beratungszyklus ein Bogen zu *„Fragen zum Beratungsverlauf (FBV)"* und *„Fragen zur Beratung an den/die Berater/in (FBB)"* vorgelegt (vgl. Kap. 6.2.2).

Bei der BF II-Studie haben zur Prae-Messung 50 Beraterinnen teilgenommen. Zur Post-Messung wurden 38 dokumentierte Beratungsverläufe, einschließlich FBV und FBB, von 30 Beraterinnen (60%) vorgelegt. Im Rahmen der BF I-Studie haben 32 Beraterinnen (entspricht 38%) der 84 Beraterinnen, die von der Prae-Messung Daten vorlegten, Nachbefragungsbögen in die Untersuchung eingebracht (Klann & Hahlweg, 1996a, S. 116).

Für die Auswertung wurden die Antwortvorgaben aus dem FBB auf zwei Kategorien reduziert (1: gar nicht/ein wenig und 2: weitgehend/vollkommen). Der Dokumentation der Beratungsverläufe ist zu entnehmen, dass die Beraterinnen weitgehend den Eindruck hatten, die vorgegebenen Beratungsziele (97%) erreicht zu haben und die Möglichkeit gegeben war, intensiv auf die Klientinnen eingehen zu können (92%). Für die Hälfte der Beraterinnen ergab sich im Kontakt mit den Klientinnen, dass sie durch die Beratungsarbeit mit ihnen „selbst persönlich sehr bewegt" wurden bzw. waren. Einzelheiten sind der Tabelle 8.1-1 zu entnehmen.

Tabelle 8.1-1: Dokumentation der Nachbefragung (N = 38) zum
Beratungsverlauf durch die Beraterinnen. Antwortkategorien
sind zusammengefasst

Fragen zum Beratungsgeschehen	gar nicht/ ein wenig	weitgehend/ vollkommen
Ich hatte ziemlich genaue Vorstellungen davon, wie ich die Stunde gestalten wollte.	2%	98%
Es ist mir gelungen auf den/die Klienten einzugehen.	0%	100%
Den Ablauf der Beratung habe ich als planvoll und zielgerichtet erlebt.	4%	96%
Es ist gelungen den/die Klienten positiv zu beeinflussen.	1%	99%
Ich habe eine gute Zusammenarbeit erlebt.	3%	97%
Ich habe Bestätigung für mein Vorgehen erhalten.	1%	99%
Den/die Klienten erlebte ich als sympathisch.	3%	97%
Die Beratungsziele wurden erreicht.	6%	94%
Der/die Klient(en) war(en) sehr motiviert	0%	100%
Dieser Fall hat mich selbst persönlich sehr bewegt.	8%	92%

Insgesamt waren die Beraterinnen mit dem Beratungsverlauf (BF II) zufrieden. Auf einer Skala von 0 bis 100 wurde als Mittelwert 83 (SD = 22) erreicht. Bei der BF I-Studie lag der erreichte Mittelwert bei 87 (SD = 16).

8.2 KLIENTINNENBEFRAGUNG NACH BERATUNGSABSCHLUSS

Mit dem Bogen „*Fragen zur Beratung an Klienten (FBK)*" wurde den Klientinnen die Möglichkeit eingeräumt, eine globale Einschätzung zum Beratungsverlauf abgeben zu können.

Tabelle 8.1-2: Klientinnenbefragung bei Beratungsabschluss (N = 86). Antwortkategorien sind zusammengefasst

Fragen zur Beratung an Klienten	gar nicht/ ein wenig	weitgehend/ vollkommen
Ich bin mit ganz bestimmten Erwartungen in die Beratung gekommen.	37%	63%
Ich konnte in der Beratung vieles ansprechen, was mir wichtig war.	5%	95%
Ich habe mich vom Berater/von der Beraterin verstanden gefühlt.	0%	100%
Das Vorgehen des/r Beraters(in) habe ich als hilfreich erlebt.	2%	98%
Den/die Berater(in) erlebte ich sympathisch.	1%	99%
Den Ablauf der Beratung habe ich als planvoll und zielgerichtet erlebt.	5%	95%
Die Erfahrungen der Beratung haben mir Mut gemacht.	9%	91%
Ich habe in der Beratung mehr an Verständnis und Einsicht in meine Situation gewonnen.	12%	88%
Ich habe in der Beratung mehr an Verständnis und Einsicht in die Situation meines/r Partner(s)in gewonnen.	16%	84%
Mein(e) Partner/in hat in der Beratung mehr an Verständnis und Einsicht für meine Situation gewonnen.	35%	65%
Ich habe in der Beratung Anregungen bekommen, wie wir unser Leben verändern können.	22%	78%
Ich sehe mich durch diese Beratung besser im Stande, auftretende Schwierigkeiten zu überwinden.	21%	79%
Die Beratung hat zur Lösung meiner Probleme beigetragen.	28%	72%
In der Beratung haben wir gelernt besser miteinander zu sprechen.	27%	73%
Bei zukünftigen schwierigen Problemen werde ich wieder Beratung in Anspruch nehmen.	12%	88%

151

Fragen zur Beratung an Klienten	gar nicht/ ein wenig	weitgehend/ vollkommen
Meine Erwartungen in die Beratung sind erfüllt worden.	8%	92%
Ich konnte die Beratungssitzungen aktiv mitgestalten.	7%	93%
In der Beratung ist das Thema Trennung oder Zusammenleben bearbeitet worden.	42%	58%
Die Beratung hat meine Beziehung gefestigt.	28%	72%
Während der Beratung entschloss ich mich zur Trennung.	94%	16%

Für diese Auswertung lagen bei der BF II-Studie 86 Bögen vor. Dies entspricht 37% derjenigen Klientinnen (N = 230), von denen zur Post-Messung ausgefüllte Fragebögen zur Abschlussdiagnostik für die Auswertung existierten. Bei BF I konnten von 53% der Klientinnen, die an der Post-Messung teilgenommen haben, Fragebögen in die Auswertung einbezogen werden.

Die Antwortvorgaben aus dem FBK wurden für die Auswertung auf zwei Kategorien reduziert (1: gar nicht/ein wenig und 2: weitgehend/vollkommen). Der Tabelle 8.1-2 ist eine deutliche Zufriedenheit der Klientinnen bei der Zusammenarbeit mit den Beraterinnen zu entnehmen. Die Art und Weise der Öffnung und das Bemühen um Verständnis für die Klientinnen wird am stärksten wahrgenommen und gewürdigt. Der Beratungsverlauf hat nach Angaben der Klientinnen für über 2/3 einen Einsichts- und Lernzuwachs im Hinblick auf ihre eigene Person und die partnerschaftliche Beziehung erbracht.

Diese Ergebnisse dokumentieren einen hohen Grad der Zufriedenheit auf Seiten der Klientinnen mit dem abgeschlossenen Beratungsprozess.

Im Rahmen der BF I-Studie lagen 165 ausgefüllte Klientinnenbogen zum Beratungsverlauf vor. Das Ergebnis erbrachte eine vergleichbar hohe Zufriedenheit der Klientinnen.

9. Diskussion

Die Ehe-, Familien- und Lebensberatung hat auf den verschiedensten Ebenen eine lange Tradition, aber erst seit kurzer Zeit eine deutliche Tendenz zur Professionalität. Hierzu zählt ein wachsendes Interesse an der Optimierung des Beratungsangebotes und die Erfassung und Überprüfung der dabei erzielten Effekte. In der zurückliegenden Zeit hat sich sowohl unter praktischen Aspekten wie auch im theoretischen Kontext seit Gründung der ersten Beratungsstelle 1911 in Dresden mehrfach ein Wandel vollzogen. Häufig war vor der Gründungsphase der Beratungsstellen die eigene Lebenserfahrung und/ oder der gesunde Menschenverstand ein wichtiger Bezugsrahmen für Beratungsgespräche. Hinzu kam, dass bestimmte Berufsgruppen als besonders geeignet erschienen, bei Problemen im Zusammenhang mit Partnerschaft und Familie angefragt zu werden. Zu diesen zählten Ärzte wie auch Theologen. Je mehr sich das Beratungsangebot etablierte, umso intensiver wurde danach Ausschau gehalten, wie dieses optimiert werden kann. Einen wichtigen Impuls bekam die Beratungstätigkeit durch die sich immer weiter entfaltenden theoretischen Konstrukte wie sie zum Beispiel aus der Tiefenpsychologie angeboten werden konnten. Dieser Verstehens- und Arbeitszugang im Umgang mit Problemen und Störungen wurde und wird bis in die heutige Zeit von vielen Beraterinnen genutzt. Dieser Zugang wurde dann durch weitere therapeutische Ansätze ergänzt. Daraus entwickelte sich das Bemühen um Integration verschiedener Arbeitsweisen.

In dieser Phase entstanden umfangreiche und differenzierte Erklärungsmodelle. Bei der Umsetzung bzw. Anwendung dieser Modelle zeigte sich, dass die Ehe-, Familien- und Lebensberatung häufig vor Herausforderungen und Fragen steht, die sich aus einer einzigen Schulrichtung heraus nicht mehr beantworten ließen. Dies führte u.a. dazu, dass Personen unterschiedlicher Professionen zusammengeführt wurden und miteinander arbeiteten. Erfahrungs- und Umlernen und der Erwerb von Fertigkeiten sowie die Erörterungen von Einstellungs- und Sinnfragen, verbunden mit einem entsprechenden Reflexionsangebot, wurden immer mehr in das Zentrum der Beratungsarbeit gerückt.

Um für die ständig notwendig werdenden Anpassungs- und Veränderungsprozesse der eigenen Beratungstätigkeit Impulse von den Klientinnen zu erhalten, sind seid Beginn der 90er Jahre, sowohl auf regionaler wie auch auf überregionaler Ebene, immer wieder retrospektive Klientinnenbefragungen durchgeführt worden. Nachdem anfänglich nur kleine Gruppen erfasst und ausgewertet wurden, ist diese Form der Datenerfassung und Auswertung immer professioneller geworden (Esser et al., 2000; Fachstelle für psychologische Beratung in Ehe-, Familien- und Lebensfragen der Diözese Rottenburg-Stuttgart, 2000; Sanders, 1997; Vennen, 1992; Wilbertz, 1999).

Es gibt inzwischen im psychotherapeutischen Bereich eine intensive und differenzierte Forschung, so dass zusammenfassende Metaanalysen notwendig werden, um die unterschiedlichsten Effekt- und Wirksamkeitsstudien noch erfassen und auswerten zu können (vgl. Grawe, et al., 1994; Hahlweg & Markman,1988; Shadish et al., 1993). Prospektive Studien haben sich als Mittel der Wahl erwiesen, um Effekte von Psychotherapie und/ oder Beratung erfassen zu können. Es gibt Studien, die mit Untersuchungs- und Kontrollgruppen arbeiten, wie dies häufig nur in wissenschaftlichen Instituten, Kliniken etc. möglich ist. Wenn diese Untersuchungsstrategien auf die Beratung übertragen werden sollen, stößt ein solches Vorgehen an Grenzen. Aspekte wie Freiwilligkeit, Anonymität und bürokratische Niederschwelligkeit schließen einen hohen Grad an Standardisierung aus. Darüber hinaus ist es wegen der häufig akuten Notsituation der Klientinnen, die dann der Kontrollgruppe zugewiesen würden und somit über einen längeren Zeitraum Beratung nicht in Anspruch nehmen könnten, ethisch fragwürdig, ein solches Konzept umzusetzen.

Vor diesem Hintergrund ist im Bereich der Ehe-, Familien- und Lebensberatung 1990-1993 ein erster Versuch als quasi-experimentelle, prospektive Studie im Sinne einer beratungsbegleitenden Forschung (BF I) durchgeführt worden (Klann & Hahlweg, 1996a). Als Feldforschung angelegt, hatte sie das globale Ziel, die Vorgehensweisen in der Ehe- und Partnerschaftsberatung und ihre spezifischen Auswirkungen zu evaluieren. Insgesamt nahmen damals 84 Beraterinnen an der Studie teil, die 234 Paare und 27 Einzelklientinnen rekrutierten. Um die Wirkungen der Beratungsarbeit bei Partnerschaftsproblemen belegen zu können, wurde eine multimethodale Diagnostik durchgeführt, die unterschiedliche Datenquellen einbezogen hat. Es gab eine Datenerhebung vor Beginn der Beratung (Prae), nach sechs Monaten (Post) und sechs Monate nach Beendigung der Beratung (FU). Die Beraterinnen, die sich an dieser Studie beteiligten, können als erfahren beschrieben werden: die mittlere Berufserfahrung lag bei zehn Jahren und die mittlere Sitzungszahl bei 500 Beratungsstunden pro Jahr. Überproportional hoch, gegenüber der sonstigen Berufszusammensetzung der Beratungsstellen, war der Anteil von Diplom-Psychologinnen, Sozialarbeiterinnen und Pädagoginnen, die sich als Beraterinnen beteiligt hatten. Als beraterisch-therapeutische Schwerpunkte im Beratungsprozess wurden genannt: Systemische-/Kommunikationstherapie (41%), Integratives Vorgehen (34%), Gestalttherapie (28%), Gesprächspsychotherapie (21%), Psychoanalyse (17%), Psychodrama (14%) und Verhaltenstherapie (10%). Es ist von einer methodisch komplexen Beratungspraxis auszugehen (Klann & Hahlweg, 1996a). Im Rahmen der damaligen Studie zeigte sich, dass nach Abschluss der Beratungen bei den Klientinnen statistisch signifikante Verbesserungen in den Bereichen körperliche Beschwerden und depressive Befindlichkeit zu verzeichnen waren. Dies traf auch für die Konfliktbereiche „Globale Zufriedenheit" mit der Partnerschaft, „Affektive Kommunikation", „Problemlösen", „Freizeitgestaltung" und im Bereich „Sexualität" zu, wie sie der *„Fragebogen zur Einschätzung von Partnerschaft und Familien (EPF)"* erfasst. Obgleich diese Veränderungen nachweisbar waren, erreichten sie nicht immer ein Ausmaß, das Personen entspricht, die dem statistisch festgelegten Normalbereich zuzuordnen sind. In den Bereichen „Konflikt mit den Kindern" und „Sexualität" wurden nur geringe bzw. minimale Veränderungen festgestellt. Paare, die an der Nachkontrolle (Katamneseerhebung) teilnahmen, wiesen keine signifikanten Veränderungen sechs Monate nach Beratungsabschluss auf, so dass von mittelfristig stabilen Effekten, die durch die Beratung erzielt wurden, ausgegangen werden konnte. Bei der Post-Messung und beim Follow-up zeigten sich mittlere Effektstärken. Dies entspricht in etwa der Befundlage in der psychodynamisch/humanistisch orientierten Psychotherapie, also beraterisch-therapeutischen Ansätzen, die auch von den Beraterinnen besonders häufig als ihre Beratungsschwerpunkte genannt wurden.

Mit dieser ersten Studie hat sich die Ehe- und Partnerschaftsberatung einer strengen wissenschaftlichen Analyse gestellt. Das Ergebnis erbrachte den Beleg, dass die Institutionelle Ehe-, Familien- und Lebensberatung, wie sie von freien und öffentlichen Trägern angeboten wird, mit Recht zu einem wichtigen Element der psychosozialen Versorgung in der Bundesrepublik Deutschland geworden ist (Klann & Hahlweg, 1996a).

Mit Beginn dieser ersten Studie wurde kontinuierlich daran gearbeitet, die damals erstellten PC-Programme so weiter zu entwickeln, dass jede Beratungsstelle zu einem eigenen Forschungszentrum im Hinblick auf die Qualitätssicherung werden kann. Inzwischen liegt die dritte Version des Computerprogramms (Unisolo BF III, 2002) vor. Dieses ist benutzerfreundlicher und unter dem Gesichtspunkt eines breiten Einsatzfeldes ergänzt worden.

Die Etablierung der kontinuierlichen Qualitätssicherung muss als noch in den Anfängen stehend beschrieben werden. Dass die Anzahl der Beraterinnen, die ein solches Verfahren zum Einsatz bringen, noch klein ist, liegt nicht nur in dem damit verbundenen Arbeitsaufwand begründet. Es zeigt sich eine Unsicherheit, ob sich eine solche zeitliche und arbeitsmäßige Investition überhaupt lohnen kann. Um dies belegen zu können und zum anderen zu prüfen, ob die bei der BF I-Studie erzielten Ergebnisse replizierbar sind, wurden in den Jahren 2000 und 2001 diejenigen Beraterinnen, die das Programm nutzten, eingeladen, ihre Daten für eine bundesweite Auswertung zur Verfügung zu stellen. Im Sinne einer ersten Rückmeldung soll mit dieser Auswertung und deren Publikation verdeutlicht werden, dass die aufgewendete Zeit und die damit verbundenen Mühen zu interessanten und für die Beratungsarbeit wichtigen Impulsen führen, die gleichzeitig in die wissenschaftliche Diskussion eingebracht werden können. Für diejenigen, die noch unentschlossen sind, sich an einer kontinuierlichen Ergebnisqualitätssicherung zu beteiligen, soll damit eine werbewirksame Einladung verbunden sein. In der Fortsetzung der Datensammlung und Zusammenführung sollen dann Vergleiche zwischen Regionen, Beratungsstellen und Beraterinnen vorgenommen werden, die bei gleichen Symptomen bzw. Beratungsanlässen in ähnlicher oder unterschiedlicher Weise gearbeitet haben. So soll u.a. transparent werden, welche Beratungsstrategien bei speziellen Anlässen und/oder Problembereichen welche Effekte erzielen.

Um das Gesamtanliegen der Qualitätssicherung weiter zu befördern und gleichzeitig zu prüfen, ob sich die Ergebnisse der BF I-Studie replizieren lassen, wurden für die BF II-Studie folgende Fragestellungen bzw. Hypothesen ausgewählt:

Hypothese 1: Die Charakteristika der „durchschnittlichen" Klientinnen in Ehe-, Familien- und Lebensberatung unterscheiden sich zwischen BF I und BF II nicht.

Hypothese 2: Die Konflikte und die Konfliktmuster bei den Klientinnen von BF I und BF II unterscheiden sich nicht. Dies gilt auch für das Ausmaß der Belastung in der Partnerschaft, sowie der festzustellenden Depression und für die körperlichen Beeinträchtigungen.

Hypothese 3: Die Häufigkeit der Beratungskontakte, ihre Dauer sowie der zeitliche Abstand zwischen den Beratungsstunden sind in der BF I-Studie und in der BF II-Studie vergleichbar.

Hypothese 4: Die Abbruchrate während der Ehe- und Partnerschaftsberatung ist bei den beiden Studien (BF I und BF II) nicht unterschieden.

Hypothese 5: Die Wirksamkeit der Ehe- und Partnerschaftsberatung ist in beiden Studien vergleichbar. Das trifft auch für die Bereiche zu, in denen Veränderungen festzustellen waren bzw. in denen keine Veränderungen aufgetreten sind.

Die Ergebnisse aus BF II werden unter Einbeziehung der entsprechenden Resultate aus BF I, bezogen auf die einzelnen Hypothesen, zusammenfassend diskutiert.

9.1 CHARAKTERISTIKA DER KLIENTINNEN, DIE EINE EHE-, FAMILIEN- UND LEBENSBERATUNGSSTELLE AUFSUCHEN

Um die Studie von 1990-1993 (BF I) durch die aktuelle Studie 2000-2001 (BF II) replizieren zu können, ist die Vergleichbarkeit der Untersuchungsgruppen zu prüfen. Für die BF II-Studie konnte eine größere Stichprobe (N=657) als bei BF I (N= 495) zur Auswertungsgrundlage gemacht werden. Die Untersuchungsgruppen sind vergleichbar hinsichtlich des Geschlechts (50% Frauen), des Familienstandes (88% verheiratet) sowie der Konfession (57% katholisch, 26% evangelisch, 17% sonstige Religionsgemeinschaft) und bei der Anzahl der Kinder (keine Kinder 22%, ein Kind 23%, zwei Kinder 39%, drei Kinder und mehr Kinder 16%). Signifikante Unterschiede zwischen der BF II- und der BF I-Untersuchungsgruppe zeigten sich beim Alter (BF II Mittelwert = 39,8 Jahre; BF I Mittelwert = 30,0 Jahre), dem Schulabschluss (Universität: 32% BF II vs. 24% BF I; Hauptschulabschluss: 10% BF II vs. 30% BF I) und hinsichtlich der Berufstätigkeit (85% BF II vs. 69% BF I). Im Rahmen der BF I-Studie wurde der Vergleich mit einer Klientinnenuntersuchung (N = 24.500) in katholischen Beratungsstellen (Klann & Hahlweg, 1987) vorgenommen. Dabei konnte festgestellt werden, dass die BF I-Klientinnen mit denen der früheren Untersuchung im wesentlichen vergleichbar waren. Es gab nur im Bereich des Schulabschlusses eine Abweichung. Schon damals verfügten die Klientinnen von BF I über einen höheren Abschluss. Dies trifft mit einem noch größeren Ausmaß für die Untersuchungsgruppe von BF II zu. Da die aktuellsten, quasi repräsentativen Daten aus den Ehe-, Familien- und Lebensberatungsstellen aus 1993 stammen (Klann & Hahlweg, 1996b), kann hier nur eine Tendenz aufgezeigt werden. Es scheint, dass für die Untersuchungen im Rahmen des Beratungsangebotes leichter Klientinnen mit höherem Schulabschluss gewonnen werden können. Hier wird in der Zukunft zu prüfen sein, wie eine weitere Repräsentativität und darüber hinaus sichergestellt werden kann, dass eine alle Klientinnen ansprechende Form zur Mitarbeit bei der Qualitätssicherung gefunden wird. Wenn die Anlässe für das Aufsuchen der Beratungsstellen aus der Prae-Messung bei der Erörterung im Hinblick auf die Veränderung im Bildungsbereich mit einbezogen werden, kann die Feststellung getroffen werden, dass sich diese Stichprobenveränderung nicht auf die Ebene der Problembereiche auswirkt, da sich hier fast keine Unterschiede zeigen (vgl. Kap. 7.1). Es wird weiter zu untersuchen sein, ob die leicht verbesserten Beratungsergebnisse der BF II-Studie gegenüber BF I zum Zeitpunkt der Post-Messung hier ihre Begründung finden (vgl. Kap. 7.2.7). Obwohl es in drei Bereichen (Alter, Schulabschluss und Berufstätigkeit) signifikante Unterschiede zwischen den beiden Untersuchungsgruppen gibt, wobei der höhere Schulabschluss am meisten Gewicht hat, können beide Gruppen als vergleichbar bezeichnet werden.

9.2 KONFLIKTE UND KONFLIKTMUSTER BEI DEN KLIENTINNEN HINSICHTLICH DER PARTNERSCHAFTSVARIABLEN UND DER INDIVIDUELLEN BEFINDLICHKEIT

Das Konfliktprofil der Klientinnen, die wegen Partnerschaftsproblemen eine Ehe-, Familien- und Lebensberatungsstelle aufsuchen, ist klar definiert und zeigt sich im Vergleich der beiden Untersuchungen sowohl unter Häufigkeitsaspekten, wie auch unter dem Gesichtspunkt der Gewichtung als stabil. Dies ist insgesamt für einen Zeitraum von zwanzig Jahren belegbar (Klann & Hahlweg, 1987). Die Klientinnen mit Partnerschaftsproblemen suchen am häufigsten Beratungsstellen deshalb auf, weil es in der Partnerschaft im Bereich der Kommunikation und Interaktion Schwierigkeiten gibt, die immer wieder zu Streit führen, und/oder weil der Glaube daran verloren gegangen ist, dass sich noch etwas ändern könnte. In der Regel handelt es sich um eine Problemkombination. In beiden Stichproben wird davon berichtet, dass es in durchschnittlich acht Bereichen (bezogen auf die „*Problemliste (PL)*") partnerschaftliche Beeinträchtigungen gibt. Zu den Problemfeldern, die von der 1/2 bzw. bis zu 2/3 aller Klientinnen genannt werden, gehören: „Zuwendung des Partners", „Sexualität", „Kommunikation/Gemeinsame Gespräche", „Forderungen des Partners" und „Fehlende Akzeptanz/Unterstützung des Partners". 1/3 bzw. bis zu der 1/2 nennen außerdem als Anlässe: „Temperament des Partners", „Persönliche Gewohnheiten des Partners", „Freizeitgestaltung", „Vertrauen", „Gewährung persönlicher Freiheiten", „Haushaltsführung/Wohnung" sowie „Vorstellungen über Kindererziehung". In beiden Studien wurden von Frauen signifikant mehr Problembereiche (8,3 BF II; 8,6 BF I) und Anlässe als von Männern (7,2 BF II; 7,0 BF I) genannt. Zwischen den Untersuchungen gibt es keinen statistisch bedeutsamen Unterschied. Aus diesem Grunde kann festgestellt werden, dass die Art der Probleme und die damit verbundenen Schwierigkeiten sie zu einer Lösung zu bringen, über einen Zeitraum von zehn Jahren bei den Klientinnen gleich geblieben sind.

Der Fragebogen zur „*Einschätzung von Partnerschaft und Familie* (EPF)" gibt Auskunft über das Ausmaß der Belastungen auf Grund von zehn Skalen, die eng mit Ehe und Partnerschaft verknüpft sind. In sieben Skalen zeigten sich beim Vergleich der beiden BF-Studien keine signifikanten Unterschiede. In der BF II-Studie wurde statistisch bedeutsam häufiger über Schwierigkeiten im Bereich der „Rollenorientierung" berichtet. Weniger häufig als bei der BF I-Studie werden „Unzufriedenheit mit den Kindern" bzw. „Schwierigkeiten bei der Kindererziehung" zum Thema. In den Skalen „Globale Zufriedenheit", „Affektive Kommunikation", „Problemlösung", „Gemeinsame Freizeitgestaltung" wurden Werte erreicht, die für belastete Partnerschaften typisch sind (Klann et al., 1992). Frauen schilderten sich in den Skalen „Affektive Kommunikation" und „Probleme in der Kindererziehung" stärker beeinträchtigt als Männer. Diese waren unzufriedener im Bereich „Sexualität".

Das Ausmaß der depressiven (erfasst mit der „*Depressionsskala (ADS)*") und körperlichen Beeinträchtigung (dokumentiert durch die „*Beschwerdeliste (BL)*") sowie deren gemeinsames Auftreten unterscheidet sich zwischen der BF II- und BF I-Studie nicht. Ebenso unverändert schilderten sich jeweils Frauen stärker als Männer bei der ADS, der BL und unter dem Aspekt des gemeinsamen Auftretens (ADS und BL) belastet. Zum Erhebungszeitpunkt der BF II-Studie stellten sich 43% der Frauen und 36% der Männer klinisch relevant depressiv dar. Bei der Beschwerdeliste erreichten 53% der Frauen und 42% der Männer klinisch auffällige Werte. Bei dem Vergleich mit der BF I-Studie konnte kein statistisch signifikanter Unterschied gefunden werden.

Mit dem Einsatz der Beschwerdeliste (BL) und der Depressionsskala (ADS) zu Beginn der Beratung können relevante Informationen gewonnen werden, um gegebenenfalls durch eine Überweisung und/oder Einbeziehung entsprechender Fachkräfte differentialdiagnostische Schritte einzuleiten zu können. Gleichzeitig wird auf diese Weise deutlich, in welchem hohen Ausmaß Klientinnen, die wegen Partnerschaftsproblemen eine Ehe-, Familien- und Lebensberatungsstelle aufsuchen, außerdem auch an psychischen und physischen Beeinträchtigungen leiden. Somit leistet das Beratungsangebot durch die Bearbeitung der Partnerprobleme auch einen Beitrag zur Volksgesundheit und finanziellen Entlastung der Gesellschaft.

Zusätzlich wurde in die Erhebungsbatterie der Bogen *„Fragen zur Lebenszufriedenheit (FLZ)"* aufgenommen, der auf eine nicht „klinische Weise" die allgemeine Lebenssituation ergänzend erfassen kann. Bei der Frage, wie wichtig unterschiedliche Lebensbereiche (acht Bereiche werden vorgegeben) sind, zeigt sich, dass Frauen „Familienleben/Kinder" in der Rangreihe auf den ersten Platz setzen, gefolgt von „Partnerschaft/Sexualität". Für Männer ist die Reihenfolge umgekehrt (1. Partnerschaft/Sexualität, 2. Familienleben/ Kinder). Grundsätzlich wird deutlich, dass sich sowohl Frauen wie auch Männer in sechs Lebensbereichen (Freunde/Bekannte, Freizeitgestaltung/ Hobby, Gesundheit, Wohnsituation, Familienleben/Kinder und Partnerschaft/Sexualität) deutlich unzufriedener beschreiben als die Normstichprobe. Nur in den Bereichen „Einkommen/finanzielle Sicherheit" und „Beruf/ Arbeit" erreichen die Klientinnen die Werte der Normstichprobe.

9.3 HÄUFIGKEIT, DAUER UND ZEITLICHER ABSTAND DER BERATUNGSKONTAKTE

Der Vergleich der beiden Studien (BF I, BF II) ist aus programmtechnischen Gründen zur Zeit in einer sachgerechten Weise nicht möglich. Es gibt Übertragungsprobleme zwischen den unterschiedlichen Programmversionen, die sich noch nicht beheben ließen. Dieser Frage wird im Zusammenhang mit den noch ebenfalls nicht aufgegriffenen Fragestellungen nachgegangen werden. Dieser Ansatz ist auch deshalb gerechtfertigt, weil hiermit nur ein Zwischenbericht über eine auf weitere Jahre angelegte Studie vorgelegt wird.

9.4 ABBRUCH WÄHREND DER EHE- UND PARTNERSCHAFTSBERATUNG

Die Beraterinnen wurden in Vorbereitung auf die kontinuierliche Qualitätssicherung darauf hingewiesen, dass Studien dieser Art an Aussagekraft deutlich gewinnen, wenn es möglich wird, eine vollständige Dokumentation der Post-Messung und der FU-Messung vorlegen zu können. Dies wurde hervorgehoben, weil bei BF I zwischen der Prae- und der Post-Messung eine Einbuße von 49% der Klientinnen zu verzeichnen war und bei der FU-Messung nur noch 24% zur Mitarbeit gewonnen werden konnten. Um dem entgegen zu wirken, ist in dem Manual zur Selbstevaluation bei Partnerschaftsproblemen (Katholische Bundesarbeitsgemeinschaft für Beratung, 1999b) mit einem Informationsblatt für die Klientinnen der Versuch gemacht worden, diese zur Mitarbeit für alle drei Erhebungszeitpunkte zu gewinnen. Gleichzeitig ist im Text der Einverständniserklärung für die Klientinnen, dass die erhobenen Daten zu wissenschaftlichen Zwecken genutzt werden können, mit folgendem Satz um die weitere Mitarbeit geworben worden: „Ich erkläre mich bereit, zu Beginn und am Ende sowie sechs Monate nach Abschluss der Beratung die uns jeweils vorgelegten Fragebögen auszufüllen." (Katholische Bundesarbeitsgemeinschaft für Beratung, 1999b, Kap. VI., S. 3)

Da sich die hier vorgelegte Auswertung als ein Zwischenergebnis in einem auf mehrere Jahre angelegten Prozess zur Ergebnisqualitätssicherung versteht, gibt es Klientinnen, die sich noch in der Phase der Beratung befinden. Um diese Gruppe annäherungsweise erfassen zu können, wurde die durchschnittliche Beratungsdauer von BF I (13 Beratungskontakte) zugrunde gelegt. In der Regel fand die Beratung in einem Abstand von drei Wochen statt. Vor diesem Hintergrund nimmt der gesamte Beratungszyklus eine Zeitspanne von neun Monaten in Anspruch. Bei Berücksichtigung dieser eher spekulativen Grundlage kann erwartet werden, dass zu den 230 Klientinnen, die sich an der Post-Messung beteiligten (35%), noch 197 Klientinnen hinzugezählt werden können, die sich in der angenommenen Übergangsphase befinden. Diese einbezogen und unterstellt, dass alle erneut einen Fragebogen ausfüllen würden, ergäbe sich ein Prozentsatz von 65%. Da dies aber nicht zu erwarten ist, kann der bei der BF I-Studie festgestellte Prozentsatz von 51% als Orientierung gelten. Somit würde auch bei der aktuellen Studie die Abbruchrate bei 50% liegen. Da zwischen der Post- und der FU-Messung obligatorisch ein Zeitraum von sechs Monaten liegt, gibt es noch einmal 123 Klientinnen mit einer unklaren Befundlage. Bei einer Einbeziehung dieser Gruppe würde sich ein Wert von 33% ergeben, so dass auch hier, wie bei der BF I-Studie, von einer vergleichbar geringen Beteiligung (24%) der Klientinnen an der FU-Messung ausgegangen werden kann. Wenn diese Prozentsätze auch mit anderen Studien aus der Feldforschung vergleichbar sind – die mittlere Abbruchrate bei Beratung liegt bei

50% (Garfield, 1994) – kann das Ergebnis doch nicht zufriedenstellend sein, wenn es um eine kontinuierliche Ergebnisqualitätssicherung gehen soll. Vor diesem Hintergrund sind weitere Möglichkeiten zu überlegen, wie die Beteiligungsrate erhöht bzw. wie bei Abbruch der Beratung oder Verweigerung der FU-Messung dies dokumentiert werden kann. Vielleicht ist der Aufwand, der von Klientinnen bzw. ehemaligen Klientinnen erwartet wird, zu groß und erweist sich deshalb als Hemmschwelle. Gleichzeitig ist möglicherweise die Kooperationsnotwendigkeit der Klientinnen besser zu verdeutlichen, da sie Teilhaber und Mitgestalter der weiteren Entwicklung und der Verbesserung des Beratungsangebotes sind.

9.5 WIRKSAMKEIT DER EHE- UND PARTNERSCHAFTSBERATUNG

Zusammenfassend lässt sich feststellen, dass die BF II-Studie die Ergebnisse zur Wirksamkeit von Ehe- und Partnerschaftsberatung aus BF I replizieren konnte. Gegenüber der Prae-Messung bei Beratungsbeginn hatten die Klientinnen nach der Beratung im Durchschnitt weniger Probleme, waren mit ihrer Beziehung zufriedener und konnten sich im affektiven Bereich besser austauschen. Sie gaben an, die vorhandenen Probleme besser bewältigen zu können.

Der Vergleich der Ergebnisse der Skalen aus dem *„Fragebogen zur Einschätzung von Partnerschaft und Familien (EPF)"* zum Zeitpunkt der Post-Messungen zwischen der BF I- und der BF II-Studie ergibt, dass bei sieben von zehn Skalen eine statistisch bedeutsame Übereinstimmung hinsichtlich der erreichten Veränderungen festzustellen ist. Signifikante Abweichungen dazu zeigten sich bei den Skalen „Rollenorientierung", „Zufriedenheit mit den Kindern" und „Kindererziehung". Diese Veränderungen gegenüber der Situation vor ca. zehn Jahren und die Kombination könnte ein Hinweis darauf sein, dass die Notwendigkeit besteht, in der präventiven- und ehe- und familienbegleitenden Arbeit neue Ansätze finden zu müssen, um den derzeitigen Gegebenheiten besser entsprechen zu können.

Die durch die *„Depressionsskala (ADS)"* und die *„Beschwerdeliste (BL)"* dokumentierten Effekte zur Post-Messung sind ebenfalls vergleichbar. Die depressive Gestimmtheit der Klientinnen hatte abgenommen und sie klagten über weniger körperliche Beschwerden als vor der Beratung.

Im Bereich der Lebenszufriedenheit (FLZ) zeigten sich in den Bereichen „Familienleben/Kinder" und „Partnerschaft/Sexualität" sowie bei der „allgemeinen Lebenszufriedenheit" (Summenwert des Fragebogens) signifikante Verbesserungen. Dieses Ergebnis aus der BF II-Studie konnte nicht mit BF I verglichen werden, da dieser Bogen damals noch nicht eingesetzt wurde.

Ergänzend zu den Prae-/Postvergleichen auf Skalen und Itemebene erbringen die weiteren Prüfverfahren zusätzliche Informationen darüber, ob und in welchem Umfang Veränderungen stattgefunden haben. Zunächst wurde die Methode der „Effektstärkenberechnung (ES)" (Smith et al., 1980) zum Einsatz gebracht, die in der Psychotherapieforschung als Methode der Wahl gilt, um zusammenfassende Wirksamkeitsaussagen zu machen. Zur Ermittlung der ES wurden die Rohwerte der Post-Messung von denen der Prae-Messung subtrahiert und die Differenz durch die über beide Messzeitpunkte gemittelte Standardabweichung geteilt. Im Bereich zwischen .40 und .80 spricht man von mittlerer Effektstärke, unter .40 ist die Effektstärke gering, über .80 dagegen groß.

Mittlere ES wurden bei den Summenwerten der ADS (.72), der PL (.59) und bei den EPF-Skalen „Globale Zufriedenheit" (.52) und „Problemlösung" (.48) erreicht. Über alle Skalen gemittelt ergab sich bei dem EPF eine geringe Effektstärke von ES = .32. Bei Frauen lag die mittlere Effektstärke mit ES = .36 etwas höher, bei Männern dagegen niedriger (ES = .28). Bei der Einordnung der über alle Skalen ermittelten ES bei dem EPF ist zu berücksichtigen, dass Skalen in die Auswertung mit einbezogen werden, die nicht immer Gegenstand und zum Ziel der Beratung und damit bestimmter Interventionen gehörten. Die auf diesen Ebenen erzielten Veränderungen sind häufig durch Transferwirkungen erklärbar und können somit nur indirekt bestimmten Beratungsstrategien zugeordnet werden. Der EPF erfasst eine breite Palette von Partnerproblemen, die Ursachen für das Aufsuchen der Beratungsstelle sein können. Was dann von den Beraterinnen bearbeitet und welche Akzente dabei gesetzt wurden, hat die einzelnen Beraterin im Kontakt mit den Klientinnen entschieden und wurde nicht standardisiert. Somit können die gemittelten Effektstärken zu einer Unterschätzung des wahren Wertes führen, wie er durch die Beratung erzielt wurde.

Bei dem FLZ wurde im Bereich „Partnerschaft/Sexualität" ein mittlerer Effekt (.49) erreicht. Frauen erzielten einen höheren Wert (.64) und Männer ein niedrigeres Resultat (.35). Bei dem Summenwert des FLZ wurde eine geringe Effektstärke von ES = .29 festgestellt. Für dieses Ergebnis gelten die gleichen Anmerkungen, wie sie für den EPF gemacht wurden.

Wenn die Effektstärken zum Beispiel mit kontrollierten VT-Ehetherapiestudien verglichen werden, deren Resultate bei ES = .95 liegen, muss eine deutliche Differenz festgestellt werden (Hahlweg & Markman, 1988; Shadish, 1994). Im Bereich der systematischen Therapieforschung werden nach Smith et al. (1980) zum Beispiel Effektstärken von .85 erzielt. Eine differenzielle Betrachtungsweise, wie sie nach Smith et al. (1980) möglich ist, macht deutlich, dass es beim Vergleich der Therapieansätze Unterschiede gibt. Für psychodynamisch orientierte Therapien werden mittlere Effektstärken berichtet (ES = .69), was auch für die Gesprächs- (ES = .62) und Gestalttherapie (ES = .64) gilt. Bei einer von Shapiro und Shapiro (1982) vorgelegten Metaanalyse wurde für psychodynamisch/humanistische Psychotherapieansätze eine ES = .40 ermittelt. Nach den Angaben der Beraterinnen liegt deren Arbeitsschwerpunkt gleichfalls eher im psychodynamisch/humanistischen Ansatz. Vor diesem Hintergrund kann für die Ehe- und Partnerschaftsberatung von vergleichbaren Ergebnissen gesprochen werden. Gleichzeitig ist darauf hinzuweisen, dass es sich bei den beiden Studien (BF I und BF II) um Feld- und Effektforschung handelt, die nicht mit der Wirksamkeitsforschung verwechselt werden darf. Die erfassten Klientinnen und die dabei zur Beratung anstehenden Probleme sind nicht ausgewählt, die fachlichen Voraussetzungen für die Bearbeitung der geschilderten Anlässe für das Aufsuchen der Stelle sind unterschiedlich, so dass dieser Evaluationsansatz stärker zur individuellen Reflexion Anstöße ergibt. Mit diesen Studien wird ein Ansatz gesucht, um die Arbeitsweisen bei bestimmten Symptomen vergleichbar werden zu lassen und dann zu einer weiteren Optimierung der Ehe-, Familien- und Lebensberatung zu kommen.

Um die beratungsbedingten Veränderungen noch differenzierter darzustellen zu können, ist eine von Jacobsen, Follett und Revenstorf (1984) vorgeschlagene Vorgehensweise zur Anwendung gebracht worden. Es wurde geprüft, wie viele Klientinnen sich statistisch und klinisch signifikant verbessert haben. Eine klinisch signifikante Besserung liegt dann vor, wenn Klientinnen, die zum Beginn der Beratung den Normwert überschreitende Angaben machen, nach der Beratung Werte im Bereich der Normalpopulation aufweisen, sie sich also vom dysfunktionalen zum funktionalen Bereich in der jeweiligen Skala (gleichzeitig auch statistisch signifikant) verändert haben.

Unter dem Aspekt der statistisch reliablen *Besserung* ergibt sich, dass für 56% der Klientinnen bei den angegebenen Problemfeldern (aus der „*Problemliste (PL)*") eine signifikante Veränderung festzustellen ist. Im Hinblick auf das Belastungsausmaß, wie es durch die Skalen aus dem „*Frage-*

bogen Einschätzung von Partnerschaft und Familie (EPF)" ersichtlich wird, können gemäß der Skala „Problemlösung" 38% besser mit Belastungen umgehen, für 36% hat sich die „Globale Zufriedenheit" in der Partnerschaft signifikant verbessert. Gleichzeitig wird statistisch bedeutsam von 31% angegeben, dass sich die „Affektive Kommunikation" und bei 27% die gemeinsame „Freizeitgestaltung" zum Positiven verändert hat. Für 38% hat es gemäß der allgemeinen *„Depressionsskala (ADS)"* stimmungsmäßig signifikante Entlastungen gegeben und 22% berichten ebenso bedeutsam davon, dass sich im physischen Bereich zentrale Veränderungen eingestellt haben, wie sie durch die *„Beschwerdeliste (BL)"* erfasst werden. Weniger häufig sind die Veränderungen aus dem EPF im Bereich „sexuelle Zufriedenheit" (16%) und bei der Skala „Kindererziehung" (16%) eingetreten. Die über alle Skalenwerte erfasste reliable *Verschlechterung* bei den Klientinnen beträgt 8%. Die höchsten Werte bei den statistisch reliablen Verschlechterungen waren bei den EPF-Skalen „Problemlösung" (15%) und im Zusammenhang mit der „Kindererziehung" (12%) sowie bei der Skala „Rollenorientierung" festzustellen. Deutlich geringer fielen dagegen die Verschlechterungen bei der PL (5%) und bei der ADS (4%) aus.

Die Prüfung, wie viele Klientinnen aus einem zum Beginn der Beratung *dysfunktionalen* Bereich (Werte im klinisch auffälligen Bereich), in einen *funktionalen Bereich* (Werte im Normbereich) *wechselten*, ergab, dass dies am häufigsten bei der ADS (55%), und der BL (37%) der Fall war. Für 32% ist bei der Skala „Globale Zufriedenheit" beim EPF und für 31% eine entsprechende Veränderung auf der Grundlage der Problemliste zu verzeichnen. Bei den Skalen aus dem EPF: „Rollenorientierung" (4%), „Zufriedenheit mit den Kindern" (10%) und „Kindererziehung" (12%) wurden die niedrigsten Veränderungen registriert.

Beim Vergleich der beiden BF-Studien, sowohl unter dem Aspekt der Effektstärken wie auch bei den signifikanten und/oder klinisch reliablen Veränderungen, zeigten sich keine statistisch bedeutsamen Unterschiede. Auch auf dieser Ebene kann somit das erreichte Resultat von BF I durch BF II repliziert werden.

Die Überprüfung, inwieweit das zur Post-Messung festgestellte Ergebnis noch sechs Monate nach dem Beratungsabschluss vorhanden ist, lässt ebenfalls keine statistisch bedeutsamen Abweichungen erkennen. Damit wird auch in diesem Punkt das bei der BF I-Studie erzielte Ergebnis durch BF II bestätigt. Nach diesen übereinstimmenden Resultaten aus den beiden Studien kann davon ausgegangen werden, dass die bei der Beratung eingetretenen Veränderungen und die Reduzierung der Ehe- und Partnerschaftsprobleme zumindest mittelfristig stabil sind.

9.6 FOLGERUNGEN AUS DEN ERGEBNISSEN

Mit der Replizierung der Untersuchungsergebnisse aus der BF I- durch die BF II-Studie ist eine Absicherung der vormals festgestellten Ergebnisse erfolgt. Die Resultate sind vergleichbar mit denen, die sich bei Studien ergeben, die ähnliche Arbeitsweisen (psychodynamisch/humanistische Ansätze) als Grundlage haben. Obwohl 3/4 und mehr der antwortenden Klientinnen aus den retrospektiven Studien und den prospektiven Untersuchungen mit der Beratung zufrieden waren, zeigt sich auf der Verhaltensebene, die durch die Fragebögen erfasst wird, dazu eine Differenz (vgl. Kap. 4). Die Einstellungsänderungen und Erfahrungen, die mit der Beratung verbunden werden, sind für die Klientinnen durchaus zufriedenstellend. Die Skalen der Fragebögen machen deutlich, dass es im konkreten Verhalten weniger ausgeprägte Veränderungen bei den Klientinnen gibt. Dies führt zu einer Vielzahl von Fragen, die noch nicht beantwortet werden können. Aus diesem Grunde soll ein Thema herausgegriffen und diskutiert werden, das nicht nur für die Beraterinnen in den Stellen von Relevanz ist, sondern auch für die Verantwortlichen der Weiterbildungskurse zum Ehe-, Partnerschafts-, Familien- und Lebensberater und für diejenigen, die für die Fortbildung zuständig sind.

Die Ergebnisse der Post-Messung und insbesondere das Ausmaß der Veränderungen bzw. die dabei erzielten Ergebnissen belegen, dass es durch die Weiterbildungskurse und die gezielten Fortbildungsangebote (vgl. Kap. 3.2) gelungen ist, bei den Beraterinnen eine Basiskompetenz für die Zusammenarbeit mit Klientinnen zu entwickeln. Diese zeichnet sich insbesondere dadurch aus, dass den Klientinnen ein Angebot gemacht werden kann, das die unterschiedlichsten Problemfelder aus dem Bereich des Zusammenlebens aufnimmt. Ein Schwerpunkt ist dabei die Verbesserung der kommunikativen Fertigkeiten sowie die Vermittlung und Eröffnung von Verstehen und Verstanden werden. Mit dieser Kommunikationskompetenz der Beraterinnen, die an die Klientinnen versucht wird weiterzugeben, stellen sich bei ihnen signifikante Veränderungen in den zentralen Partnerschaftsbereichen ein, wie sie von dem Fragebogen *„Einschätzung von Partnerschaft und Familie (EPF)"* mit den Skalen „Globale Zufriedenheit", „Affektive Kommunikation", „Freizeitgestaltung" und „Problemlösung" erfasst und abgebildet werden. Die damit einhergehende Entspannung und/oder Veränderung findet dann auch ihren Niederschlag im Bereich des Allgemeinbefindens, wie es durch die „*Depressionsskala (ADS)*" erfasst sowie unter physischen Gesichtspunkten durch die „*Beschwerdeliste (BL)*" abgebildet wird. Da die depressive Verstimmung nicht direkt zum Thema der Beratung gemacht wird und hier unter quantitativen Gesichtspunkten (55%) der häufigste Wechsel von einem unter klinischen Gesichtspunkten bedeutsamen Befund zu einem Wert im Normalbereich festgestellt werden kann, wird deutlich, welche Transferwirkungen mit dem Beratungsgeschehen verbunden sind. Dies trifft auch für physische Problemfelder zu, wie sie von der BL erfasst werden (37%). Diese Ergebnisse sind vergleichbar mit den Resultaten, die von Beach, Sandeen und O`Leary (1990) in ihrer Studie beschrieben werden konnten.

Die zum Einsatz gebrachten Erhebungsinstrumente sind durch ihre Skalenvielfalt breit angelegt, sie erfassen durch den EPF, den Bogen „*Fragen zur Lebenszufriedenheit (FLZ)*" und durch die PL unterschiedlichste Themenfelder und Lebensbereiche. Die Ergebnisse der Untersuchungen (BF I, BF II) machen zweierlei deutlich: Es gibt eine größere Klientinnengruppe (ca. 50%), die von dem Beratungsangebot in unterschiedlich intensiver Form profitiert. Gleichzeitig finden sich Klientinnen mit Problemfeldern und/ oder Themen, bei denen sich nur minimale Veränderungen zeigen, obwohl diese zum Anlasskatalog gehören, warum die Beratungsstelle aufgesucht wurde (unzufriedene Klientinnen und Beratungsabbruch). An diesem Punkt eröffnet sich die Frage, wie das Verhältnis zwischen eher „generalisierender – Grundfertigkeiten" und „spezieller – störungsbezogener" Beratungskompetenz bei den Beraterinnen im Bezug auf die unterschiedlichen Problemfelder, die von den Klientinnen eingebracht werden, aussehen kann und muss bzw. wie eine optimalere Unterstützung der Klientinnen erreicht werden kann.

Grundsätzlich scheint diese Frage beantwortet. Das Ergebnis findet sich u.a. in der *Team – Konzeption der Beratungsstellen*. Dabei wird davon ausgegangen, dass Personen unterschiedlicher Professionen zusammenarbeiten müssen, wenn sie den vielfältigen Anforderungen der Klientinnen gerecht werden wollen. Im Blick auf die einzelne Beraterin stellt sich die gleiche Frage. Wenn die Klientinnen mit durchschnittlich acht Problembereichen eine Beratungsstelle aufsuchen und ihnen sicherlich eine kompetente Beraterin aus dem Team der Stelle zugewiesen wird, werden dennoch Überforderungssituationen und Nichtzuständigkeiten für spezielle Themen kaum vermieden werden können.

Solche Situationen können bei speziellen Fragestellungen auftreten, wie sie zum Beispiel mit den Skalen des EPF „Zufriedenheit mit Kindern" und „Konflikte in der Kindererziehung" erfasst werden, wenn als Hauptgrund für das Aufsuchen der Beratungsstelle Partnerschaftsprobleme angegeben wurden. Bei der internen Auswahl im Team wird sicher zuerst die Frage nach der Hauptzuständigkeit bzw. Leitkompetenz, wie sie sich aus der Grundqualifikation und im Laufe der Beratungen im Kontakt mit den Klientinnen entwickelt hat, im Vordergrund stehen. Die Kompetenz der Beraterinnen wird zusätzlich durch die Fortbildung, die Supervision und die Rückmeldungen der Klientinnen vervollständigt.

Dass es solche Bezugspunkte gibt, lässt sich auch dieser Studie entnehmen. Je nach Fragestellung ergibt sich, dass mehr als die Hälfte der Beraterinnen (50% bis 95%) nur zu einem Teil die Ergebnisse aus der Prae-Messung benutzt, um dadurch Informationen für die Diagnostik und für den Beratungsprozess zu gewinnen. Daraus lässt sich folgern, dass während des Beratungsverlaufes andere Akzente gesetzt wurden, als die Fragebögen nahe legen bzw. erfassen. Vielleicht wird gerade unter dem Aspekt, dass eine durchschnittliche Beratung 13 Gespräche umfasst, notwendigerweise von den durchschnittlich acht Anlässen für das Aufsuchen der Beratungsstelle nur eine Auswahl bearbeitet, die dann verständlicherweise eher im Zentrum der Beratungskompetenz der Beraterin bzw. der diagnostizierten Probleme liegen werden.

Gerade wegen des aufgezeigten persönlichen Entwicklungsverlaufes in Bezug auf die Beratungskompetenz wird es zwischen den einzelnen Beraterinnen einer Stelle und denen der eigenen Region eine entsprechende Vielfalt und Varianz geben.

Da diese Untersuchung gezeigt hat, dass die Problemfelder in den letzten 20 Jahren in ihrer Rangreihe konstant geblieben sind, legt dieses Ergebnis nahe, dass hiermit auch eine Vorgabe existiert, in welche Richtung die Beratungskompetenz bei den Beraterinnen entfaltet sein sollte, um für die am häufigsten genannten Problembereiche die notwendigen Voraussetzungen für ihre Bearbeitung zur Verfügung zu haben.

Die Verwendung entsprechender Fragebögen ermöglicht eine größere Palette von Anlässen zu erfassen, wo neben den geäußerten Anliegen der Klientinnen weitere Problemfelder liegen, die bei der Anmeldung oder im Rahmen der Beratungskontakte nicht zur Sprache gekommen sind. Da zu vermuten ist, dass die Transferwirkungen, die sich aus der Bearbeitung zentraler Partnerschaftsprobleme ergeben, wie die Verbesserung der Kommunikation und die der Problemlösungskompetenz, nicht ohne weiteres ausreichen, um zum Beispiel im Bereich Sexualität, Kindererziehung und Rollenorientierung grundlegende Veränderungen herbeizuführen, sind hierfür im Bedarfsfall spezielle Zugänge notwendig. Diese Überlegungen legen nahe, dass sich bei der Bestimmung der zu vermittelnden Basiskompetenzen, um in Ehe-, Partnerschafts-, Familien- und Lebensberatungsstellen tätig werden zu können, eine größere Klientinnenorientierung einstellen müsste. Hierbei sind auch regionale Gesichtspunkte zu berücksichtigen, da die Anforderungen unterschiedlich ausfallen werden. In diesem Zusammenhang kann beispielhaft an soziale Brennpunkte, ländliches- und städtisches Milieu, Arbeitslosigkeit, Armut etc. erinnert werden. Diese sozialbedingten Belastungsschwerpunkte müssen dann auch ein wichtiges Element darstellen, wenn es darum geht, Stellenausschreibungen vorzunehmen.

Das Profil der künftigen Mitarbeiterinnen bzw. die noch zu erwerbenden Kompetenzen sollten sich aus den Bedürfnissen der Klientinnen und damit denen der Region ableiten. Da das „Anlassprofil" der Klientinnen unter regionalen Aspekten nicht konstant ist, besteht immer wieder die Notwendigkeit einer Bestandsaufnahme. Dies kann nicht als einzelne Beratungsstelle geschehen, sondern ist nur sachgerecht im Verbund mit den anderen Einrichtungen zu leisten, die an der psychosozialen Versorgung der Bevölkerung in der jeweiligen Region beteiligt sind.

Wenn die Ehe-, Familien- und Lebensberatungsstellen als niederschwelliges Angebot und die Klientinnen als Personen angesehen werden, die bis zum Erweis des Gegenteils die Kompetenz haben, mit der für sie im Augenblick beschwerlichen Situation umzugehen bzw. einen Weg der Bearbeitung zu finden, stellt sich für die Mitarbeiterinnen in den Stellen die Frage, wie viel Spezialisierung neben der Beratungsgrundkompetenz notwendig ist. Dabei werden persönliche, berufliche und regionale sowie Teamaspekte jeweils zu einer ganz individuellen Entscheidung führen müssen. Dennoch zeigen die Ergebnisse der beiden BF- Studien und die Resultate aus den retrospektiven Untersuchungen (vgl. Kap.4.1 bis 4.6), dass es eine relativ große Übereinstimmung darüber gibt, was zu den zentralen Themen gehört, die in einer Ehe-, Familien- und Lebensberatungsstelle zur Sprache kommen. Von daher sollte der Anlasskatalog gleichzeitig zum Anforderungsprofil für die Mitarbeiterinnen und die Verantwortlichen in der Institutionellen Ehe-, Familien- und Lebensberatung werden. Dieser ist auch in den Weiterbildungskursen und bei den unterschiedlichen Fortbildungsangeboten zu berücksichtigen.

Ein solcher Ansatz wird nicht nur Auswirkungen auf die Themenfelder haben, die bearbeitet werden müssten, sondern auch auf die Arbeitsweisen, wie sie sich zum Beispiel aus der Wirkfaktorenforschung ableiten lassen. So wird man bei entsprechenden Problemen oder Anlasskombinationen nicht nur bei der einsichtsorientierten Arbeit mit den Klientinnen stehen bleiben dürfen, sondern die Arbeitsweise um Elemente ergänzen müssen, die dazu beitragen, u.a. weitere Fertigkeiten zu entwickeln und gegebenenfalls einzuüben. Die Vorgaben für eine solche Akzentsetzung können die selbst formulierten Anforderungen der Klientinnen sein, sowie die sich aus den zum Einsatz gebrachten Fragebögen und anderen Erhebungsinstrumenten ergebenden Erkenntnisse. Die Erarbeitung und Umsetzung eines solchen beraterischen Vorgehens ist verständlicherweise das Ergebnis eines dialogischen Prozesses mit den Klientinnen. Anknüpfend an die Ressourcen, die die Klientinnen mitbringen, eignet sich das Paar-Setting besonders zur prozessualen Aktivierung der zu verändernden Probleme. Bestandteil eines solchen Vorgehens könnte der Einsatz bestimmter Elemente für das Training kommunikativer Fertigkeiten sein, sowie die Bearbeitung der Paarprobleme in eigenen Paargruppen-Seetings, von denen nachweislich große Transferwirkungen für den Alltag ausgehen (Grawe, 1994; Grawe, 1998; Sanders, 2000).

Systematische Forschungen zu Partnerschaft und Kommunikation (Gottman, 1979, 1993a, 1993b, 1998; Hahlweg, 1991; Markman, 1981, 1984; Saßmann, 2001) haben Erkenntnisse zusammengetragen, die die Beratungsarbeit durch bewährte Konzepte und Vorgehensweisen unterstützen können. Inzwischen liegt eine aus einem Ehevorbereitungsprogramm – *„Ein Partnerschaftliches Lernprogramm (EPL)"* – entwickelte Trainingseinheit (KOMKOM -Kommunikationskompetenz – Training in der Paarberatung) vor, welche sowohl in der Weiterbildung zum Ehe-, Partnerschafts-, Familien- und Lebensberater als auch im Rahmen der Fortbildung zum Einsatz kommt (Thurmair, 2001). Ergänzt wird dieses Angebot durch Fortbildungseinheiten, die die Erziehungskompetenz der Eltern unterstützen und entwickeln helfen kann. Es handelt sich dabei um das Triple-P-Programm, welches federführend von Sanders (1996) entwickelt wurde. Hierzu gibt es inzwischen entsprechende Fortbildungsangebote (Miller, 2001). Diese Elemente zur Unterstützung der Beratungsarbeit werden beispielhaft vorgestellt, da sie evaluiert sind und sich als hilfreich erwiesen haben.

Mit einer solchen Akzentverschiebung und Ergänzung in der Arbeitsweise könnte gegebenenfalls die Effektivität und Wirksamkeit der Ehe-, Partnerschafts-, Familien- und Lebensberatung gesteigert werden. Es ist darüber hinaus auch nicht auszuschließen, dass damit entsprechende Ratsuchende in geeigneterer Weise angesprochen werden, die ausschließlich eine symptom- und störungsorientierte Unterstützung wünschen. Die Ergebnisse der Studien zur Seismografenfunktion von Ehe-, Familien- und Lebensberatungsstellen bestätigen für einen Teil der Klientinnen ein solches Anforderungsprofil an die Beratungsstellen (Saßmann & Klann, 2002).

Zur weitergehenden Diskussion und als Anregung für gezielte Auswertungen im Rahmen der sich fortsetzenden Studie zur Qualitätssicherung wird die Hypothese aufgestellt, dass die Klientinnen, die zum Beispiel in den beiden Studien (BF I und BF II) zwischen Prae-Messung und Post-Messung einseitig die Beratung beendet haben, weiter dabei geblieben wären, wenn das Beratungsangebot noch stärker den Ansprüchen und Bedürfnissen der Klientinnen entsprochen hätte. Dabei kann ein „Fertigkeiten bezogenes Angebot" besonders hilfreich sein.

Um diese Hypothese einer Beantwortung näher zu bringen, sind mit den Beraterinnen, die derzeit an der Studie teilnehmen bzw. in der Zukunft teilnehmen werden, geeignete Absprachen zu treffen, damit eine systematische Überprüfung stattfinden kann. Dies lässt sich dadurch erreichen, dass entsprechend arbeitende Beraterinnen, mit den Schwerpunkten „Aufarbeitung und Einsicht" zu Untersuchungseinheiten zusammen geführt werden und die anders arbeitenden Beraterinnen (starke Klientinnenorientierung in Sinne der Handlungsebene/Training von Fertigkeiten) als Kontrollgruppe herangezogen werden.

10. Zusammenfassung

Die Institutionelle Beratung, wie sie von den freien und öffentlichen Trägern vorgehalten wird, versteht sich als Bestandteil der psychosozialen Versorgung der Bevölkerung in der Bundesrepublik Deutschland. Vor diesem Hintergrund besteht die Notwendigkeit, dass sie für die Öffentlichkeit transparent ist und sich einer kontinuierlichen Qualitätskontrolle stellt. Gleichzeitig sind Entwicklungen und Veränderungen notwendig, damit das Beratungsangebot die in der Gesellschaft stattfindenden Wandlungsprozesse aufnehmen und darauf eingehen kann. Somit ist immer wieder eine fachliche Standortbestimmung geboten.

Die Partnerschafts- und Eheberatung, als Teil der Institutionellen Beratung, hat sich mit zwei Studien zur Ergebnisqualitätskontrolle der empirischen Forschung gestellt. Die erste Evaluationsstudie (BF I), die 495 Klientinnen einbeziehen konnte, wurde 1990 bis 1993 unter quasi experimentellen Bedingungen durchgeführt. Mit der aktuellen Studie (BF II, 2000 bis 2001) wurde eine Replikation durchgeführt, um die Ergebnisse von BF I zu überprüfen und ihre Stabilität zu untersuchen. Mit BF II ist eine auf unbestimmte Zeit angelegte Studie zur kontinuierlichen Ergebnisqualitätssicherung begonnen worden. Derzeit sind 657 Klientinnen für die Wiederholungsuntersuchung gewonnen und einbezogen worden. Aus diesem Grund versteht sich diese Arbeit als Zwischenbericht, der regelmäßig ergänzt werden wird.

Die Ergebnisse von BF I konnten durch BF II in allen Bereichen bestätigt werden. Damit kann auf der Grundlage von 1152 Klientinnen festgestellt werden: Die Partnerschafts- und Eheberatung erzielt mit ihrem Beratungsangebot mittlere Effekte. Diese sind vergleichbar mit denjenigen, die durch psychodynamisch/humanistisch orientierte Psychotherapie erreicht werden. Gleichzeitig decken sich die Ergebnisse mit denen, die bei frei niedergelassenen Psychotherapeuten bei der Metaanalyse von Shapiro und Shapiro (1982) ermittelt werden konnten. Die Katamnese, sechs Monate nach Abschluss der Beratung, belegt, dass die erzielten Beratungsresultate über diesen Zeitraum stabil geblieben sind.

Die Studie eröffnet Fragen, die sich auf die künftige Qualifizierung und Fortbildung der Ehe-, Partnerschafts-, Familien- und Lebensberaterinnen beziehen. Dabei ist eine größere Ausgewogenheit zwischen ausreichender beraterischer Basiskompetenz und entsprechenden Spezialkenntnissen für einzelne Problemfelder und Störungsbilder möglicher Weise eine zukunfts-orientierte Antwort. Dies bezieht sich nicht nur auf die einzelne Mitarbeiterin in einer Stelle, sondern auch auf das gesamte Team und auf alle, die in der psychosozialen Versorgung einer Region tätig sind. Nur auf diese Weise kann ein bedarfsgerechtes und flächendeckendes Angebot zustande kommen.

11. Literatur

Amelang, M. & Zielinski. W. (1997). *Psychologische Diagnostik und Intervention* (2. korrigierte, aktualisierte u. überarbeitete Aufl. unter Mitarbeit von T. Fydrich & H. Moosbrugger). Berlin: Springer.

Angst, J. (1987). Epidemiologie der affektiven Psychosen. In K. P. Kisker, H. Lauter, J. E. Meyer, C. Müller & E. Strömgren (Hrsg.), *Psychiatrie der Gegenwart* (Band 5). Berlin: Springer.

Bachmaier, S., Faber, J., Henning, C., Kolb, R. & Willig, W. (1989). *Beraten will gelernt sein – Ein praktisches Lehrbuch für Anfänger und Fortgeschrittene* (4. überarbeitete Aufl.). München: Psychologie Verlags Union.

Barlow, D. H. (1996). Health care policy, psychotherapy research, and the future of psychotherapy. *American Psychologist, 51*, 1050-1058.

Beach, S. R. H., Sandeen, E. E. & O'Leary, K. D. (1990). *Depression and marriage.* New York: Guilford.

Beck, A.T., Word, C.H., Mendelson, M., Mock, J. & Erbaugh, J. (1961). An inventory for measuring depression. *Archives of General Psychiatry,4,* 561-571.

Bengel, S., Klann, N., Kötter, H., Michelmann, A., Nestmann, F., Pfeifer, W. K., Rechtien, R., Straumann, U. E. & Vogt, I. (2002). Beratungsverständnis – eine Diskussionsgrundlage. *Beratung Aktuell, 1,* 43-49.

Bloom, B. L., Asher, S. J. & White, S. W. (1978). Marital disruption as a stressor: A review and analysis. *Psychological Bulletin, 85,* 867-894.

Bortz, J. (1999). *Statistik für Sozialwissenschaftler* (5. vollständig überarbeitete und aktualisierte Aufl.). Berlin: Springer.

Bräutigam, W. (1969). *Reaktionen, Neurosen und Psychopathien.* Stuttgart: Thieme-Verlag.

Brenner, C. (1968). *Grundzüge der Psychoanalyse.* Frankfurt: Fischer.

Bundesgesetzblatt (1998). Gesetz über die Berufe als Therapeut vom 16. Juni 1998. Teil 1, 1311.

Bundesministerium für Familie und Senioren [BMFS]. (Hrsg.). (1993). *Familie und Beratung – Gutachten des wissenschaftlichen Beirats für Familienfragen beim Bundesministerium für Familie und Senioren.* Stuttgart: Verlag W. Kohlhammer.

Bundesministerium für Umwelt, Jugend und Familie [BMUJF]. (Hrsg.). (1997). *Forschungsprojekt – Endbericht. Beratung – Psychotherapie. Ein Projekt zur Bestandsaufnahme und Orientierung.* Wien: Bundesministerium für Umwelt, Jugend und Familie.

Clarke, G. N. (1995). Improveing the transition from bacis efficay resarch of effectiveness studies: Methodological issues and procedeures. *Journal of Consulting and Clinical Psychology*, 5, 718-725.

Deutsche Arbeitsgemeinschaft für Jugend und Eheberatung/Katholische Bundesarbeitsgemeinschaft für Beratung. (2001). Regeln fachlichen Könnens für die Institutionelle Beratung. *Beratung Aktuell, 4,* 229-235 .

Deutscher Arbeitskreis für Jugend-, Ehe- und Familienberatung (DAK). (1975). Vorläufige Geschäftsordnung vom 19.09.1975. In *Vorlage zum Ausbau der Beratungsarbeit in der Bundesrepublik Deutschland und Westberlin. Kommission für die Neufassung der Rahmenordnung und den Ausbau der Beratungsarbeit* [Broschüre]. Berlin: Eigenverlag.

Deutscher Arbeitskreis für Jugend-, Ehe- und Familienberatung (DAK). (1995). *Aufgaben und Tätigkeiten der/des Ehe-, Partnerschafts-, Familien- und Lebensberaterin/beraters* [Broschüre]. Berlin: Eigenverlag.

Deutscher Bundestag, 13. Wahlperiode. (1998). Entwurf eines Gesetzes über Vertrage auf dem Gebiet der gewerblichen Lebensbewältigungshilfe. *Drucksache 13/9717.* Bonn: Eigenverlag.

Dick, A., Grawe, K., Regli, D. & Heim, P. (1999). Was soll ich tun, wenn ...? Empirische Hinweise für die adaptive Feinsteuerung des Therapiegeschehens innerhalb einzelner Sitzungen. *Verhaltenstherapie & psychosoziale Praxis, 2,* 253-279.

Diekmann, A. & Engelhardt, H. (1995). Die soziale Vererbung des Scheidungsrisikos. Eine empirische Untersuchung der Transmissionshypothese mit dem deutschen Familiensurvey. *Zeitschrift für Soziologie, 24,* 215-228.

Dietrich, G. (1991). *Allgemeine Beratungspsychologie – Eine Einführung in die psychologische Theorie und Praxis der Beratung* (2. Aufl.). Göttingen: Hogrefe.

Dietze, M. (1995). *Prozessmerkmale von Eheberatung und deren Auswirkungen auf den Beratungserfolg.* Unveröffentlichte Diplomarbeit, Technische Universität Carolo-Wilhelmina zu Braunschweig.

Dietzfelbinger, M. & Haid-Loh, A. (Hrsg.). (1998a). Qualitätsentwicklung – Eine Option für Güte. Qualitätsmanagement in Psychologischen Beratungsstellen evangelischer Träger. Band 1. *Untersuchungen aus dem Evangelischen Zentralinstitut für Familienberatung 20.* Berlin: EZI Eigenverlag.

Dietzfelbinger, M. & Haid-Loh, A. (Hrsg.). (1998b). Qualitätsentwicklung –Eine Option für Güte. Qualitätsmanagement in Psychologischen Beratungsstellen evangelischer Träger. Band 2. *Untersuchungen aus dem Evangelischen Zentralinstitut für Familienberatung 20.* Berlin: EZI Eigenverlag.

Doherty, W.J.& Simmons, D.S. (1996). Clinical practice patterns of marriage and family therapists: A national survey of therapists and their clients. *Journal of Marital and Family Therapy, 22,* 9-25.

Engl, J. (1997). *Determinanten der Ehequalität und Ehestabilität – Eine fünfjährige Längsschnittstudie an heiratswilligen und jungverheirateten Paaren.* München: Institut für Forschung und Ausbildung in Kommunikationstherapie.

Esser, A., Hellhammer, D., Jager, G., Prinz, M., Roth, X., Smolic, R. & Wald, B. (1999). *Forschungsprojekt: Qualitätssicherung psychologischer Beratungstätigkeit in den integrierten Beratungsstellen in Trägerschaft des Bistums Trier.* Trier: Eigenverlag.

Fachstelle für psychologische Beratung in Ehe-, Familien- und Lebensfragen in der Diözese Rottenburg/Stuttgart (Hrsg.). (2000). „... das machte mir Mut ...". Psychologische Beratung im Rückblick von Ratsuchenden und Berater/Innen. *Dokumentation einer Nachbefragung in den psychologischen Beratungsstellen der Diözese Rottenburg-Stuttgart und der Evangelischen Kirchenbezirke Aalen, Balingen, Stuttgart, Tübingen und Tuttlingen* (1998 – 1999). Rottenburg: Eigenverlag.

Gottman, J. M. (1979). *Marital interaction. Experimental investigations.* New York: Academic Press.

Gottman, J. M. (1993a). The theory of marital dissolution and stability. *Journal of Family Psychology, 7,* 57-75.

Gottman, J. M. (1993b). The roles of conflict engagement, escalation, and avoidence in marital interaction: A longitudinal view of five types of couples. *Journal of Consulting and Clinical Psychology, 61,* 6-15.

Gottman, J. M. (1998). Psychology and the study of marital processes. *Annual Review of Psychology, 49,* 169-197

Grawe, K. (1998). *Psychologische Psychotherapie.* Göttingen: Hogrefe.

Grawe, K. (1999). Wie kann Psychotherapie noch wirksamer werden? *Verhaltenstherapie & psychosoziale Praxis, 2,* 185-199.

Grawe, K. & Braun, U. (1994). Qualitätskontrolle in der Psychotherapie. *Zeitschrift für Klinische Psychologie, 23,* 242-267.

Grawe, K., Donati, R. & Bernauer, F. (1994). *Psychotherapie im Wandel – Von der Konfession zur Profession.* Göttingen: Hogrefe.

Grawe, K. & Grawe-Gerber, M. (1999). Ressourcenaktivierung – Ein primäres Wirkprinzip der Psychotherapie. *Psychotherapeut, 44,* 63-73.

Grawe, K., Regli, D., Smith, E. & Dick, A. (1999). Wirkfaktorenanalyse – ein Spektroskop für die Psychotherapie. *Verhaltenstherapie & psychosoziale Praxis, 2,* 201-225.

Groeger, G. (1975). Eheberatung. In S. Keil (Hrsg.), *Familien- und Lebensberatung. Ein Handbuch,* 206-221. Stuttgart: Kreuzverlag.

Grünwald, H. S., Hegemann, U., Eggel, T. & Anthenien, L. (1999). Ergebnisqualität systemischer Therapie. *System Familie, 12,* 17-24.

Hahlweg, K. (1986). *Partnerschaftliche Interaktion.* München: Röttger Verlag.

Hahlweg, K. (1996). *Fragebögen zur Partnerschaftsdiagnostik (FPD).* Göttingen: Hogrefe.

Hahlweg, K. (1997a). Interaktionelle Aspekte psychischer Störungen. In A. Ehlers & K. Hahlweg (Hrsg.), Klinische Psychologie, Psychologische und biologische Grundlagen. *Enzyklopädie der Psychologie, D/Serie II, Band 1.* Göttingen: Hogrefe.

Hahlweg, K. (1997b). Stand der Beratungs-/Therapieforschung. In Katholische Bundesarbeitsgemeinschaft für Beratung. (Hrsg.), *Dokumentation der Expertentagung: Ökonomische Aspekte von Beratung – Volkswirtschaftliche Konsequenzen aus der Institutionellen Beratung,* 79-89 [Broschüre]. Bonn: Eigenverlag.

Hahlweg, K. & Klann, N. (1997). The effectiveness of marital counseling in Germany: A contribution to health services research. *Journal of Familiy Psychology, 4*, 410-421.

Hahlweg, K., Klann, N. & Hank, G. (1992). Zur Erfassung der Ehequalität: Ein Vergleich der „Dyadic Adjustment Scale" (DAS) und des „Partnerschaftsfragebogens" (PFB). *Diagnostica, 38*, 312-327.

Hahlweg, K., Kraemer, M., Schindler, L. & Revensdorf, D. (1980). Partnerschaftsprobleme: Eine empirische Analyse. *Zeitschrift für Klinische Psychologie, 9*, 159-169.

Hahlweg, K. & Markman, H. J. (1988). Effectiveness of behavioral marital therapy. Empirical status of behavioral techniques in preventing and alleviating marital distress. *Journal of Consulting and Clinical Psychology, 56*, 440-447.

Hahlweg, K., Markman, H. J., Thurmaier, F., Engl, J. & Eckert, V. (1998). Prevention of marital destress: Results of a German prospective longitudinal study. *Journal of Family Psychology, 4*, 543-556.

Hahlweg, K., Schindler, L. & Revendorf, D. (1982). *Partnerschaftsprobleme: Diagnose und Therapie. Handbuch für den Therapeuten.* Heidelberg: Springer.

Hahlweg, K., Schindler, L. & Revendorf, D. (1998). *Partnerschaftsprobleme: Diagnose und Therapie. Therapiemanual.* (2. aktualisierte, vollständig überarbeitete Aufl.). Berlin: Springer.

Hahlweg, K., Thurmaier, F., Engl, J., Eckert, V. & Markman, H. J. (1993). Prävention von Beziehungsstörungen. *System Familie, 6*, 89-100.

Haid-Loh, A., Lindemann, F.-W. & Märtens, M. (1995). Familienberatung im Spiegel der Forschung. Ergebnisse und Entwicklung beratungsbegleitender Forschung und Selbstevaluation auf dem Feld der Psychologischen Beratung in den alten und neuen Bundesländern. *Untersuchungen aus dem Evangelischen Zentralinstitut für Familienberatung 17.* Berlin: EZI Eigenverlag.

Halberstadt, H. (1987). *Texte für die psychologische Beratungsarbeit in evangelischen Jugend-, Ehe-, Familien- und Lebensberatungsstellen.* Stuttgart: Verlagswerk der Diakonie.

Hamilton, M. (1960). A rating scale for depression. *Journal of Neurology, Neurosurgery, Psychiatry, 23*, 56-62.

Hank, G., Hahlweg, K. & Klann, N. (1990). *Diagnostische Verfahren für Berater – Materialien zur Diagnostik und Therapie in Ehe-, Familien- und Lebensberatung.* Weinheim: Beltz Test.

Hartmann, A. & Herzog, T. (1995). Varianten der Effektstärkeberechnung in Meta-Analysen: Kommt es zu variablen Ergebnissen? *Zeitschrift für klinische Psychologie, 24*, 337-343.

Hautzinger, M. (1981). Depression und Kognition. In M. Hautzinger & S. Greif (Hrsg.), *Kognitionspsychologie der Depression.* Stuttgart: Kohlhammer.

Hautzinger, M. & Bailer, M. (1992). *Allgemeine Depressionsskala.* Weinheim: Beltz Test.

Hautzinger, M. & de Jong-Myer, R. (1989). Depressionen. In H. Reinecker (Hrsg.), *Lehrbuch der Klinischen Psychologie.* Göttingen: Verlag für Psychologie.

Heekerens, H.–P. (2000). Wirksamkeit therapeutischer Hilfen für Paare. In P. Kaiser (Hrsg.), *Partnerschaft und Paartherapie*, 405-421. Göttingen: Hogrefe.

Hein, D. (1978). *Beratung in Kirchlicher Trägerschaft*. Unveröffentlichte Diplomarbeit, Eberhard-Karls-Universität Tübingen.

Helmchen, H. & Linden, M. (1980). Depressive Erkrankungen. In E. Block, W. Gerok, F. Hartmann (Hrsg.), *Klinik der Gegenwart*. München: Urban & Schwarzenberg.

Henrich, G. & Herschbach, P. (1995). Fragen zur Lebenszufriedenheit (FLZ) – ein Gewichtungsmodell. In R. Schwarz, J. Bernhard, H. Flechtner, Th. Küchler & Ch. Hürny (Hrsg.), *Lebensqualität in der Onkologie II*, 77-93. München: Zuckschwendt Verlag.

Henrich, G. & Herschbach, P. (2000). Fragen zur Lebenszufriedenheit (FLZm). In U. Ravens-Sieberer & A. Zieza (Hrsg.), *Lebensqualität und Gesundheitsökonomie in der Medizin*, 98-110. München: ecomed.

Henrich, G., Herschbach, P. & von Rad, M. (1992). „Lebensqualität" in den alten und neuen Bundesländern. *Psychotherapie, Psychosomatische Medizin, Medizinische Psychologie 42*, 31-32.

Herschbach, P. (1991). Möglichkeiten der Erfassung von Lebensqualität bei gastroenterologischen Patienten. In H. Delbrück (Hrsg.), *Krebsnachsorge und Rehabilitation – Band 3. Magenkarzinom*, 118-130. München: Zuckschwerdt Verlag.

Herschbach, P. & Henrich, G. (1991). Der Fragebogen als methodischer Zugang zur Erfassung von „Lebensqualität" in der Onkologie. In R. Schwarz, J. Bernhard, H. Flechtner, Th. Küchler, & Ch. Hürny (Hrsg.), *Lebensqualität in der Onkologie*, 34-46. München: Zuckschwerdt Verlag.

Herschbach, P., Henrich, G. & Oberst, U. (1994). Lebensqualität in der Nachsorge. Eine Evaluationsstudie in der Fachklinik für Onkologie und Lymphologie, Bad Wildungen-Reinhardshausen. *Praxis der Klinischen Verhaltensmedizin und Rehabilitation 28*, 241-251.

Hessdörfer, S. (1995). *Ehe-, Familien- und Lebensberatung, ein Ausbildungskonzept*. München: Institut für Forschung und Ausbildung in Kommunikationstherapie.

Hollon, S. D. (1996). The efficacy and effectiveness of psychotherapy relative to medication. *American Psychologist, 51*, 1025-1030.

Howard, K. I., Moras, K., Brill, P. L., Martinovich, Z. & Lutz, W. (1996). Evaluation of psychotherapy. Efficacy, effectiveness, and patient progress. *American Psychologist, 51*, 1059-1064.

Jacobson, N. S , Follette, W. C. & Revenstorf, D. (1984). Psychotherapy outcome research: Methods for reporting variability and evaluating clinical significance. *Behavior Therapy, 15*, 336-352.

Jacobson, N. S. & Christensen, A. (1996). Studying the effectiveness of psychotherapy. How well can clinical trials do the job? *American Psychologist, 51,* 1031-1039.

Kaiser, A., Hahlweg, K., Fehm-Wolfsdrof, G. & Groth, T. (1998). The efficacy of a compact psychoeducational group training program for married couples. *Journal of Consulting and Clinical Psychology, 5*, 753-760.

Kaiser, P. (Hrsg.). (2000). *Partnerschaft und Paartherapie*. Göttingen: Hogrefe.

Karney, B. R. & Bradbury, T. N. (1995). The longitudinal course of marital quality and stability: A Review of theory and research. *Psychological Bulletin*, 118, 3-34.

Katholische Bibelanstalt. (Hrsg.). (1980). *Die Bibel. Einheitsübersetzung. Altes und Neues Testament*. Freiburg: Herder.

Katholische Bundesarbeitsgemeinschaft für Beratung (Hrsg.). (1991a). *Ziele und Praxis kirchlicher Ehe-, Familien- und Lebensberatung* [Broschüre]. Bonn: Eigenverlag.

Katholische Bundesarbeitsgemeinschaft für Beratung (Hrsg.). (1991b). *Ausbildungsordnung zum Ehe-, Familien- und Lebensberater* [Broschüre] Bonn: Eigenverlag.

Katholische Bundesarbeitsgemeinschaft für Beratung (Hrsg.). (1995). *Beratungsverstandnis der Katholischen Bundesarbeitsgemeinschaft für Beratung* [Broschüre]. Bonn: Eigenverlag.

Katholische Bundesarbeitsgemeinschaft für Beratung (Hrsg.). (1999a). Einheitliche Statistik 1997. *Informationsdienst 53*, 21-25.

Katholische Bundesarbeitsgemeinschaft für Beratung (Hrsg.). (1999b). *Manual zur Selbstevaluation bei Partnerschaftsproblemen* [Broschüre]. Bonn: Eigenverlag.

Katholische Bundesarbeitsgemeinschaft für Beratung (Hrsg.). (2000a). *Beratungsstellen als Seismografen für Veränderungen in der Gesellschaft* [Broschüre]. Bonn: Eigenverlag.

Katholische Bundesarbeitsgemeinschaft für Beratung (Hrsg.). (2000b). *Dokumentation der Fachtagung. Rechtliche Absicherung der Institutionellen Beratung* [Broschüre]. Bonn: Eigenverlag.

Klann, N. (1999a). Qualitätssicherung in der Ehe-, Familien- und Lebensberatung – 25 Jahre Qualitätsmanagement der BAG-Beratung. *Beratung Aktuell* [www.beratung-aktuell.de], *3*. Paderborn: Junferman.

Klann, N. (1999b). Selbstevaluation bei Partnerschaftsproblemen – EDV-unterstützte Datenerfassung und -auswertung. *Beratung Aktuell* [www.beratung-aktuell.de], *1*. Paderborn: Junferman.

Klann, N. (2000a). Ehe-, Familien- und Sexualberatung als Auftrag der katholischen Kirche – Grundlagen und Einblicke in dieses Tätigkeitsfeld. *Beratung Aktuell, 2*, 97-105.

Klann, N. (2000b). Netze spannen – Kontakte knüpfen – aus fachlicher Sicht. In Land Salzburg, Familienreferat (Hrsg.), *Information des Familienrates*, 6-11. Salzburg: Eigenverlag.

Klann, N. (2002). Entwicklung einheitlicher Standards in der Ehe-, Familien- und Lebensberatung. Bilanz einer kontinuierlichen Förderung durch das Bundesministerium für Familie, Senioren, Frauen und Jugend. *Beratung Aktuell, 2*, (95-111).

Klann, N. & Hahlweg, K. (1987). *Ehe-, Familien- und Lebensberatung. Besuchsmotive und Bedarfsprofile: Ergebnisse einer empirischen Erhebung*. Freiburg: Lambertus.

Klann, N. & Hahlweg, K. (1995). Erhebung über die Wirksamkeit der Eheberatung. *System Familie, 8,* 66-74.

Klann, N. & Hahlweg, K. (1996a). *Beratungsbegleitende Forschung – Evaluation von Vorgehensweisen in der Ehe-, Familien- und Lebensberatung und ihre spezifischen Auswirkungen.* Bundesministerium für Familie, Senioren, Frauen und Jugend. Schriftenreihe Band 48.1 (2. Aufl.). Stuttgart: Kohlhammer.

Klann, N. & Hahlweg, K. (1996b). *Bestandsaufnahme in der Institutionellen Ehe-, Familien- und Lebensberatung.* Bundesministerium für Familie, Senioren, Frauen und Jugend. Schriftenreihe Band 48.2 (2. Aufl.). Stuttgart: Kohlhammer.

Klann, N., Hahlweg, K. & Hank, G. (1992). Deutsche Validierung des „Marital Satisfaction Inventory" (MSI) von Snyder (1981). *System Familie, 5,* 10-21.

Klann, N., Hahlweg, K. & Heinrichs, N. (2002). *Diagnostische Verfahren für BeraterInnen. Materialien zur Diagnostik und Therapie in Ehe-, Familien- und Lebensberatung* (2. aktualisierte, vollständig überarbeitete Aufl.) Göttingen: Hogrefe.

Klann, N. & Klann, P. (2000). Wir können doch dazu lernen! Ein Pilotprojekt zur Förderung von Beziehungskompetenz. *Beratung Aktuell, 3,* 136-154 .

Köcher, R. (1993). Lebenszentrum Familie. In Bundesministerium für Familie und Senioren (Hrsg.), *40 Jahre Familienpolitik in der Bundesrepublik Deutschland,* 37-51. Neuwied: Luchterhand.

Köhne, J. (1976). Eheberater/in ein neuer Beruf. Geschichtliche Entwicklung und derzeitiges Verständnis. *Partnerberatung, 13,* 91-105.

Kuiper, P. C. (1968). *Die seelischen Krankheiten des Menschen.* Stuttgart: Klett-Verlag.

Limbird, C. (2002). *Fragebogen zur Einschätzung von Partnerschaft und Familie-Revision (MSI-R/EPF-R).* Unveröffentlichte Diplomarbeit,Technische Universität Carolo-Wilhelmina zu Braunschweig.

Loch, W. (Hrsg.). (1977). *Krankheitslehre der Psychoanalyse.* Stuttgart: Hirsch-Verlag.

Loeffler,L. (1969). Die Deutsche Arbeitsgemeinschaft für Jugend- und Eheberatung am Schluß des 2. Jahrzehnts ihres Bestehens. In *DAJEB-Informationsrundschreiben 100/102.* Hannover: Eigenverlag.

Mackenthun, G. (1998). Sind längere Psychotherapien effektiver als kurze? *Report Psychologie, 23,* 464-471.

Mandel, K. H. (1979). *Therapeutischer Dialog – Bausteine zur Ehe-, Sexual- und Familientherapie. Leben lernen 41.* München: Pfeifer.

Mandel, A., Mandel, K. H., Stadter, E. & Zimmer, D. (1971). *Einübung in Partnerschaft durch Kommunikationstherapie und Verhaltenstherapie. Leben lernen 1.* München: Pfeiffer.

Mandel, K. H., Mandel, A. & Rosenthal, H. (1975). *Einübung der Liebesfähigkeit. Praxis der Kommunikationstherapie für Paare. Leben lernen 12.* München: Pfeiffer.

Markman, H. J. (1981). Prediction of marital distress: A 5-year follow-up. *Journal of Consulting and Clinical Psychology, 49,* 760-762.

Markman, H. J. (1984). The longitudinal study of couples' interactions: Implications for understanding and predicting the development of marital distress. In K. Hahlweg & N.S. Jacobson (Ed.), *Marital interaction. Analysis and modification*, 329-390. New York: Plenum Press.

Maser, J.D., & Cloninger, S.R. (1990). *Comorbidity of mood and anxiety disorders*. Washington, D.C.: American Psychiatric Press.

Mertens, W. (1986). *Psychoanalyse*. Stuttgart: Kohlhammer.

Miller, Y. (2001). „Paar – Sein/Eltern – Sein" In Dokumentation der Jahrestagung des Bundesverbandes katholischer Ehe-, Familien- und Lebensberaterinnen und –berater e.V. 9-12 Mai 2001 in Suhl (Hrsg.), *„Hau ab – verlass mich nicht!" Paarbeziehungen zwischen Wunsch und Wirklichkeit*. Marburg: Eigenverlag.

Nestmann, F. (Hrsg.). (1997). *Beratung – Bausteine für eine interdisziplinäre Wissenschaft und Praxis. Forum für Verhaltenstherapie und psychosoziale Praxis*: (Band 37). Tübingen: dgvt – Verlag.

Newman, F. L. & Tejeda, M. J. (1996). The need for research that is designed to support decisions in the delivery of mental health services. *American Psychologist, 51*, 1040-1049.

Preuss, H. G. (1973). *Ehetherapie – Beitrag zu einer analytischen Partnertherapie in der Gruppe*. München: Kindler.

Radlof, L.S. (1977). The CES-D scale: A self-report depression scale for research in the general population. *Applied Psychological Measurment, 2*, 385-401.

Riemann, F. (1961). *Grundformen der Angst und die Antinomie des Lebens*. München: Reinhardt-Verlag.

Riemann, F. (1974). *Grundformen helfender Partnerschaft*. München: Pfeiffer.

Riemann, R. (1970). Haltungen und Fehlhaltungen des Beraters. In *Informationsrundschreiben der Deutschen Arbeitsgemeinschaft für Jugend- und Eheberatung*, 103-104.

Sanders, M. R. (1996). The Triple P – Positive Parenting Program: Towards an empirically validated multi-level parenting and family support strategy for the prevention and treatment of child behavior and emotional problems. *Child and Family Psychology Review, 2*, 71-90.

Sanders, M. R., Nicholson, J. M. & Floyd, F. J. (1997). Couples' relationship and children. In W. K. Halford & H. J. Markman (Eds.), *Clinical handbook of marriage and couples interventions*, 225-254. Chichester: John Wiley & Sons.

Sanders, R. (1997). *Integrative Paartherapie – Eine pädagogische Intervention zur Förderung der Beziehung zwischen Frau und Mann als Partner, Grundlagen – Praxeologie – Evaluation*. Frankfurt a.M.: Peter Lang Verlag.

Sanders, R. (2000). Einzelfallorientierte Gruppenarbeit in der Eheberatung – Ein Schlüssel zur Klärung und Bewältigung von Beziehungsproblemen. *Beratung Aktuell 1*, 41-51.

Saßmann, H. (2001). *Die Beziehungsgeschichte: Das ewig gleiche Lied – oder der kleine Unterschied? Reliabilität, Validität und praktische Eignung eines Paar – Interviews zur Beziehungsgeschichte*. Schriftenreihe der Christoph-Dornier-Stiftung für Klinische Psychologie. Münster: Verlag für Psychologie.

Saßmann, H., Braukhaus, C. & Hahlweg, K. (2000). Behaviorale Ansätze der Gesundheits- und Entwicklungsförderung für Paare. In P. Kaiser (Hrsg.), *Partnerschaft und Paartherapie*, 364-382. Göttingen: Hogrefe.

Saßmann, H. & Klann, N. (2002). *Beratungsstellen als Seismografen für Veränderungen in der Gesellschaft*. Katholische Bundesarbeitsgemeinschaft für Beratung e.V. (Hrsg.). Freiburg: Lambertus.

Schadish, W. R., Montgomery, L. M., Wilson, P., Wilson, M. R., Bright, I. & Okwumabua, T. (1993). Effects of family and marital psychotherapies: A meta-analysis. *Journal of Consulting and Clinical Psychology, 61*, 992-1002.

Schall, T. (1999). Ehe-, Familien- und Lebensberatung am Ende dieses Jahrhunderts. In Deutsche Arbeitsgemeinschaft für Jugend- und Eheberatung (Hrsg.), *50 Jahre DAJEB 1949 – 1999*. München: Eigenverlag.

Schindler, L., Hahlweg, K. & Revendorf, D. (1998). *Partnerschaftsprobleme: Möglichkeiten zur Bewältigung. Ein verhaltenstherapeutisches Programm für Paare*. (2. Aktualisierte, vollständig überarbeitete Aufl.) Berlin: Springer.

Schindler, L., Hohenberger-Sieber, E. & Hahlweg, K. (1990). Stundenbeurteilung (Klient). In G. Hank, K. Hahlweg & N. Klann, *Diagnostisches Verfahren für Berater. Materialien zur Diagnostik und Therapie in Ehe-, Familien- und Lebensberatung*, 331-335. Weinheim: Beltz-Test.

Schindler, L., Hohenberger-Sieber, E. & Hahlweg, K. (1990). Stundenbeurteilung (Therapeut). In G. Hank, K. Hahlweg & N. Klann, *Diagnostisches Verfahren für Berater. Materialien zur Diagnostik und Therapie in Ehe-, Familien- und Lebensberatung*, 337-339. Weinheim: Beltz-Test.

Schmaling, K. B. & Sher, T. G. (1997). Physical health and relationships. In W. K. Halford & H. J. Markman (Eds.), *Clinical handbook of marriage and couples interventions*, 323-345. Chichester: John Wiley & Sons.

Schraml, W. (1968). *Einführung in die Tiefenpsychologie für Pädagogen und Sozialpädagogen*. Stuttgart: Ernst-Klett-Verlag.

Schrödter, W. (1999). Qualität und Evaluation in der Beratungspraxis. *System Familie, 12*, 9-16.

Schulz, W., Hoyer, H. & Hahlweg, K., (1998). Qualitätssicherung ambulanter Psychotherapie. Erste Ergebnisse einer Evaluierung der Verhaltenstherapie-Ambulanz der Technischen Universität Braunschweig. In A.-R.-Laireiter & H. Vogel (Hrsg.), *Qualitätssicherung in Psychotherapie und psychosozialen Versorgung. Ein Werkstattbuch*. Tübingen: DGVT-Verlag.

Seligman, M. E. P. (1995). The effectiveness of psychotherapy. The Consumer Reports Study. *American Psychologist, 50*, 965-974.

Seligman, M. E. P. (1996). Die Effektivität von Psychotherapie. Die Consumer Reports-Studie. *Integrative Therapie, 2 – 3*, 264-287.

Shapiro, D.A. & Shapiro, D. (1982). Meta-analysis of comparative therapy outcome studies: A replication and refinement. *Psychological Bulletin, 92*, 581-604.

Sickendiek, U., Engl. F. & Nestmann, F. (1999). *Beratung – Eine Einführung in sozialpädagogische und psychosoziale Beratungsansätze. Grundlagentexte Sozialberufe*. Weinheim und München: Juventa Verlag.

Smith, E., Regli, D. & Grawe, K. (1999). Wenn Therapie weh tut – Wie können Therapeuten zu fruchtbaren Problemaktualisierungen beitragen? *Verhaltenstherapie & psychosoziale Praxis, 2*, 227-251.

Smith, M.L., Glass, G.V. & Miller, T.I. (1980). *The benefits of psychotherapy.* Baltimore: Johns Hopkins University Press.

Snyder, D.K. (1981). *Marital Satisfaction Inventory (MSI).* Manual. Los Angeles:Western Psychological Services.

Snyder,D.K. (1997). *Martial Satisfaction Inventory, Revised (MSI-R) Manual.* Los Angeles: Western Psychological Services.

Statistisches Bundesamt. (2000). 1999 – Scheidungsrate [Electronic data tape].

Struck, G. (1971). Entwicklung und Aufbau der Ehe- und Familienberatung. In G. Struck & L. Loeffler (Hrsg.), *Einführung in die Eheberatung,* 1-19. Mainz: Matthias-Grünewald-Verlag

Sulz, K.D.S. (Hrsg.). (2000). *Paartherapien Von unglücklichen Verstrickungen zu befreiter Beziehung.* München: CIP Mediendienst.

Surtess, P.G., Sashidharan, S.P. & Dean C. (1986). Affective disorder amongst women in the general population. A longitudinal study. *British Journal of Psychiatry, 148*, 176-186.

Thurmaier, F. (1997). *Ehevorbereitung – Ein Partnerschaftliches Lernprogramm (EPL).* München: Institut für Forschung und Ausbildung in Kommunikationstherapie.

Thurmaier, F. (2001). „Paarkommunikationstraining: Ein effektiver Ansatz in der Paarberatung." In Jahrestagung Dokumentation des Bundesverbandes katholischer Ehe-, Familien- und Lebensberaterinnen und –berater e.V. 9-12 Mai 2001 in Suhl (Hrsg.), *„Hau ab – verlass mich nicht!" Paarbeziehungen zwischen Wunsch und Wirklichkeit.* Marburg: Eigenverlag.

Thurmaier, F., Engl, J. & Hahlweg, K. (1998). Eheglück auf Dauer? Methodik, Inhalte und Effektivität eines präventiven Paarkommunikationstrainings – Ergebnisse nach fünf Jahren. *Zeitschrift für Klinische Psychologie, 28*, 54-62.

UNISOLO-BF. (1998). Handanweisung zum Computerprogramm [Computerprogramm 2.0]. In Katholische Bundesarbeitsgemeinschaft Beratung (Hrsg.), *Manual zur Selbstevaluation bei Partnerschaftsproblemen* (Kap. II, 2-12). Bonn: Eigenverlag.

UNISOLO-BF III. (2002). Handanweisung zum Computerprogramm [Computerprogramm 3.0]. In Katholische Bundesarbeitsgemeinschaft Ehe-, Familien- und Lebensberatung, Telefonseelsorge und Offene Tür (Hrsg.), *Manual zur Selbstevaluation bei Partnerschaftsproblemen* (Kap. II, 2-12). Bonn: Eigenverlag.

Vennen, D. (1992). *Behandlungsergebnisse und Wirkfaktoren von Eheberatung. Eine katamnestische Studie.* Göttingen: Hogrefe.

Weiss, B., Catron, T., Harris, V. & Phung, T. M. (1999). The effectiveness of traditional child psychotherapy. *Journal for Consulting and Clinical Psychology 67*, 82-94.

Weissman, M.M. & Boyd. J.H. (1983). The epidemiology of affective desorders. In L. Ginspoon (Ed.), Psychiatric update. *The American Psychiatric Association Annual Review, 2*, 406-428.

183

Weisz, J. R., Donenberg, G. R., Han, S. S. & Weiss, B. (1995). Bridging the gap between laboratory and clinic in child and adolescent psychotherapy. *Journal fo Consulting and Clinical Psychology, 63*, 688-701.

Wilbertz, N. (1999). Kann Ehe-, Familien- und Lebensberatung (EFL) etwas ausrichten und wem nützt sie? – Ergebnisse einer Nachbefragung von 1.000 EFL-Klienten. In *25 Jahre Psychologische Ausbildungsstelle für Ehe-, Familien- und Lebensberaterinnen in der Erzdiözese Freiburg.* Freiburg: Eigenverlag.

Willi, J. (1975). *Die Zweierbeziehung – Spannungsursachen/Störungsmuster/Klärungsprozesses/Lösungsmodelle.* Hamburg: Rowohlt-Verlag.

Willi, J. (1978). *Therapie der Zweierbeziehung.* Hamburg: Rowohlt-Verlag.

Wittchen, H. U. (1979). Bedarfs- und Angebotsevaluation. In Katholische Bundesarbeitsgemeinschaft für Beratung (Hrsg.), *Dokumentation der Expertentagung: Ökonomische Aspekte von Beratung – Volkswirtschaftliche Konsequenzen aus der Institutionellen Beratung,* 10-18, [Broschüre]. Bonn: Eigenverlag.

Zerssen, D. (1986a). *Klinische Selbstbeurteilungsskalen aus dem Münchener Psychiatrischen Informationssystem. Die Beschwerdenliste.* Weinheim: Beltz Test GmbH.

Zerssen, D. (1986b). Die Befindlichkeits-Skala. Weinheim: Beltz Test GmbH.

Zerfaß, R. (1987). Wenn Gott aufscheint in unseren Taten. In P. M. Zulehner *Gottesgerücht. Bausteine für die Zukunft der Kirche,* 95-106. Düsseldorf: Patmos.

12. Anhang A – Grundlagenpapiere des „Deutscher Arbeitskreis für Jugend-, Ehe- und Familienberatung" (DAK)

12.1 AUFGABEN UND TÄTIGKEITEN DER/DES EHE-, PARTNERSCHAFTS-, FAMILIEN- UND LEBENSBERATERIN/BERATERS

Der Deutsche Arbeitskreis für Jugend-, Ehe- und Familienberatung (DAK) ist ein Kontakt- und Koordinationsgremium von Organisationen, die das Institutionelle Beratungsangebot auf dem Gebiet der Erziehungs-, Jugend-, Ehe-, Partnerschafts-, Familien-, Lebens- und Sexualberatung repräsentieren. Zur Sicherstellung eines einheitlichen Qualitätsstandards von Beratung haben sich die Mitgliedsverbände auf folgend gemeinsame Grundsätze verständigt:

1. Aufgaben

1.1 Beratung

- Ehe-, Partnerschafts-, Familien- und Lebensberatung unterstützt Ratsuchende bei Problemen mit sich selbst, mit dem/der Partner/in, der Familie, der Umwelt,

- ihre schwierige oder krisenhafte Situation und deren Zusammenhänge zu verstehen;

- Problemlösungen und entsprechende Verhaltensweisen zu erarbeiten;

- mit nicht behebbaren Belastungen umzugehen.

1.2 Prophylaxe

- Ehe-, Partnerschafts-, Familien- und Lebensberatung wirkt prophylaktisch

- durch Öffentlichkeitsarbeit bezüglich der Institution und Arbeitsweise der Beratungsstellen über das Angebot und über die Arbeit der Beratungsstellen;

- durch Aktivierung von Selbsthilfe;

185

- durch Aufklärung und Information zu krisenhaften Entwicklungen im persönlichen, wie auch im gesellschaftlichen Bereich;
- durch Weitergabe von Erfahrungen an die Bereiche der Bildung, sozialen Hilfe und Politik.

1.3 Kooperation

Ehe-, Partnerschafts-, Familien- und Lebensberatung ist Bestandteil der psychosozialen Versorgung und hat somit ihren Platz im Vor- und Umfeld sozialer, medizinischer und therapeutischer Versorgung.

Um die individuellen Hilfestellungen möglichst effektiv zu gestalten, arbeiten der/die Berater/innen ggf. mit Personen und Institutionen der Wohlfahrtspflege und der medizinischen und psychosozialen Versorgung sowie mit Organen der Rechtspflege zusammen.

2. Tätigkeiten

2.1 Beratungsprozess

Der Beratungsprozess vollzieht sich im Zusammenwirken der/des Beraterin/s mit der/dem Ratsuchenden. Dabei erbringt die/der Ehe-, Partnerschafts-, Familien- und Lebensberater/in auf dem Hintergrund seiner/ihrer fachlichen Kenntnisse über die Entstehung von Konflikten und Möglichkeiten ihrer Bearbeitung folgende Leistungen:

- Verdeutlichung und Klärung des Anlasses und der Motivation für die Beratung;
- Diagnostische Einordnung der Problemlagen und/oder des Beziehungskonfliktes aus der Beschreibung der aktuellen Lebenssituation und der Lebensgeschichte sowie aus der Beobachtung der Interaktion;
- Indikationsstellung für eine Beratung und die Wahl der Arbeitsform (Einzel-, Paar-, Familien- oder Gruppenberatung);
- Vereinbarung eines Arbeitsbündnisses über Art, Dauer und Ziel der Zusammenarbeit;
- Beratung, die die Ratsuchenden in die Lage versetzen soll, auf ihre Fragen Antworten zu finden und für ihre Konflikte oder Probleme Lösungen zu entwickeln oder die Fähigkeit vermitteln soll, mit ihnen in erträglicher Weise zu leben.

2.2 Beratungsdauer

Der Beratungsprozess wird in seiner Art und Dauer (in der Regel zwischen 4 und 25 Stunden) vom Problem und von der jeweiligen Zielvorstellung her bestimmt.

2.3 Fortbildung

Der/die Berater/in ist zur regelmäßigen Fortbildung verpflichtet, um einzelne Ausbildungsinhalte zu vertiefen und theoretische und methodische Weiterentwicklungen in die Arbeit mit einbeziehen zu können.

2.4 Supervision

Die Tätigkeit des/der Beraters/in bedarf kontinuierlicher fachlicher Begleitung in Form von interner und/oder externer Supervision. Sie ist eine Kontrolle für seine/ihre Diagnose und Arbeitsweise und dient damit der Erhaltung und der Weiterentwicklung seiner/ihrer beraterischen Fähigkeiten. Wesentlicher Gegenstand der Supervision ist die Beziehung zwischen Klient und Berater. Durch Fallarbeit und Selbsterfahrung trägt sie dazu bei, die mit seiner/ihrer Arbeit verbundenen psychischen Belastungen verbundenen psychischen Belastungen des/der Beraters/in auszugleichen.

2.5 Arbeit im Team

Eine qualifizierte Tätigkeit des/der Ehe-, Partnerschafts-, Familien- und Lebensberaters/in bedarf der interdisziplinären Zusammenarbeit im Team einer Beratungsstelle.
Die fachliche Spezialisierung der einzelnen Mitarbeiter/innen wird durch gegenseitigen Austausch ergänzt und ermöglicht die Beratung bei fachübergreifenden Problemstellungen.

Berlin, den 29.09.1995

12.2 RAHMENORDNUNG FÜR DIE WEITERBILDUNG ZUR/ZUM EHE-, PARTNERSCHAFTS-, FAMILIEN- UND LEBENSBERATERIN/BERATER

1. Zulassung zur Weiterbildung

1.1 Voraussetzungen

1.1.1 Erforderliche Voraussetzungen

Erforderliche Voraussetzungen für die Zulassung zur Weiterbildung sind:

* In der Regel eine abgeschlossene Fachhochschul- bzw. Hochschulausbildung in den Studiengängen Psychologie, Sozialarbeit, Sozialpädagogik, Pädagogik, Theologie, Medizin, Jura oder ein gleichwertiges Studium.

* In begründeten Ausnahmefällen können Personen mit anderer Vorbildung zugelassen werden, wenn sie fundierte Erfahrungen im psychologischen oder beraterischen Bereich nachweisen können.

* Das Alter der Bewerberin/des Bewerbers sollte nicht unter 25 und nicht über 50 Jahre liegen.

* Teilnahme an einem Zulassungsverfahren.

1.1.2 Weitere Voraussetzungen

Die einzelnen Verbände können weitere Voraussetzungen beschließen.

1.2 Zulassungsverfahren

1.2.1 Zweck des Zulassungsverfahrens

Zur Prüfung der persönlichen Eignung findet ein Zulassungsverfahren statt. Dabei werden insbesondere das Einfühlungsvermögen, die emotionale Belastbarkeit, die Selbstwahrnehmung, die Reflexionsfähigkeit, das sprachliche Ausdrucksvermögen und die soziale Lernfähigkeit berücksichtigt.

1.2.2 Zuständigkeit für das Zulassungsverfahren

Für das Zulassungsverfahren ist ein vom jeweiligen Verband autorisiertes Gremium zuständig.

1.2.3 Bestandteile des Zulassungsverfahren

Jede Bewerberin/jeder Bewerber nimmt an mindestens 2 Einzelinterviews und mindestens 2 Gruppengesprächen teil.

1.2.4 Folgen der Nichtzulassung

Bei Nichtzulassung kann das Zulassungsverfahren, auch bei einem anderen Mitgliedsverband des DAK, frühestens nach einem Jahr wiederholt werden.

Jede Bewerberin/jeder Bewerber hat vor Beginn des Zulassungsverfahrens eine schriftliche Erklärung darüber abzugeben, dass sie/er in den letzten zwölf Monaten vor Beginn des Zulassungsverfahrens nicht bereits an einem Zulassungsverfahren teilgenommen hat, in dem sie/er nicht zur Weiterbildung zugelassen wurde.

1.2.5 Kein Rechtsanspruch auf Teilnahme an der Weiterbildung

Auch bei Zulassung zur Weiterbildung besteht kein Rechtsanspruch auf Teilnahme an einem bestimmten Weiterbildungskurs bzw. auf eine Praktikumsstelle.

1.2.6 Weitere Regelungen

Die einzelnen Verbände regeln das Zulassungsverfahren näher.

2. Grundlagen der Weiterbildung

2.1 Konzept der Weiterbildung

Ausgehend von wissenschaftlich begründeten Methoden zur Beratung, wurden im Rahmen der Ehe-, Partnerschafts-, Familien und Lebensberatung im Blick auf die zeitliche Begrenzung des Beratungsprozesses und auf die Aktualität des Beratungsanlasses aus der Praxis heraus, eigene Vorgehensweisen und Konzepte entwickelt.

2.2 Bestandteile der Weiterbildung

Die Weiterbildung besteht aus:

- der theoretischen Weiterbildung und der berufsbezogenen Selbsterfahrung, die inhaltlich und organisatorisch in die Weiterbildung integriert ist (zusammen mindestens 350 Stunden [s. 5.5]), wobei
  - die theoretische Weiterbildung mindestens 300 Stunden (s. 5.5) und
  - die berufsbezogene Selbsterfahrung mindestens 50 Stunden (s. 5.5),

umfassen muss;

- dem Praktikum mit

189

- selbständig durchgeführten Beratungen (mindestens 150 Sitzungen bei mindestens 10 Fällen (Einzel- und Paarberatungen),
- Anfertigung von Stundenprotokollen (mindestens 50),
- Anfertigung von Falldarstellungen (mindestens zwei, davon mindestens eine Paarberatung und mindestens eine Einzelberatung),
- Teilnahme an den Arbeitsabläufen der Beratungsstelle, insbesondere an den Teamsitzungen,
- Supervision, die inhaltlich und organisatorisch in die Weiterbildung integriert ist (mindestens 70 Stunden [s. 5.5.] Einzel- und Gruppensupervisionen).

2.3 Theoretische Weiterbildung

In der theoretischen Weiterbildung wird Wissen aus verschiedenen Disziplinen vermittelt, erarbeitet und überprüft und im Hinblick auf die beraterische Praxis umgesetzt.

2.3.1 Schwerpunkte der theoretischen Weiterbildung:

2.3.1.1 Grundlagen, Ziele und Grenzen der Beratung,

2.3.1.2 Persönlichkeitsstrukturen (Entwicklung, Formen, Störungen),

2.3.1.3 Paarbeziehungen (Entwicklung, Formen, Konflikte),

2.3.1.4 Familien (Entwicklung, Formen, Konflikte),

2.3.1.5 Sexualität (Entwicklung, Formen, Konflikte),

2.3.1.6 Familienplanung und Schwangerschaft,

2.3.1.7 Diagnostik und Methodik der Beratung,

2.3.1.8 Dynamik der Berater-Klient-Beziehung,

2.3.1.9 Reflexion ethischer Werte und Normen,

2.3.1.10 Vorstellung der wichtigsten Therapiemethoden.

2.3.2 Relevante Kapitel aus:

2.3.2.1 der Psychiatrie und Psychopathologie,

2.3.2.2 der Psychosomatik,

2.3.2.3 dem Recht,

2.3.2.4 der Sozialpsychologie,

2.3.2.5 der Soziologie.

2.3.2.6 Die einzelnen Verbände können für ihre jeweilige Weiterbildungskurse weitere relevante Kapitel benennen.

2.3.3 Didaktik

Die Theorievermittlung erfolgt durch Seminare und fallorientierte Gruppenarbeit mit dem Ziel, dass die Weiterbildungskandidat(inn)en das methodische und fachliche Wissen in ihre persönliche Entwicklung und Reifung
integrieren.

2.4 Die berufsbezogene Selbsterfahrung

Selbsterfahrung im Rahmen der Weiterbildung wird verstanden als kursbe-
gleitende, berufsbezogene Selbsterfahrung. Sie findet in der Gruppe unter
professioneller Leitung statt.

2.5 Das Praktikum

2.5.1 Die Praktikumsstelle

Die Praktikumsstelle muss folgende Voraussetzungen erfüllen:

- Vorhandensein eines Teams, das den Standards des DAK entspricht;

- Regelmäßige Teambesprechungen (mindestens 14-tägig, wobei in begründeten Ausnahmefällen der Abstand zwischen den Teamsitzungen
bis zu vier Wochen betragen kann);

- Vorhandensein einer Praktikumsanleiterin/eines Praktikumsanleiters,

- Möglichkeit, die erforderliche Anzahl von mindestens 150 Beratungssit-
zungen bei mindestens 10 Fällen (Einzel- und Paarberatungen) zuzuwei-
sen.

2.5.2 Weitere Regelungen

Die einzelnen Verbände regeln das Praktikum näher.

2.6 Berücksichtigung der Kooperation mit Organisationen

Die Weiterbildung berücksichtigt die Kooperation mit anderen im Sozial-
und Gesundheitswesen tätigen Organisationen und Personen.

2.7 Gegenstandskatalog

Lernziele, Inhalte und Methodik der Weiterbildung ergeben sich aus dem „Gegenstandskatalog zur Weiterbildung".

3. Prüfungen und Abschluss

3.1 Prüfungen

Es werden mindestens 2 Prüfungen durchgeführt:

3.1.1 die Zwischenprüfung mit schriftlicher Arbeit und mündlicher Prüfung,

3.1.2 die Abschlussprüfung mit schriftlicher Arbeit und dem Abschlusscolloquium.

3.2 Prüfer und Praktikumsanleiter

3.2.1 Als Prüfer(innen) fungieren mindestens zwei vom jeweiligem Verband autorisierte Dozent(inn)en.

3.2.2 Während der Weiterbildung und bei den Prüfungen ist die Stellungnahme der Praktikumsanleiterin/des Praktikumsanleiters angemessen zu berücksichtigen. Die einzelnen Verbände regeln die Vorgehensweise näher.

3.3 Zertifikat

3.3.1 Der erfolgreiche Abschluss der Weiterbildung wird durch ein Zertifikat bestätigt.
3.3.2 Dieses Zertifikat berechtigt ausschließlich zur Mitarbeit im Team einer Beratungsstelle.

3.4 Weitere Regelungen

Die einzelnen Verbände regeln die Prüfungen und den Abschluss näher.

4. Vertrauens- und Datenschutz

4.1 Die von den Teilnehmer(inne)n am Zulassungsverfahren und die von den Teilnehmer(inne)n der Weiterbildung erhobenen Informationen und Daten unterliegen dem Vertrauens- und Datenschutz.

4.2 Die in Nr. 4.1. genannten Teilnehmer(innen) willigen durch ihre Teilnahme ein, dass die jeweils zuständigen Kursleiter(innen), Dozent(inn)en und Praktikumsanleiter(innen) die von ihnen erhaltenen Informationen und Daten untereinander austauschen können, soweit dies für die Weiterbildung erforderlich ist.

5. Schlussvorschriften

5.1 Anwendung der Rahmenordnung

Die beschließenden Verbände verpflichten sich, diese Rahmenordnung bei der Weiterbildung von Ehe-, Partnerschafts-, Familien- und Lebensberater(inne)n anzuwenden.

5.2 Veröffentlichung verbandsspezifischer Regelungen

Die beschließenden Verbände verpflichten sich, die für ihren Verband getroffenen Regelungen zu veröffentlichen.

5.3 Anerkennung des Zertifikates

Die beschließenden Verbände verpflichten sich, das Zertifikat nach Nr. 3.3 gegenseitig anzuerkennen; dies gilt auch für die Weiterbildung zur Sexualberaterin/zum Sexualberater.

5.4 Begriff der Dozentin/des Dozenten

Unter Dozent(inn)en sind Referent(inn)en, Mentor(inn)en und Supervisor(inn)en zu verstehen.

5.5 Übergangsvorschriften

Die Mindeststundenzahl und die Umsetzung des Gegenstandskataloges gelten nur für die Kurse, die nach dem Inkrafttreten der Rahmenordnung beginnen.

5.6. Inkrafttreten der Rahmenordnung

Die Rahmenordnung tritt am 02./03. November 1998 in Kraft.

Köln, den 03. November 1998

12.3 GEGENSTANDSKATALOG DER RAHMENORDNUNG FÜR DIE
WEITERBILDUNG ZUR/ZUM EHE-, PARTNERSCHAFTS-,
FAMILIEN- UND LEBENSBERATERIN/BERATER

Die Mitgliedsverbände im DAK haben gemäß Nr. 2.7 der Rahmenordnung
für die Weiterbildung zur/zum Ehe-, Partnerschafts-, Familien- und Le-
bensberaterin/berater (im Folgenden „Rahmenordnung") folgenden Gegenstandskatalog beschlossen (fakultative Gegenstände sind mit „f" gekennzeichnet):

1. Schwerpunkte der theoretischen Weiterbildung
(zu Nr. 2.3.1 der Rahmenordnung)

1.1 Grundlagen, Ziele und Grenzen der Beratung
(zu Nr. 2.3.1.1 der Rahmenordnung)

• Die Geschichte und Entwicklung der Ehe-, Familien- und Lebensberatung,

• Institutionelle Beratung als eigenständiges psychologisches Verfahren,

• Möglichkeiten, Ziele und Grenzen von Beratung,

• Ehe-, Familien- und Lebensberatung als Bestandteil der psychosozialen
Versorgung,

• Ehe-, Familien- und Lebensberatung als Dienst der Kirche „f",

• Öffentlichkeitsarbeit,

• Dokumentation und Evaluation von Beratung,

• präventive Aufgaben: Vorträge, Seminare, Veröffentlichungen,

• Aufarbeitung und Adaption der Lern- und Lehrinhalte im Hinblick auf
die eigene Person durch Einzel- und Gruppenarbeit.

1.2 Persönlichkeitsstrukturen (Entwicklung, Formen, Störungen)
(zu Nr. 2.3.1.3 der Rahmenordnung)

• Allgemeine Persönlichkeitslehre: Ich-Konzepte, Konflikttheorien, Struk-
turtheorien,

• Entwicklungspsychologie: Entwicklungsphasen, Reifungsvorgänge, Iden-
titätsentwicklung,

• Persönlichkeitsstrukturen: Spezielle Störungsbilder.

1.3 Paarbeziehungen (Entwicklung, Formen, Konflikte)
(zu Nr. 2.3.1.3 der Rahmenordnung)

• Verstehensmodelle von Paarbeziehungen: Partnerwahl, Entwicklungsphasen, Störungsmuster,

• Kommunikation und Interaktion von Paaren,

• sozio-kulturelle Hintergründe von Paarbeziehungen,

• Normen und Normalität,

• Paarbeziehungen und Behinderung/Krankheit „f",

• gleichgeschlechtliches und bikulturelle Paare „f".

1.4 Familien (Entwicklung, Formen, Konflikte)
(zu Nr. 2.3.1.4 der Rahmenordnung)

• Ehe-, Familien- und Lebensberatung in pluraler Partnerschaft und bei unterschiedlichsten Lebensformen,

• Verstehensmodelle von Familienkonstellationen,

• Familien und ihre typischen Entwicklungsphasen,

• Interaktion und Kommunikation in Familien,

• spezielle Familiensysteme: Fortsetzungsfamilien, Pflege- und Adoptionsfamilien, Migrationsfamilien,

• Familie in Trennung und Scheidung.

1.5 Sexualität (Entwicklung, Formen, Konflikte)
(78 Nr. 2.3.1.5 der Rahmenordnung

• Psychologie und physiologische Grundlagen der Sexualität,

• geschlechtsspezifische Entwicklungsverläufe,

• Verständnis sexueller Störungen,

• sozio-kulturelle Hintergründe und Sexualität „f",

• sexueller Missbrauch „f".

1.6 Familienplanung und Schwangerschaft[4]
(zu Nr. 2.3.1.6 der Rahmenordnung)

- Schwangerschaftskonflikte,

- Formen der Familienplanung und Empfängnisregelung,

- psychologische und physiologische Aspekte von Schwangerschaft,

- ungewollte und gewollte Kinderlosigkeit.

1.7 Diagnostik und Methodik der Beratung
(zu Nr. 2.3.1.7 der Rahmenordnung)

- Struktur und Dynamik von Erstgesprächen in der Einzelberatung,

- szenisches Verstehen,

- Setting und Arbeitsbündnis: Hypothesen-, Fokus-, Kontraktbildung,

- Indikation und Prognose in der Einzelberatung,

- therapeutische Prozesse in einzelnen Beratungsphasen,

- Gesprächsführung zum Beispiel Dialog und Deutung,

- Interventionsstrategien,

- unterschiedliches Beratungsformen: Konfliktzentrierte und stützende Beratung, Krisenintervention,

- Erstgespräche in der Paarberatung,

- Struktur und Dynamik von szenischen Verstehen in der Paarberatung,

- Indikationsstellung, Prognose und Setting in der Paarberatung,

- Fokus- und Kontraktbildung in der Paarberatung,

- Beratungsmethodik bei Arbeiter(inne)n und Unterschichtfamilien,

- besondere Aspekte der Beratung bei Trennung und Scheidung,

- methodisches Arbeiten mit Familien,

- das Ende der Beratung, katamnestisches Gespräch,

- Beratungsprotokolle.

---

[4] Dieser Gegenstand kann in gesonderten Fortbildungen behandelt werden.

1.8 Dynamik der Berater-Klient-Beziehung
(zu Nr. 2.3.1.8 der Rahmenordnung)

- Dynamik der Berater-Klient-Beziehung in Abhängigkeit zu dem jeweiligen Beratungssetting (szenisches Verstehen, Erstinterview mit den Einzelnen, dem Paar als paradigmatische Situation, unterschiedliche Dynamik von Einzel- und Paarberatung, geschlechtsspezifische Aspekte der Berater-Klient-Beziehung);

- Übertragungs- und Gegenübertragungsprozesse, diagnostische und methodische Aspekte;

- Dynamik der Berater-Klient-Beziehung als diagnostisches Element;

- Dynamik der Berater-Klient-Beziehung als Modell zur Konfliktgestaltung bzw. -bewältigung;

- Möglichkeiten und Grenzen der Berater-Klient-Beziehung.

1.9 Reflexion ethischer Werte und Normen
(zu Nr. 2.3.1.9 der Rahmenordnung)

- Ethische Grundpositionen und Werte in der Beratung,

- unterschiedliche Beratungsansätze und ihre ethischen Implikationen,

- sozio-kulturelle Normen und interkulturelle Einflüsse in der Beratungsarbeit,

- Berufsethik.

1.10 Vorstellung der wichtigsten Therapiemethoden
(zu Nr. 2.3.1.10 der Rahmenordnung)

- Psychoanalytische Elemente der Beratung „f",

- verhaltenstherapeutische Elemente in der Beratung „f",

- gesprächspsychotherapeutische Elemente in der Beratung „f"

- u.a.

1.11 Prophylaxe

197

2. Relevante Kapitel aus
(zu Nr. 2.3.2 der Rahmenordnung)

2.1 der Psychiatrie und Psychopathologie
(zu Nr. 2.3.2.1 der Rahmenordnung)

• Ausgewählte psychiatrische Krankheitsbilder,

• Kriterien zur Unterscheidung von Neurosen, Grenzfällen und Psychosen,

• Möglichkeiten und Grenzen konfliktzentrierter und stützender Beratung,

• Suizidalität und Krisenintervention,

• beratungsrelevante Aspekte von Suchterkrankungen „f".

2.2 der Psychosomatik
(zu Nr. 2.3.2.2 der Rahmenordnung)

• Begriffsbestimmung der Psychosomatik,

• somatopsychische und psychosomatische Störungen und Erkrankungen,

• therapeutische Zugänge/spezielle Interventionen.

2.3 dem Recht[5]
(zu Nr. 2.3.2.3 der Rahmenordnung)

• Ausgewählte Kapitel aus dem Ehe- und Familienrecht,

• Kinder- und Jugendhilfegesetz (KJHG) „f",

• berufsrechtliche Fragen (Schweigepflicht, Datenschutz etc.).

2.4 der Sozialpsychologie
(zu Nr. 2.3.2.4 der Rahmenordnung)

• Einstellungen und Verhalten,

• Rollenverständnis und das Rollenverhalten,

• persönliche sowie soziale Wahrnehmung.

---

[5] Dieser Gegenstand kann in gesonderten Fortbildungen behandelt werden.

2.5 der Soziologie
(zu Nr. 2.3.2.5 der Rahmenordnung)

- Werte und Normen im Zusammenhang gesellschaftlicher Veränderungen,
- Familie als gesellschaftliches Subsystem,
- Lebensformen im gesellschaftlichen Wandel,
- Identität und Rollenkonflikt,
- Soziologie des abweichenden Verhaltens „f",
- geschlechtsspezifische Sozialisationen,
- Sexualität und ihre Variationen „f".

2.6 der Theologie „f"
(zu Nr. 2.3.2.6 der Rahmenordnung)

- Religiöse und kirchliche Dimensionen der Psychologischen Beratung,
- religiöse Sozialisation und Identität,
- Schuld und Vergebung,
- religiöse Verständnisse von Sexualität, Ehe, Partnerschaft und Familie.

3. Didaktik

Die Theorievermittlung erfolgt durch Seminare und fallorientierter Gruppenarbeit mit dem Ziel, dass die Weiterbildungskandidaten das methodische Wissen in ihre persönliche Entwicklung und Reifung integrieren.

4. Stundenzahl der theoretischen Weiterbildung
(zu Nr. 2.2 der Rahmenordnung)

Die mindestens 300 Stunden der theoretischen Weiterbildung setzen sich zusammen aus.

4.1 mindestens 110 Stunden zu den Gegenständen

1.1 Grundlagen, Ziele und Grenzen der Beratung

1.2 Persönlichkeitsstrukturen (Entwicklung, Formen, Störungen)

1.3 Paarbeziehungen (Entwicklung, Formen, Konflikte)

199

1.7 Diagnostik und Methodik der Beratung

1.8 Dynamik der Berater-Klient-Beziehung

4.2 mindestens 40 Stunden zu den Gegenständen

1.10 Vorstellung der wichtigsten Therapiemethoden

2.2 Relevante Kapitel aus der Psychosomatik

4.3 mindestens 120 Stunden zu den Gegenständen

1.4 Familie (Entwicklung, Formen, Konflikte)

1.5 Sexualität (Entwicklung, Formen, Konflikte)

1.6 Familienplanung und Schwangerschaft

1.9 Reflexion ethischer Werte und Normen

1.11 Prophylaxe

2.1 Relevante Kapitel aus der Psychiatrie und Psychopathologie

2.3 Relevante Kapitel aus dem Recht

2.4 Relevante Kapitel aus der Sozialpsychologie

2.5 Relevante Kapitel aus der Soziologie

2.6 Relevante Kapitel aus der Theologie

Köln, den 03. November 1998

12.4 FACHLICHE STANDARDS VON EHE-, FAMILIEN- UND LEBENSBERATUNGSSTELLEN

1. Präambel

1.1 Institutionelle Beratung, wie sie von den Mitgliedsorganisationen des Deutschen Arbeitskreises vertreten wird, bezieht sich auf Menschen, die in Fragen der allgemeinen Lebensplanung, der Gestaltung von menschlichen Beziehungen und im Umgang mit Konflikten und Entwicklungsproblemen in Partnerschaft, Ehe und Familie nach Veränderungen und neuen Lösungen suchen. Beratung hat prozesshaften Charakter und ist darauf angelegt, dass Ratsuchende mit ihren Fragen und Problemen besser umgehen und eigene Lösungswege erarbeiten können.

Die Tatsache, dass bestimmte Konflikte und Probleme immer wieder Gegenstand von Beratung werden, verweist auf die Notwendigkeit vorbeugender Bildungs- und Öffentlichkeitsarbeit.

1.2 Bezug nehmend auf diese Grundlagen haben die Mitgliedsverbände im Deutschen Arbeitskreis fachliche Standards formuliert. Diese verstehen sich sowohl als Zielvorgaben für die Träger von Beratungsstellen wie auch als Orientierungspunkte für die Verantwortlichen in Politik und Gesellschaft. Gleichzeitig dienen diese Kriterien dem Verbraucherschutz, der Qualitätssicherung sowie der Verdeutlichung des Profils der Institutionellen Beratung. Bei der Umsetzung dieser Eckdaten sind die regionalen und trägerspezifischen Voraussetzungen wie zum Beispiel die Vernetzung der Arbeit und der Stand der finanziellen Förderung zu berücksichtigen.

2. Freiwilligkeit der Inanspruchnahme durch die Ratsuchenden

2.1 Voraussetzung für eine effiziente Beratung ist die Bereitschaft des Ratsuchenden, sich auf den Kontakt mit der Beraterin/dem Berater einzulassen und mit diesem aus eigener Einsicht und eigener Motivation ein Arbeitsbündnis einzugehen. Die Freiwilligkeit der Inanspruchnahme ist daher ein konstitutives Merkmal von Beratung.

2.2 Auch wenn die Ratsuchenden von Dritten angemeldet werden (wie vor allem in der Erziehungsberatung) oder auf Grund gesetzlicher Vorgaben (wie bei der Schwangerschaftskonfliktberatung) die Beratung aufsuchen, bleibt die eigene Motivation unabdingbare Voraussetzung für effiziente Hilfe.

3. Niedrigschwelliger Zugang zur Beratungsstelle

Damit der Zugang zur Beratung den Ratsuchenden nicht erschwert wird, ist insbesondere erforderlich:

3.1 Beratung kann ohne Überweisung oder Leistungsgewährung durch Dritte in Anspruch genommen werden.

3.2 Da Beratung auch bei akuten Problemen in Anspruch genommen wird, ist möglichst bald ein Erstgespräch mit dem Ratsuchenden zu führen.

3.2.1 Es ist zu regeln, in welchem Zeitraum spätestens ein Erstgespräch zu führen ist. Soweit öffentlich-rechtliche Vorschriften dies nicht regeln, ist es spätestens nach 6 Wochen zu führen.

3.2.2 Bei akuten schweren Krisen ist umgehend ein Erstgespräch zu führen oder an entsprechende Einrichtungen zu verweisen.

3.3 Zur Niedrigschwelligkeit gehört auch das Angebot von telefonischen oder offenen Sprechstunden sowie aufsuchende Beratung.

3.4 Die Öffnungszeiten sind bedarfsgerecht zu regeln.

3.4.1 Bei den Öffnungszeiten ist auf die Belange von Berufstätigen besonders Rücksicht zu nehmen.

3.4.2 Das Sekretariat der Beratungsstelle muss wöchentlich mindestens 20 Stunden zu den üblichen Bürozeiten telefonisch erreichbar sein.

3.5 Die Beratungsstelle muss mit öffentlichen Verkehrsmitteln gut erreichbar sein.

3.6 Um allen Ratsuchenden den Zugang zur Beratung zu ermöglichen, soll die Beratung für die Ratsuchenden kosten- bzw. gebührenfrei sein.

4. Personelle Ausstattung

4.1 Ratsuchende kommen mit den unterschiedlichsten Problemen in Beratungsstellen, für deren Bearbeitung Beraterinnen und Berater mit unterschiedlichen einschlägigen Grundberufen und Zusatzqualifikationen erforderlich sind. Beratungsstellen zeichnen sich daher durch ein multidisziplinär besetztes Team aus. Die Zusammenarbeit in einem multidisziplinären Team steigert durch synergetische Effekte die Qualität der einzelnen Beratung.

4.2 Welche Grundberufe, welche spezifische Fachqualifikationen und welche Weiterbildungen die Beraterinnen und Berater haben, muss sich nach den Erfordernissen der Arbeit der Beratungsstelle richten. Bei den Grundberufen wird in der Regel eine abgeschlossene Fachhochschul- bzw. Hochschulausbildung in den Studiengängen Psychologie, Sozialarbeit, Sozialpädagogik, Pädagogik, Theologie, Medizin, Jura oder ein gleichwertiges Studium vorausgesetzt.

4.3 Um die Multiprofessionalität – auch im Urlaubs- oder Krankheitsfall – zu gewährleisten, muss aus fachlicher Sicht jede Beratungsstelle mit mindestens zwei Vollzeitplanstellen mit mindestens drei Fachkräften besetzt sein. Hinzu kommen die Konsiliarkräfte, die je nach Aufgabenbereich der einzelnen Beratungsstelle erforderlich sind.

4.4 Für jeweils drei Vollzeitplanstellen muss eine Vollzeitplanstelle für eine Verwaltungsfachkraft zur Verfügung stehen, bei weniger als drei Planstellen eine entsprechende Teilzeitstelle.

5. Personalentwicklung

5.1 Für die Nutzung der Ressourcen und die Entwicklung von Perspektiven der Mitarbeiter(innen) sind regelmäßig Mitarbeiter(innen)gespräche zu führen.

5.2 Die Beraterinnen und Berater sind zu regelmäßiger Fortbildung berechtigt und verpflichtet.

5.2.1 Die Fortbildung muss die Kriterien einer Maßnahme der Personalentwicklung erfüllen und sich nach den Erfordernissen der Arbeit der Beratungsstellen richten.

5.2.2 Die Fortbildung je fest angestellter Fachkraft muss aus fachlicher Sicht jährlich mindestens fünf Arbeitstage betragen.

5.3 Die Beraterinnen und Berater sind zu regelmäßiger Supervision berechtigt und verpflichtet.

5.3.1 Die Teamsupervision muss von „externen" Supervisor(inn)en durchgeführt werden.

5.3.2 Die Fallsupervision kann von „internen" Supervisor(inn)en durchgeführt werden, sollte sich aber nicht auf Dauer auf diese beschränken.

5.3.3 Die Supervision muss 14-täglich mindestens 2 Stunden betragen.

5.4 Der Träger muss sicher stellen, dass geeignete Fortbildungen und Supervision zur Verfügung stehen. Sie müssen den fachlichen Erfordernissen der Teilnehmer(innen) gerecht werden.

6. Stellenleitung

6.1 Die Stellenleitung[6] ist verantwortlich insbesondere für

---

[6] Unter Stellenleitung werden verstanden Stellenleiter(in), Geschäftsführer(in), Vorstand.

- die Vertretung der Stelle nach außen;

- die Erstellung und Fortschreibung der Arbeitskonzepte der Stelle gemäß den Vorgaben des Trägers unter Beteiligung der Mitarbeiter(innen);

- die Dienst- und Fachaufsicht über die Mitarbeiter(innen);

- die Personalentwicklung;

- die Mitwirkung bei Einstellungen und Entlassungen;

- die Ausführung des Haushaltsplanes;

- die Vertretung der Stelle und der Mitarbeiter(innen) gegenüber dem Träger;

- die Qualitätssicherung.

6.2 Der Träger regelt die Verantwortlichkeit der Stelleneitung und deren Vertretung sowie die Dienst- und Fachaufsicht schriftlich.

7. Schutz der Klient(inn)en

7.1 Der Träger regelt unter Mitwirkung der Stellenleitung den Umgang mit Beschwerden von Klient(inn)en. Diese Regelungen sind den Klient(inn)en beim Erstgespräch in Schriftform bekannt zu geben.

7.2 Der Träger regelt unter Mitwirkung der Stellenleitung schriftlich das Vorgehen bei Grenzverletzungen von Mitarbeiter(inne)n gegenüber Klient(inn)en.

8. Vertraulichkeit und Verschwiegenheitspflicht

8.1 Die Ratsuchenden sind schriftlich oder im Erstgespräch über die Fallsupervision, die Aktenführung und Dokumentation und den Umfang der Verschwiegenheitspflicht zu informieren.

8.2 Die Beraterin und der Berater unterliegen der Verschwiegenheitspflicht, soweit die Klientin oder der Klient sie nicht im Einzelfall hiervon entbindet. Die Verschwiegenheitspflicht gilt auch gegenüber den Kolleg(inn)en, der oder dem Dienstvorgesetzten und dem Träger. Die Verschwiegenheit ist auch in der Supervision zu wahren.

8.3 Die Klient(inn)enakten und -daten sind so zu führen und zu verwalten, dass der Schutz der Privatgeheimnisse im Sinne des § 203 StGB und der

Datenschutz gewährleistet werden. Die speziellen Regelungen des SGB VIII (KJHG) sind zu beachten.

8.3.1 Es dürfen nur solche Daten erhoben werden, die für die Auswertung der Beratung erforderlich sind.

8.3.2 Werden darüber hinaus weitere Daten, zum Beispiel für Forschungszwecke, erhoben, ist das schriftliche Einverständnis der oder des Ratsuchenden erforderlich.

8.4 Um den Vertrauensschutz der Ratsuchenden zu verbessern, muss aus fachlicher Sicht allen Beraterinnen und Beratern ein Zeugnisverweigerungsrecht im Strafprozess (§ 53 StPO) eingeräumt werden.

9. Räumliche Ausstattung

9.1 Um die Zugangsschwelle der Ratsuchenden möglichst niedrig zu halten sind Beratungsstellen von anderen Institutionen, insbesondere Behörden, räumlich zu trennen. Soweit dies nicht möglich ist, soll die Eigenständigkeit der Beratungsstelle deutlich erkennbar sein.

9.2 Art und Zahl der Räume ist abhängig von der Zahl der Mitarbeiter(innen) und der Art der Arbeit.

9.2.1 Die Zahl der Beratungsräume muss mindestens der Zahl der Vollzeitplanstellen (ohne Verwaltungsfachkräfte) entsprechen; dabei sind Honorarmitarbeiter(innen) zu Planstellen zusammenzufassen.

9.2.2 Für die Arbeit mit Gruppen muss ein geeigneter Raum vorhanden sein.

9.2.3 Soweit erforderlich, müssen geeignete Therapieräume zur Verfügung stehen.

9.2.4 Für die Verwaltungsfachkraft muss, insbesondere aus Gründen des Vertrauensschutzes, ein eigener Raum zur Verfügung stehen.

9.2.5 Für wartende Ratsuchende soll ein Wartezimmer zur Verfügung stehen; ist dies nicht der Fall, muss eine abgeschirmte Wartezone vorhanden sein.

9.3 Die Räumlichkeiten müssen von ihrer Ausstattung her vertrauenerweckend und -fördernd sein und den Schutz der Intimsphäre der Ratsuchenden garantieren (z.B. Schallisolierung, freundliches und aktensicheres Mobiliar).

9.4 Ein dem Konzept der Beratungsstelle entsprechend zusammengesetztes und methodisch ausgerichtetes Team muss unterschiedliches und sachgemäßes Diagnostik- und Therapiematerial zur Verfügung haben.

9.5 Eine sachdienliche schnelle und verlässliche Kommunikation der Beratungsstelle mit den Ratsuchenden erfordert ein Sekretariat, das nach modernen, kommunikationstechnischen Kriterien und Standards ausgestattet ist (z.B. Fax, Anrufbeantworter, Computer).

10. Dokumentation

10.1 Über jeden Fall ist eine Beratungsdokumentation zu führen.

10.2 In dieser ist, soweit nicht gesetzlich etwas anderes bestimmt ist, insbesondere zu dokumentieren:

- Angaben zur Person der oder des Ratsuchenden,
- beteiligte Personen,
- Dauer und Zahl der Beratungen,
- Anlass der Beratung,
- Beratungsziele,
- Inhaltliche Schwerpunkte der Beratung,
- Ergebnis der Beratung.

10.3 Der Träger regelt unter Mitwirkung der Stellenleitung die zu erfassenden Inhalte der Dokumentation.

11. Anforderungen an das regionale Beratungsangebot

11.1 Um ein bedarfsgerechtes Beratungsangebot zu entwickeln, ist aus fachlicher Sicht für die einzelnen Beratungsangebote die Zahl der Berater(innen) pro 10.000 Einwohner festzulegen.

11.2 Bei der regionalen Ausgestaltung des Beratungsangebotes sind die Kriterien

- der bedarfsgerechten Verteilung der Beratungsdienste in den Kreisen und Städten,

- der Trägerpluralität,
- der Subsidiarität,
- der Problemoffenheit und
- der Offenheit gegenüber allen gesellschaftlichen Gruppen

zu beachten.

11.3 In begründeten Einzelfällen können Schwerpunkte gesetzt werden in Bezug

- auf den örtlichen/regionalen Bedarf und
- auf eine thematische und/oder zielgruppenorientierte Ausrichtung der Beratungsstelle.

12. Vielfalt der angebotenen Arbeitsformen

Um den unterschiedlichsten Krisen- und Konfliktsituationen gerecht zu werden, umfasst Beratung ein Spektrum von Arbeitsweisen und Aufgaben, z. B.:

- Diagnostik und Indikation,
- einzelfallorientierte Auskünfte und Informationen,
- psychologische Beratung,
- Krisen- und Kurzzeitinterventionen,
- begleitende Beratung von Einzelnen, Paaren, Familien und Gruppen,
- psychologische Psychotherapie,
- Casemanagement,
- qualifizierte Weitervermittlung,
- Mediation,
- Präventionsmaßnahmen.

13. Präventive Arbeit

13.1 Präventive Angebote sind wesentlicher Bestandteil der Arbeit von Beratungsstellen.

13.2 Präventive Angebote richten sich insbesondere an

207

13.2.1 Menschen, für deren Probleme eine psychosoziale Beratung nicht erforderlich ist, die aber zu deren Bewältigung Informationen (z.b.Vorträge) oder den Austausch mit anderen (z.b. Selbsthilfegruppen) brauchen;

13.2.2 Menschen, die sich Hilfestellungen für möglicherweise in der Zukunft auftretende Probleme erwarten (z.b. Ehevorbereitungskurse) oder für die solche Hilfestellungen sinnvoll sind (z.b. Gruppenarbeit mit Jugendlichen zu Sexualität und Familienplanung);

13.2.3 Menschen, die nicht bereit sind, eine Beratungsstelle aufzusuchen, sondern einen weniger persönlichen oder weniger verbindlichen Weg suchen (z.b. Informationsveranstaltungen zu Trennung und Scheidung).

13.3 Zur präventiven Arbeit gehören auch

13.3.1 Informationen über das Angebot und die Arbeit der Beratungsstelle;

13.3.2 Medienarbeit;

13.3.3 Informationsveranstaltungen und Fortbildungen für Multiplikator(inn)en.

13.4 Die Beratungsstelle plant ihre präventive Arbeit unter den Aspekten der Themen, Zielgruppen, Methoden, des Personaleinsatzes, des zeitlichen Umfangs sowie der erforderlichen finanziellen Mittel.

14. Kooperation und Vernetzung

14.1 Das Vertrautsein mit den Hilfsangeboten anderer Dienste und Einrichtungen und die Zusammenarbeit mit diesen ermöglicht es, den Klient(inn)en ein optimales Hilfsangebot zur Verfügung zu stellen.

14.2 Kooperation und Vernetzung trägt darüber hinaus zu einer besseren psychosozialen Versorgung einer Region bei; dafür ist erforderlich,

• den regionalen Bedarf nach Beratung zu erheben;

• die regional verfügbaren Hilfsangebote zu erfassen und gegebenenfalls Lücken einem bedarfsdeckenden Beratungsangebot zu schließen;

• regional begrenzte Phänomene (z.b. hohe Arbeitslosigkeit, Gewalt unter Jugendlichen) zu sichten und entsprechende gemeinsame Maßnahmen zu entwickeln;

• das Beratungsangebot zu koordinieren und abgestimmte Schwerpunkte zu bilden;

- die Öffentlichkeit und Fachöffentlichkeit über die vorhandenen Beratungsangebote umfassend zu informieren;
- gemeinsame Qualitätsstandards zu entwickeln;
- die Wirtschaftlichkeit des Beratungsangebotes zu fördern;
- sozialpolitische Zielvorstellungen durchzusetzen.

15. Sozialpolitischer Auftrag

15.1 In der Beratung werden frühzeitig Entwicklungen und Tendenzen auf Grund struktureller Mängel, sozialer Ungleichheit und typischer Konfliktlagen sichtbar; die Mitarbeiter(innen) und Träger haben die Aufgabe, die beobachteten Entwicklungen in die sozialpolitische Diskussion einzubringen.

15.2 Mit ihrem Wissen um Missstände und Bedarfslagen sollen sich die Einrichtungen auch an den entsprechenden politischen Planungs- und Entscheidungsgremien beteiligen und sich für die Verbesserung der Lebensbedingungen der betroffenen Gruppen engagieren.

16. Qualitätssicherung

16.1 Qualitätssicherung ist kein Selbstzweck, sondern dient letztlich den Menschen, die die Beratungsstellen aufsuchen. Sie orientiert sich daher primär an ihren Belangen.

16.2 Qualitätssicherung muss

- die gesellschaftlichen Wirkkräfte,
- die Bedürfnisse und Erwartungen der Ratsuchenden,
- die institutionellen Rahmenbedingungen,
- die Konzeption und Aufgabenstellung der Einrichtung,
- die Bedürfnisse und Fähigkeiten der Mitarbeiter(innen) und
- die Vorgaben der öffentlichen Zuschussgeber

berücksichtigen.

16.3 Qualitätssicherung umfasst die Entwicklung von Qualitätskriterien und -standards, anhand derer die Rahmenbedingungen der Arbeit (Strukturqualität), die Arbeitsprozesse (Prozessqualität) und die Ergebnisse (Ergebnisqualität) beurteilt werden können. Aus qualifizierter Beobachtung, Dokumentation und Analyse sind Methoden zur Verbesserung der Qualität zu entwickeln oder weiterzuentwickeln.

16.4 Qualitätssicherung kann nur erfolgreich sein, wenn Eigenverantwortung und Motivation aller am Prozess Beteiligten gestärkt werden. Notwendig dafür sind

• Transparenz des Prozesses,

• Förderung und Nutzung der persönlichen Ressourcen und der synergetischen Effekte der Gruppe bzw. zwischen den Kooperationspartnern,

• eine verlässliche Perspektive und

• Konsens in der Aufgabenstellung.

16.5 Qualitätssicherung erbringt über die Arbeit der einzelnen Beratungsstelle hinaus allgemeine Erkenntnisse, die für die Gestaltung und Verbesserung der Praxis nützlich sind.

16.6 Die Beratungsstellen verpflichten sich aus ihrer sozialen und sozialpolitischen Verantwortung heraus, bei Wahrung der Eigenständigkeit der Stelle, zu vergleichbaren und nachprüfbaren Standards zu gelangen und ihnen kontinuierlich in der Arbeit Geltung zu verschaffen.

17. Schlussbestimmungen

17.1 Die Fachlichen Standards für den Bereich der Erziehungs- und Familienberatung, wie sie von der Bundeskonferenz für Erziehungsberatung (bke) formuliert worden sind,[7] bleiben von den vorstehenden Regelungen unberührt.

17.2 Wenn eine Einrichtung Aufgaben der Erziehungs- und Familienberatung in der Jugendhilfe und gleichzeitig in der Ehe-, Familien- und Lebensberatung übernimmt, muss sie für jeden Bereich die für ihn formulierten Fachlichen Standards erfüllen.

---

[7] Qualitätsprodukt Erziehungsberatung. Empfehlungen zu Leistungen, Qualitätsmerkmalen und Kennziffern, Heft 22 der vom Bundesministerium für Familie, Senioren, Frauen und Jugend herausgegebenen Reihe „Materialien zur Qualitätssicherung in der Jugendhilfe", Bonn 1999.

17.3 Die Fachlichen Standards von Ehe-, Familien- und Lebensberatungsstellen treten am 22. März 2001 in Kraft.

Frankfurt am Main, 22. März 2001

12.5 SUPERVISOR(INN)ENRAHMENORDNUNG

Präambel

Supervision für die Ehe-, Partnerschafts-, Familien- und Lebensberatung ist
ein schulenübergreifender Lehr- und Lernprozess, in dem die/der Supervi-
sor(in) die/den Berater(in) dazu anregt, die Professionalität im Kontakt mit
der/dem Klienten/in zu vertiefen. Diese vollzieht sich im Kontext von Per-
son- und Fachkompetenz der/des Beraterin/s, des Klientels sowie der institutionellen Rahmenbedingungen. Durch die tätigkeitsfeldbezogene Orientierung grenzt sich Supervision deutlich von anderen Formen psychosozia-
ler Beratung und psychologischer Psychotherapie ab.

1. Zulassung zur Weiterbildung

1.1 Voraussetzungen

1.1.1 Erforderliche Voraussetzungen
Erforderliche Voraussetzungen für die Zulassung zur Weiterbildung sind:
* Nachweis einer Weiterbildung zum/zur Ehe-, Partnerschafts-, Familien-
  und Lebensberater/in oder einer äquivalenten Familien- bzw. Paarthera-
  pieausbildung.
* Eine dreijährige supervidierte Praxis als Ehe-, Partnerschafts-, Familien-
  und Lebensberater/in.
* Kenntnisse und Erfahrungen in der Leitung von beraterischen/therapeu-
  tischen Gruppen, zum Beispiel nachgewiesen durch eine Gruppentherapieausbildung.
* Teilnahme an einem Zulassungsverfahren.

1.1.2 Weitere Voraussetzungen
Die einzelnen Verbände können weitere Voraussetzungen beschließen.

211

1.2 Zulassungsverfahren

1.2.1 Zuständigkeit

Für das Zulassungsverfahren ist ein vom jeweiligen Verband autorisiertes Gremium zuständig.

1.2.2 Weitere Regelungen

Die einzelnen Verbände regeln das Zulassungsverfahren näher.

2. Grundlagen der Weiterbildung

2.1 Ziel der Weiterbildung

Das Ziel einer Supervisoren/innenqualifizierung ist eine Gestaltungsfähigkeit zu entwickeln, die professionelle und entwicklungsgerechte Identitätsbildung des/r Beraters/in im Kontakt mit dem/r Klienten/in innerhalb des Kontextes institutioneller Rahmenbedingungen fördert.

2.2 Konzept der Weiterbildung

Methodisch-didaktische Leitlinie der Supervisoren/innenqualifizierung ist die Integration von Literaturstudium, kollegialem Austausch sowie kritischer Reflexion eigener Supervisionspraxis im Zusammenhang von Persönlichkeitsentwicklung, Fachwissen und institutioneller Erfahrung. Dazu gehört, dass Elemente des Supervisionsprozesses geübt und überprüft werden, die sich beziehen auf:

2.2.1 Beziehungsdynamik

Fokussierung der Beziehungsdynamik zwischen Klienten/innen (Paar, Eltern, Familie, Kind, Einzelperson, Gruppe) und Berater/in zur Erhellung der vorgestellten Problemkonstellation und des Entwicklungsstandes im Beratungsprozess.

2.2.2 Konzeptvertiefung

Ermöglichung von Handlungsalternativen bei der Weiterentwicklung des beraterischen Konzepts im Prozess neuer oder veränderter beziehungsdynamischer und differentialdiagnostischer Erkenntnisse.

2.2.3 Ressourcen bei kooperativen Settings

Unterstützung kooperativer Arbeitsformen von Mitarbeitern/innen (z.B. Beraterpaar bei Paar-, Gruppen- und Familienberatungen). Analyse der Interaktionsdynamik sowie Konzeptbildung unter Berücksichtigung des Beratungsprozesses.

2.2.4 Identität, Institution und Organisation

Förderung beraterischer Identität im Kontext von persönlichen, fachlichen Voraussetzungen, institutionellen Erwartungen, Wertorientierungen sowie Organisationsformen.

2.3 Aufbau der Weiterbildung

2.3.1 Bestandteile der Weiterbildung

Die Weiterbildung besteht aus mindestens 530 Stunden, wobei

- die theoretische Weiterbildung mindestens 160 Stunden,

- die Supervisionspraxis in Einzel- und Gruppensupervision mindestens 100 Stunden,

- die Lehrsupervision, einzeln und in Gruppen, mindestens 70 Stunden,

- die Blockseminare zur Praxisreflexion mindestens 120 Stunden,

- die regionalen Theorie- und Themengruppen mindestens 80 Stunden

umfassen müssen.

2.3.2 Anerkennung von Vorerfahrungen

In begründeten Einzelfällen können Vorleistungen (z.B. abgeschlossene Gruppentherapieausbildung oder Vorerfahrung mit Supervisionspraxis im Rahmen der EFLB) bei einzelnen Bestandteilen der Weiterbildung angerechnet werden.

2.4 Schwerpunkte der theoretischen Weiterbildung

- Entwicklungsziele der Supervision,

- Elemente schulengebundener Supervisionsformen,

- Rollen, Funktionen, entwicklungsgerechte Handlungsanleitungen,

- Fallsupervision, Selbsterfahrung, Beratungskontextanalyse,

- Phasen des Supervisionsprozesses,

213

- Bedeutungen des Konzept- oder Settingwechsels,
- methodische Elemente, Medien, Materialien,
- Kontraktbildung, Setting, Rahmen,
- ethische Fragen.

3. Abschlussprüfung

3.1 Bestandteile

Die Abschlussprüfung besteht mindestens aus:

- der Zulassungsarbeit über einen Supervisionsprozess,
- einer Livedemonstration einer Gruppensupervisionssitzung,
- dem Abschlusskolloquium.

3.2 Zertifikat

Der erfolgreiche Abschluss der Weiterbildung wird durch ein Zertifikat bestätigt.

3.3 Weitere Regelungen

Die einzelnen Verbände regeln den Abschluss näher.

4. Kontrollsupervision

Die Tätigkeit als Supervisor(in) bedingt eine fortlaufende, fachliche Weiterbildung sowie Reflexion des eigenen Handelns. Die Kursabsolvent(inn)en verpflichten sich zur regelmäßigen Kontrollsupervison.

5. Vertrauens- und Datenschutz

5.1 Informationen und Daten der Teilnehmer(innen)

Die von den Teilnehmer(inne)n am Zulassungsverfahren und die von den Teilnehmer(inne)n der Weiterbildung erhobenen Informationen und Daten unterliegen dem Vertrauens- und Datenschutz.

5.2 Einwilligung der Teilnehmer(innen) zum Informations- und Datenaustausch

Die in Nr. 5.1. genannten Teilnehmer(inne)n willigen durch ihre Teilnahme ein, dass die jeweils zuständigen Kursleiter(innen), Dozent(inn)en und Lehrsupervisor(inn)en die von ihnen erhaltenen Informationen und Daten untereinander austauschen können, soweit dies für die Weiterbildung erforderlich ist.

6. Schlussvorschriften

6.1 Veröffentlichung verbandsspezifischer Regelungen

Die beschließenden Verbände verpflichten sich, die für ihren Verband getroffenen Regelungen zu veröffentlichen.

6.2 Anerkennung des Zertifikats

Die beschließenden Verbände verpflichten sich, das Zertifikat nach Nr. 3.2. gegenseitig anzuerkennen

6.3 Übergangsvorschriften

Die Mindeststundenzahl gilt nur für die Kurse, die nach dem Inkrafttreten der Rahmenordnung beginnen.

6.4 Inkrafttreten der Rahmenordnung

Die Rahmenordnung tritt am 22. März 2001 in Kraft.

Frankfurt, den 22. März 2001

215

13. Anhang B – Tabellenanhang

Tabelle B 6-1: Anzahl der Klientinnen pro Beraterin bezogen auf die Studien
BF II und BF I zu den jeweiligen Erhebungszeitpunkten

Beraterinnen	Prae-Messung		Post-Messung		Fu-Messung	
	BF II	BF I	BF II	BF I	BF II	BF I
1	247 (37,6%)	55 (11,1%)	127 (55,2%)	16 (6,3%)	38 (36,5%)	12 (10,0%)
2	57 (8,7%)	24 (4,8%)	20 (8,7%)	11 (4,4%)	14 (13,5%)	10 (8,3%)
3	53 (8,1%)	24 (4,8%)	14 (6,1%)	10 (4,0%)		10 (8,3%)
4	34 (5,2%)	16 (3,2%)		10 (4,0%		
5	29 (4,4%	14 (2,8%9		10 (4,0%)		
6	28 (4,3%)	13 (2,6%)		10 (4,0%)		
7	22 (3,3%)	12 (2,4%)				
8	18 (2,7%)	12 (2,4%)				
9	17 (2,6%)	12 (2,4%)				
10	16 (2,4%)	10 (2,0%)				
11	14 (2,1%)	10 (2,0%9				
Summe der Klientinnen in %	81,4%	40,5%	70%	26,0%	50%	26,6%
Summe der Beraterinnen pro Messzeitpunkt	50	84	30	59	19	32

Anmerkungen: Bei der Auswahl der Beraterinnen wurde das Kriterium: Zehn und mehr Klientinnen pro Beraterin zu Grunde gelegt. Die Prozentangaben in den Klammern beziehen auf die jeweilige Gesamtstichprobe zum Messzeitpunkt.

Tabelle B 6-2: Sozio-ökonomische Daten der Studien BF II und BF I

Variablen		BF II	BFI	p		
N		657	495			
Paare		305	234			
Geschlecht (%)	W	50	48	$\chi^2 = 0,1$	K ,00	n.s.
	M	50	52			
Alter (Jahre)	M	39,8	38,0			***
	SD	10,7	8,6	t = -3,1	df =	
Männer	M	41,0	39,2		1148	
Frauen	F	38,6	36,8			
Familienstand (%)	ledig	12	7	$\chi^2 = 6,2$	K ,07	n.s.
	verh.	88	93			
Religion (%).	kath.	57	59			n.s.
	evang.	26	24	$\chi^2 = 0,5$	K ,02	
	sonst.	17	16			
Schulab. (%)	HS	10	30			***
	MR	18	32	$\chi^2 = -75,2$	K ,27	
	ABI	16	13			
	UNI	32	24			
Beruf (%)	Arbeit	85	69			***
	ohne Arbeit	2	10	$\chi^2 = 122,7$	K ,32	
	Hausfrau/ mann	4	22			
Kinder (%)	0	22	23			
	1	23	21			
	2	39	35			n.s.
	=/>3	16	21			

Anmerkungen: (1) Familienstand „ledig" betrifft: ledige (7%) und geschiedene Klienten (5%). (2) Religion: „sonst." setzt sich aus den Angaben „keine" (15%) und „sonstige" (2%) zusammen. (3) Schulabschluss: HS: „kein Schulabschluss" (0,3%) und „Hauptschulabschluss" (9,4%), MR: „Mittlere Reife" (16%) und „Fachschulabschluss" (2%), ABI: „Abitur" (15%) und „Fachhochschulreife" (1%), UNI: „Fachhochschulabschluss" (29%) und „Universitätsabschluss" (3%). (4) Beruf „ohne": Arbeitslose (0,9%), Personen in Ausbildung (0,3%) und Personen im Ruhestand (0,5%), p = Wahrscheinlichkeit für einen signifikanten Unterschied, χ^2 = Chi-Quadrat-Test, df = Anzahl der Freiheitsgrade, t = Kenngröße für Mittelwertsunterschiede, K = Kontingenzkoeffizient, n.s. = nicht signifikant, *** = p <.000.

Tabelle B 7-1: Geschlechtsunterschiede bei den Konfliktbereichen aus der Problemliste (PL) auf der Ebene der einzelnen Items

		keine/gelöste Konflikte		ungelöste/ unausge sprochene Konflikte		Signifi-kanztest		
		An-zahl	%	An-zahl	%	χ^2	df	p
Einteilung des monatlichen Einkommen	männlich	257	39,8	62	6,9	0,6	1	n.s.
	weiblich	257	39,4	72	11,2			
Berufstätigkeit	männlich	236	37,0	81	12,7	0,0	1	n.s.
	weiblich	238	37,3	83	13,0			
Haushaltsführung/ Wohnung	männlich	211	32,7	110	17,1	0,1	1	n.s.
	weiblich	217	33,6	107	16,6			
Freizeitgestaltung	männlich	210	32,8	111	17,3	1,6	1	n.s.
	weiblich	193	30,2	126	17,7			
Freunde und Bekannte	männlich	255	39,8	66	10,3	1,1	1	n.s.
	weiblich	243	37,9	77	12,0			
Temperament des Partners	männlich	186	29,1	133	20,8	1,9	1	n.s.
	weiblich	169	26,4	151	23,6			
Zuwendung des Partners	männlich	115	17,9	208	32,3	0,0	1	n.s.
	weiblich	113	17,5	208	32,3			
Attraktivität	männlich	259	40,7	59	9,3	4,0	1	*
	weiblich	238	37,4	80	12,6			
Vertrauen	männlich	222	34,3	101	15,6	7,3	1	**
	weiblich	190	29,3	135	20,8			
Eifersucht	männlich	229	35,4	93	14,4	3,8	1	*
	weiblich	207	32,0	117	18,1			
Gewährung persönli-cher Freiheiten	männlich	212	32,8	110	17,0	1,8	1	n.s.
	weiblich	201	31,1	123	19,0			

		keine/gelöste Konflikte		ungelöste/ unausge sprochene Konflikte		Signifi- kanztest		
		An- zahl	%	An- zahl	%	χ^2	df	p
Sexualität	männlich	121	18,9	200	31,2	0,5	1	n.s.
	weiblich	112	17,5	208	32,4			
Außereheliche Beziehungen	männlich	267	41,5	54	8,4	6,7	1	**
	weiblich	241	37,5	81	12,6			
Verwandte	männlich	224	35,2	91	14,3	3,0	1	n.s.
	weiblich	208	32,7	114	17,9			
Persönliche Gewohnheiten des Partners	männlich	211	32,9	108	16,8	19,8	1	***
	weiblich	157	24,5	156	25,7			
Kommunikation/ Gemeinsame Gespräche	männlich	141	22,1	177	27,7	2,0	1	n.s.
	weiblich	124	19,4	196	30,7			
Kinderwunsch/ Familienplanung	männlich	275	43,3	44	6,9	0,2	1	n.s.
	weiblich	268	42,2	48	7,6			
Fehlende Akzept/ Unterstützung des Partners	männlich	156	24,2	164	25,5	2,2	1	n.s.
	weiblich	139	21,6	185	28,7			
Forderungen des Partners	männlich	142	22,5	174	27,6	1,2	1	n.s.
	weiblich	127	22,2	187	29,7			
Krankheit/Behinde- rungen/ psychische Störungen	männlich	275	43,0	47	7,3	6,8	1	**
	weiblich	246	38,4	72	11,3			
Umgang mit Alko- hol/Medikamenten/ Drogen	männlich	285	44,2	36	5,6	1,5	1	n.s.
	weiblich	277	42,9	47	7,3			
Tätlichkeiten	männlich	299	46,4	22	3,4	2,3	1	n.s.
	weiblich	290	45,0	33	5,1			

Anmerkungen: χ^2 = Chi-Quadrat-Test, df = Anzahl der Freiheitsgrade, p = Wahrscheinlichkeit für einen signifikanten Unterschied (Bonferoni-Korrektur), n.s. = nicht signifikant; * = 5%; ** = 1%, *** = 0,1%.

219

Tabelle B 7-2: Stimmungsskala (ADS): Mittelwertvergleich der
Geschlechtsunterschiede bei Teilnehmerinnen der BF II-Studie

Fragen Während der letzten Woche	w	SD	m	SD	t	df	p
haben mich Dinge beunruhigt, die mir sonst nichts ausmachen	0,93	1,06	0,85	1,00	-0,96	644	n.s.
hatte ich kaum Appetit	0,67	0,98	0,30	0,67	-5,63	649	***
konnte ich meine trübsinnige Laune nicht loswerden, obwohl mich meine Freunde/Familie versuchten aufzumuntern	0,94	1,01	0,83	0,93	-1,47	649	n.s.
kam ich mir genauso gut vor wie andere	1,42	1,11	1,58	1,16	1,73	627	n.s.
hatte ich Mühe, mich zu konzentrieren	1,22	0,96	0,99	0,91	-3,17	648	***
war ich deprimiert/niederge-schlagen	1,38	0,96	1,14	1,00	-3,10	649	***
war alles anstrengend für mich	1,41	0,98	1,16	0,99	-3,25	649	***
dachte ich voller Hoffnung an die Zukunft	1,90	1,02	1,83	0,98	-0,78	649	n.s.
dachte ich, mein Leben ist ein einziger Fehlschlag	0,63	0,88	0,62	0,89	-0,21	648	n.s.
hatte ich oft Angst	1,01	1,00	0,71	0,87	-4,14	650	***
habe ich schlecht geschlafen	1,29	1,08	1,05	1,02	-2,93	650	n.s.
war ich fröhlich gestimmt	1,75	0,92	1,80	0,89	0,70	649	n.s.
habe ich weniger als sonst gere-det	0,80	0,93	0,77	0,92	-0,36	649	n.s.
fühlte ich mich einsam	1,19	1,08	1,07	1,11	-1,34	648	n.s.
waren die Leute unfreundlich zu mir	0,23	0,55	0,25	0,53	0,61	650	n.s.
habe ich das Leben genossen	1,87	0,95	1,93	0,93	0,78	649	n.s.
musste ich manchmal weinen	0,91	0,91	0,47	0,74	-6,82	648	***
war ich traurig	1,39	0,95	1,19	0,98	-2,64	649	n.s.

Fragen Während der letzten Woche	w	SD	m	SD	t	df	p
hatte ich das Gefühl, dass mich die Leute nicht leiden können	0,29	0,59	0,34	0,70	0,93	649	n.s.
konnte ich überhaupt nicht richtig aktiv werden	0,91	0,93	0,93	0,97	0,19	650	n.s

Anmerkungen: w = Frauen, m = Männer, SD = Standardabweichung, t = T-Test-Wert, df = Anzahl der Freiheitsgrade, p = Wahrscheinlichkeit für einen signifikanten Unterschied (Bonferoni-Korrektur), *** = $p < .01$, n.s. = nicht signifikant.

Tabelle B 7-3: Die Items der Beschwerdeliste der Stichproben von BF II und BF I (Klann & Hahlweg 1996a, S. 252) werden gegenübergestellt. Grundlage sind die Aussagen: „Ich leide mäßig darunter", „Ich leide stark darunter". Die dabei entstandenen Häufigkeiten wurden zu einem Wert zusammengefasst

Item	BF II %	BF I %	t	p
Kloßgefühl, Engigkeit oder Würgen im Hals	17	16	-0,5	n.s.
Kurzatmigkeit	13	13	-0,3	n.s.
Schwächegefühl	26	25	-1,2	n.s.
Schluckbeschwerden	6	7	1,8	n.s.
Stiche, Schmerzen oder Ziehen in der Brust	21	26	1,6	n.s.
Druck- oder Völlegefühl im Leib	18	25	-1,2	n.s.
Mattigkeit	50	48	-1,1	n.s.
Übelkeit	11	13	1,2	n.s.
Sodbrennen oder saures Aufstoßen	14	14	0,0	n.s.
Reizbarkeit	59	60	0,8	n.s.
Grübelei	64	64	-0,3	n.s.
Starkes Schwitzen	23	26	1,5	n.s.
Kreuz- oder Rückenschmerzen	48	47	-0,6	n.s.
Innere Unruhe	60	63	0,2	n.s.
Schweregefühl bzw. Müdigkeit in den Beinen	21	24	1,5	n.s.
Unruhe in den Beinen	12	13	1,5	n.s.
Überempfindlichkeit gegen Wärme	12	19	2,9	n.s.
Überempfindlichkeit gegen Kälte	22	25	1,1	n.s.

Item	BF II %	BF I %	t	p
Übermäßiges Schlafbedürfnis	36	33	-0,7	n.s.
Schlaflosigkeit	33	29	-2,5	n.s.
Schwindelgefühl	14	15	1,0	n.s.
Zittern	10	15	3,3	*
Nacken- oder Schulterschmerzen	40	40	-0,1	n.s.
Gewichtsabnahme	12	14	0,2	n.s.

Anmerkungen: t = T-Test-Wert, df = Anzahl der Freiheitsgrade (Schwankungsbreite zwischen 1134 – 1142), p = Signifikanzniveau, * = p < .002 (Bonferoni-Korrektur), *** = p < .000, n.s. = nicht signifikant.

Tabelle B 7-4: Interkorrelationen zwischen den EPF-Skalen (Rohwerte) und den Summenwerten der Problemliste (PLS), Stimmungsskala (ADS) und Beschwerdenliste (BL). Für die Ergebnisse aus den Studien BF II und BF I (Klann & Hahlweg, 1996a, S. 82)

BF II

	GZ	AK	PL	FZ	FP	SZ	RO	EZ	ZK[a]	KE[a]	ADS	BL
PLS	62	60	54	51	35	32	-03	00	11	40	33	26
GZ		70	62	56	27	41	-02	-00	12	37	32	22
AK			56	63	24	44	-09	02	07	29	27	22
PL				43	26	24	-14	-02	12	36	20	19
FZ					16	45	-07	-05	12	29	25	17
FP						11	-05	-04	09	29	12	16
SZ							-06	-02	03	15	11	07
RO								21	-019	-07	-10	09
EZ									09	06	01	11
ZK[a]										48	05	09
KE[a]											09	15
ADS												61

BF I

	GZ	AK	PL	FZ	FP	SZ	RO	EZ	ZK[a]	KE[a]	ADS	BL
PLS	65	64	56	54	34	30	00	23	07	34	40	37
GZ		72	66	63	31	34	04	20	02	25	37	29
AK			62	61	30	38	10	15	04	32	37	28
PL				49	28	17	06	15	02	33	22	22
FZ					27	33	06	17	10	32	24	22
FP						-00	10	04	01	28	17	21
SZ							10	03	10	13	10	08
RO								-12	20	07	05	07
EZ									24	17	20	27
ZK[a]										38	15	13
KE[a]											13	23
ADS												58

Anmerkungen: a = nur für Klientinnen mit Kindern, PLS = Summenwert Problemliste, GZ = Globale Zufriedenheit, AK = Affektive Kommunikation, PL = Problemlösung, FZ = Freizeitgestaltung, FP = Finanzplanung, SZ = Sexuelle Zufriedenheit, RO = Rollenorientierung, EZ = Ehezufriedenheit der Eltern, ZK = Zufriedenheit mit den Kindern, KE = Konflikte in der Kindererziehung, ADS = Summenwert Stimmungsskala, BL = Summenwert Beschwerdenliste. Bei den Korrelationskoeffizienten wurde auf die Angabe des Punktes vor jeder Zahl verzichtet (lies: 06= .06). Korrelationen >.35 wurden durch Fettdruck hervorgehoben.

Tabelle B 7-5: Darstellung der varianzanalytischen Haupteffekte Prae-Post-Vergleich, Geschlechtsunterschiede und die Wechselwirkung zwischen Prae-Post und Geschlecht aus BF I (Klann & Hahlweg, 1996a, S. 92)

	Haupteffekt Prae-Post		Haupteffekt Geschlecht		Interaktion Prae-Post/Geschlecht	
	F-Wert	p	F-Wert	p	F-Wert	p
MVar	31,7	p<.001	38,6	p<.001	27,2	p<.001
GZ	27,4	p<.01	6,9	n.s.	1,5	n.s.
AK	13,3	p<.01	7,5	n.s.	8,8	p<.05
PL	28,4	p<.01	1,9	n.s.	0,0	n.s.

	Haupteffekt Prae-Post		Haupteffekt Geschlecht		Interaktion Prae-Post/Geschlecht	
	F-Wert	p	F-Wert	p	F-Wert	p
FZ	24,7	p<.01	1,3	n.s.	2,7	n.s.
FP	2,6	n.s.	6,0	n.s.	3,7	n.s.
SZ	15,1	p<.01	21,9	p<.01	0,1	n.s.
RO	0,8	n.s.	4,3	n.s.	0,1	n.s.
EZ	0,9	n.s.	12,1	p<.05	3,7	n.s.
ZK	0,2	n.s.	0,0	n.s.	0,2	n.s.
KE	7,1	n.s.	40,4	p<.01	0,0	n.s.
ADS	29,7	p<.01	7,1	n.s.	1,1	n.s.
BL	22,9	p<.01	22,8	p<.01	11,5	p<.05

Anmerkungen: F-Wert = Fehlervarianz, p = Signifikanzniveau, n.s. = nicht signifikant, Mvar = Multivariate Analyse, PLS = Summenwert Problemliste, GZ = Globale Zufriedenheit, AK = Affektive Kommunikation, PL = Problemlösung, FZ = Freizeitgestaltung, FP = Finanzplanung, SZ = Sexuelle Zufriedenheit, RO = Rollenorientierung, EZ = Ehezufriedenheit, ZK = Zufriedenheit mit den Kindern, KE = Konflikte in der Kindererziehung, ADS = Summenwert Stimmungsskala, BL = Summenwert Beschwerdenliste.

Tabelle B 7-6: Vergleich der Häufigkeiten (Prozentangaben) zum Auftreten der einzelnen Bereiche aus der Problemliste (PL) aus den Studien BF II und BF I zur Post Messung

Items	BF II %	BF I %	χ^2	p
Einteilung des monatlichen Einkommen	12,9	16,4	1,1	n.s.
Berufstätigkeit	16,1	17,3	0,1	n.s.
Haushaltsführung/Wohnung	18,9	20,4	0,2	n.s.
Vorstellung über Kindererziehung[a]				n.s.
Freizeitgestaltung	20,3	24,0	0,9	n.s.
Freunde und Bekannte	13,3	15,1	0,3	n.s.
Temperament des Partners	33,6	28,8	1,2	n.s.
Zuwendung des Partners	35,4	39,8	0,9	n.s.
Attraktivität	16,6	14,9	0,2	n.s.
Vertrauen	25,0	20,9	1,1	n.s.

Items	BF II %	BF I %	χ^2	p
Eifersucht	20,0	15,7	1,5	n.s.
Gewährung persönlicher Freiheiten	21,6	20,6	0,0	n.s.
Sexualität	42,9	42,7	0,0	n.s.
Außereheliche Beziehungen	13,8	10,2	1,5	n.s.
Verwandte	24,4	20,1	1,3	n.s.
Persönliche Gewohnheiten des Partners	23,7	33,7	5,8	n.s.
Kommunikation/Gemeinsame Gespräche	29,7	33,1	0,6	n.s.
Kinderwunsch/Familienplanung	9,1	13,0	1,7	n.s.
Fehlende Akzept/Unterstützung des Partners	27,8	29,4	0,6	n.s.
Forderungen des Partners	29,1	30,0	0,0	n.s.
Krankheit/Behinderungen/ psychische Störungen	8,1	11,6	1,6	n.s.
Umgang mit Alkohol/Medikamenten/Drogen	9,0	8,0	0,1	n.s.
Tätlichkeiten	0,9	1,2	0,1	n.s.

Anmerkungen: a = nur für Klienten mit Kindern, χ^2 = Chi-Quadrat-Test, p = Signifikanzniveau, n.s. = nicht signifikant.

Tabelle B 7-7: Prae- und Post-Häufigkeiten von nicht gelösten/unausgesprochenen Konflikten und Ergebnisse der McNemar-Tests zur Signifikanzprüfung einer Änderung auf der Ebene einzelner Konfliktbereiche der BF I-Studie. (N = 252 Klientinnen mit Prae-Post-Daten)

Items	Prae	Post	McNe-mar-χ^2	p
Sexualität	60%	43%	19,28	***
Zuwendung des Partners	59%	40%	27,11	***
Forderungen des Partners	56%	30%	43,12	***
Kommunikation/gemeinsame Gespräche	53%	34%	24,89	***
Temperament des Partners	49%	34%	16,41	***
Fehlende Akzeptanz/Unterstützung des Partners	47%	29%	20,75	***
Persönliche Gewohnheiten des Partners	45%	33%	11,04	*

Items	Prae	Post	McNe-mar-χ^2	p
Vorstellungen über Kindererziehung[a]	41%	27%	11,70	*
Freizeitgestaltung	39%	24%	16,83	***
Gewährung persönlicher Freiheiten	33%	20%	13,04	***
Haushaltsführung/Wohnung	31%	20%	10,73	*
Berufstätigkeit	31%	18%	14,56	***
Vertrauen	31%	21%	9,45	*
Verwandte	28%	20%	5,31	n.s.
Krankheiten/Behinderungen/psychische Störungen	25%	12%	20,94	***
Eifersucht	23%	15%	7,85	n.s.
Attraktivität	21%	14%	58,45	n.s.
Freunde und Bekannte	19%	13%	3,38	n.s.
Einteilung des monatlichen Einkommens	18%	16%	0,41	n.s.
Kinderwunsch/Familienplanung	16%	13%	1,16	n.s.
Umgang mit Alkohol/Medikamenten/Drogen	14%	8%	6,76	n.s.
Außereheliche Beziehungen	13%	10%	--- [b]	n.s.
Tätlichkeiten	7%	1%	--- [b]	*

Anmerkungen: a = wurde nur für Paare mit Kindern berechnet, b = da weniger als 25 Fälle beim Prae-Post-Vergleich die Kategorie gewechselt haben, berechnet SPSS anhand der Binomialverteilung das Signifikanzniveau, daher entfällt die Prüfgröße McNemar-χ^2, * = p < .002 (Bonferoni-Korrektur), *** = p < .000, n.s. = nicht signifikant.

Tabelle B 7-8: Prae- und Post-Häufigkeiten weiblicher Klienten von nicht gelösten/unausgesprochenen Konflikten und Ergebnisse der McNemar-Tests zur Signifikanzprüfung einer Änderung auf der Ebene einzelner Konfliktbereiche bei der BF II-Studie

Items	Prae	Post	McNe-mar-χ^2	p
Zuwendung des Partners	65%	32%	27,84	***
Sexualität	65%	46%	9,50	*
Fehlende Akzeptanz/Unterstützung des Partners	57%	25%	28,80	***
Forderungen des Partners	56%	33%	17,33	***

Items	Prae	Post	McNe-mar-χ^2	p
Kommunikation/gemeinsame Gespräche	54%	31%	15,02	***
Persönliche Gewohnheiten des Partners	52%	32%	12,26	***
Temperament des Partners	47%	38%	2,13	n.s.
Freizeitgestaltung	40%	23%	9,76	*
Gewährung persönlicher Freiheiten	40%	24%	5,63	n.s.
Vorstellungen über Kindererziehung[a]	37%	26%	--- [b]	n.s.
Vertrauen	34%	28%	1,53	n.s.
Verwandte	31%	27%	0,55	n.s.
Haushaltsführung/Wohnung	29%	19%	3,70	n.s.
Eifersucht	28%	22%	--- [b]	n.s.
Außereheliche Beziehungen	27%	16%	--- [b]	n.s.
Attraktivität	25%	22%	--- [b]	n.s.
Berufstätigkeit	22%	17%	0,32	n.s.
Kinderwunsch/Familienplanung	20%	9%	--- [b]	n.s.
Krankheiten/Behinderungen/psychische Störungen	19%	11%	3,12	n.s.
Freunde und Bekannte	19%	17%	--- [b]	n.s.
Einteilung des monatlichen Einkommens	15%	14%	--- [b]	n.s.
Umgang mit Alkohol/Medikamenten/Drogen	15%	11%	--- [b]	n.s.
Tätlichkeiten	10%	2%	--- [b]	n.s.

Anmerkungen: a = wurde nur für Paare mit Kindern berechnet, b = da weniger als 25 Fälle beim Prae-Post-Vergleich die Kategorie gewechselt haben, berechnet SPSS anhand der Binomialverteilung das Signifikanzniveau, daher entfällt die Prüfgröße McNemar-χ^2, * = p < .002 (Bonferoni-Korrektur), *** = p < .000, n.s. = nicht signifikant.

Tabelle B 7-9: Prae- und Post-Häufigkeiten männlicher Klienten von nicht gelösten/unausgesprochenen Konflikten und Ergebnisse der McNemar-Tests zur Signifikanzprüfung einer Änderung auf der Ebene einzelner Konfliktbereiche bei der BF II-Studie

Items	Prae	Post	McNe-mar-χ^2	p
Zuwendung des Partners	63%	39%	13,80	***
Sexualität	63%	40%	14,05	***
Kommunikation/gemeinsame Gespräche	53%	29%	15,63	***
Fehlende Akzeptanz/Unterstützung des Partners	51%	27%	15,57	***
Forderungen des Partners	50%	26%	15,63	***
Temperament des Partners	38%	19%	11,43	*
Freizeitgestaltung	36%	17%	--- [b]	***
Vorstellungen über Kindererziehung[a]	32%	20%	--- [b]	n.s.
Haushaltsführung/Wohnung	32%	19%	6,32	n.s.
Vertrauen	30%	22%	2,07	n.s.
Gewährung persönlicher Freiheiten	26%	19%	--- [b]	n.s.
Verwandte	26%	21%	--- [b]	n.s.
Eifersucht	26%	18%	--- [b]	n.s.
Persönliche Gewohnheiten des Partners	24%	15%	--- [b]	n.s.
Freunde und Bekannte	20%	13%	--- [b]	n.s.
Berufstätigkeit	19%	15%	--- [b]	n.s.
Attraktivität	17%	11%	--- [b]	n.s.
Kinderwunsch/Familienplanung	15%	9%	--- [b]	n.s.
Außereheliche Beziehungen	13%	12%	--- [b]	n.s.
Einteilung des monatlichen Einkommens	13%	12%	--- [b]	n.s.
Krankheiten/Behinderungen/psychische Störungen	8%	5%	--- [b]	n.s.
Umgang mit Alkohol/Medikamenten/Drogen	9%	7%	--- [b]	n.s.
Tätlichkeiten	4%	0%	--- [b]	n.s.

Anmerkungen: a = wurde nur für Paare mit Kindern berechnet, b = da weniger als 25 Fälle beim Prae-Post-Vergleich die Kategorie gewechselt haben, berechnet SPSS anhand der Binomialverteilung das Signifikanzniveau, daher entfällt die Prüfgröße McNemar-χ^2, * = p < .002 (Bonferoni-Korrektur), *** = p < .000, n.s. = nicht signifikant.

Tabelle B 7-10: Unterschiede zwischen Prae- und Post-Messung bei den Bereichen der Problemliste soweit sie im Rahmen der BF I-Studie (Klann & Hahlweg, 1996a, S. 256-267) bei der Gegenüberstellung von Männern und Frauen signifikant geworden sind

p	Bereich – Frauen	Bereich – Männer	p
		Berufstätigkeit	<.000
<.002	Vorstellungen über Kindererziehung[1]		
<.000	Freizeitgestaltung		
		Temperament des Partners	<.002
<.000	Zuwendung des Partners		
<.000	Gewährung persönlicher Freiheiten		
<.000	Sexualität		
<.000	Persönliche Gewohnheiten des Partners		
<.000	Kommunikation/gemeinsame Gespräche	Kommunikation/gemeinsame Gespräche	<.000
<.000	Fehlende Akzeptanz/ Unterstützung des Partners		
<.000	Forderungen des Partners	Forderungen des Partners	<.000
<.000	Krankheiten/Behinderungen/ psychische Störungen		

Anmerkungen: p = Signifikanzniveau (Bonferoni-Korrektur = p < .002), 1 = bei der Berechnung wurden nur Klientinnen mit Kindern berücksichtigt.

Tabellen B 7-11: Mittelwertvergleiche (T-Werte) der Prae-/Post-Messungen
bei den Studien BF I (Klann & Hahlweg, 1996a, S.
258) und
BF II über die Skalen des „Einschätzung von Partnerschaft und
Familie (EPF)"

BF I

Skalen	Prae-Messung		Post-Messung		p
	M	SD	M	SD	
Zufriedenheit/Partnerschaft	68,0	10,6	6,7	237	***
Affektive Kommunikation	62,2	11,0	59,7	12,5	***
Problemlösung	66,2	10,5	62,4	11,3	***
Freizeitgestaltung	65,2	11,2	61,3	12,6	***
Finanzplanung	57,1	14,4	55,8	14,1	n.s.
Sexuelle Zufriedenheit	60,2	12,1	58,3	13,3	***
Rollenzufriedenheit	52,9	9,7	52,4	10,2	n.s.
Ehezufriedenheit der Eltern	53,0	9,9	52,8	10,3	n.s.
Zufriedenheit mit den Kindern	59,4	13,8	58,9	13,9	n.s.
Kindererziehung	62,5	14,7	61,0	14,5	n.s.

BF II

Skalen	Prae-Messung		Post-Messung		p
	M	SD	M	SD	
Zufriedenheit/Partnerschaft	67,3	11,3	61,1	12,5	***
Affektive Kommunikation	61,8	10,8	57,8	11,7	***
Problemlösung	54,1	10,1	60,1	11,5	***
Freizeitgestaltung	64,1	11,3	60,4	11,7	***
Finanzplanung	56,1	13,2	55,1	12,7	n.s.
Sexuelle Zufriedenheit	60,2	11,5	57,8	12,1	n.s.
Rollenzufriedenheit	48,6	9,1	49,7	8,8	n.s.
Ehezufriedenheit der Eltern	52,5	9,2	53,1	9,8	n.s.
Zufriedenheit mit den Kindern	58,4	14,1	57,1	13,5	n.s.
Kindererziehung	59,1	14,7	57,7	13,2	n.s.

Anmerkungen: M = Mittelwert, SD = Standardabweichung, p = Signifikanzniveau (Bonferoni-Korrektur = p < .005), *** = p < .000, n.s.= nicht signifikant.

Tabelle B 7-12: Mittelwertvergleiche (T-Werte) zum Zeitpunkt der Post-Messung der Studien BF II und BF I bei den Skalen des „Einschätzung von Partnerschaft und Familie (EPF)" (getrennt nach Geschlecht)

Frauen Skalen	Post-Messung				t	df	p
	BF II		BF I				
	M	SD	M	SD			
GZ	61,0	12,2	62,5	17,5	0,7	238	n.s.
AK	58,3	11,3	59,5	15,2	0,6	237	n.s.
PL	60,1	11,3	61,3	14,4	0,6	238	n.s.
FZ	59,8	11,6	59,9	16,4	0,0	238	n.s.
FZ	55,7	13,7	55,5	16,8	-0,0	238	n.s.
SZ	54,0	9,4	51,6	16,7	-1,3	238	n.s.
RO	49,5	9,2	27,8	9,2	-18,0	238	***
EZ	53,2	10,0	52,2	14,4	-0,6	238	n.s.
ZK[a]	55,1	12,2	43,0	26,9	-4,0	223	***
KE[a]	61,0	14,9	52,8	30,5	-2,3	223	n.s.

Männer Skalen	Post-Messung				t	df	p
	BF II		BF I				
	M	SD	M	SD			
GZ	60,9	12,7	61,0	15,0	0,0	229	n.s.
AK	56,9	12,1	57,8	13,4	0,5	229	n.s.
PL	60,0	11,7	61,3	12,8	0,7	229	n.s.
FZ	60,7	11,8	60,6	12,3	-0,0	229	n.s.
FZ	54,1	11,0	54,1	14,1	-0,0	229	n.s.
SZ	61,7	13,1	60,6	16,8	-,05	229	n.s.
RO	50,2	8,4	29,6	12,4	-14,6	229	***
EZ	53,1	9,7	48,5	14,9	-2,7	229	n.s.
ZK[a]	57,8	13,7	44,9	29,0	-3,9	214	***
KE[a]	53,8	9,6	41,2	23,8	-4,9	214	***

231

Anmerkungen: GZ = Globale Zufriedenheit, AK = Affektive Kommunikation, PL = Problemlösung, FZ = Freizeitgestaltung, FP = Finanzplanung, SZ = Sexuelle Zufriedenheit, RO = Rollenzufriedenheit, EZ = Ehezufriedenheit der Eltern, ZK a = Zufriedenheit mit den Kindern, nur für Klientinnen mit Kindern, KE a = Konflikte in der Kindererziehung, nur für Klientinnen mit Kindern, M = Mittelwert, SD = Standardabweichung, t = T-Test-Wert, p = Signifikanzniveau (Bonferoni-Korrektur = p < .005), *** = p < .000, n.s. = nicht signifikant, df = Anzahl der Freiheitsgrade.

Tabelle B 7-13: Mittelwertvergleiche (T-Werte) zum Zeitpunkt der Post-Messung der Studien BF II und BF I bei den Skalen des „Einschätzung von Partnerschaft und Familien (EPF)"

Skalen	Post-Messung				t	df
	BF II		BF I			
	M	SD	M	SD		
GZ	61,1	12,5	61,8	16,4	0,5	n.s.
AK	57,8	11,7	58,7	14,4	0,7	n.s.
PL	60,1	11,5	61,3	13,6	1,0	n.s.
FZ	60,4	11,7	60,2	14,6	-0,1	n.s.
FZ	55,9	17,3	54,8	15,6	-,02	n.s.
SZ	57,8	12,1	55,9	17,3	-1,4	n.s.
RO	49,7	8,8	28,6	10,8	-23,0	***
EZ	53,1	9,8	50,4	14,7	-2,2	n.s.
ZK[a]	57,0	13,5	43,9	27,9	-6,0	***
KE[a]	57,7	13,3	47,3	28,1	-4,7	***

Anmerkungen: GZ = Globale Zufriedenheit, AK = Affektive Kommunikation, PL = Problemlösung, FZ = Freizeitgestaltung, FP = Finanzplanung, SZ = Sexuelle Zufriedenheit, RO = Rollenzufriedenheit, EZ = Ehezufriedenheit der Eltern, ZK a = Zufriedenheit mit den Kindern, nur für Klientinnen mit Kindern, KE a = Konflikte in der Kindererziehung, nur für Klientinnen mit Kindern, M = Mittelwert, SD = Standardabweichung, t = T-Test-Wert, p = Signifikanzniveau (Bonferoni-Korrektur p < .005), *** = p < .000, n.s. = nicht signifikant, df = Anzahl der Freiheitsgrade (Schwankungsbreite zwischen 445 – 475).

Tabelle B 7-14.1: Mittelwertvergleiche der Prae-/Post-Messungen der BF II-
Studie bei den Items der Depressionsskala (ADS)

BF II

Items	Prae-Messung		Post-Messung		t	df	p
	M	SD	M	SD			
1	0,78	0,94	0,50	0,75	3,8	222	***
2	0,53	0,94	0,22	0,56	4,5	223	***
3	0,75	0,92	0,36	0,61	6,0	222	***
4	1,34	1,12	1,07	1,21	2,7	214	n.s.
5	1,09	0,96	0,73	0,78	5,3	225	***
6	1,19	0,98	0,64	0,74	8,3	224	***
7	1,23	0,99	0,95	0,88	3,9	225	***
8	1,87	1,01	1,47	0,99	4,7	224	***
9	0,52	0,79	0,25	0,54	5,0	224	***
10	0,79	0,91	0,36	0,61	6,7	224	***
11	1,04	1,01	0,69	0,87	4,4	225	***
12	1,74	0,89	1,27	0,85	6,5	222	***
13	0,72	0,89	0,50	0,73	3,1	224	***
14	1,07	1,06	0,54	0,84	7,4	223	***
15	0,24	0,55	0,14	0,38	2,3	225	n.s.
16	1,82	0,93	146	0,91	4,7	223	***
17	0,66	0,82	0,49	0,75	2,6	223	n.s.
18	1,17	0,92	0,71	0,76	6,6	225	***
19	0,30	0,62	0,17	0,48	3,0	225	***
20	0,84	0,91	0,51	0,75	4,9	225	***

Anmerkungen: M = Mittelwert, SD = Standardabweichung, t = T-Test-Wert, df = Anzahl der
Freiheitsgrade, p = Signifikanzniveau (Bonferoni-Korrektur = p < .002), n.s. = nicht signifikant, *** = p < .000.
1 = haben mich Dinge beunruhigt, die mir sonst nichts ausmachen, 2 = hatte ich kaum Appetit,
3 = konnte ich meine trübsinnige Laune nicht loswerden, obwohl mich meine Freunde/Familie
versuchten aufzumuntern, 4 = kam ich mir genauso gut vor wie andere, 5 = hatte ich Mühe,
mich zu konzentrieren, 6 = war ich deprimiert/niedergeschlagen, 7 = war alles anstrengend für
mich, 8 = dachte ich voller Hoffnung an die Zukunft, 9 = dachte ich, mein Leben ist ein einziger Fehlschlag, 10 = hatte ich oft Angst, 11 = habe ich schlecht geschlafen, 12 = war ich fröhlich gestimmt, 13 = habe ich weniger als sonst geredet, 14 = fühlte ich mich einsam, 15 = wa-

ren die Leute unfreundlich zu mir, 16 = habe ich das Leben genossen, 17 = musste ich manchmal weinen, 18 = war ich traurig, 19 = hatte ich das Gefühl, dass mich die Leute nicht leiden können, 20 = konnte ich überhaupt nicht richtig aktiv werden.

Tabelle B 7-14.2: Mittelwertvergleiche der Prae-/Post-Messungen bei der BF I-Studie (Klann & Hahlweg 1996a, S. 262) über die Items der Depressionsskala (ADS)

BF I

Item	Prae-Messung		Post-Messung		t	df	p
	M	SD	M	SD			
1	0,88	1,04	0,55	0,81	4,5	245	***
2	0,42	0,84	0,22	0,55	3,6	249	***
3	0,79	0,98	0,47	0,76	5,0	246	***
4	1,50	1,15	1,73	1,16	-2,7	244	n.s.
5	1,05	0,96	0,79	0,85	3,7	249	***
6	1,22	0,96	0,88	0,86	5,1	249	***
7	1,23	0,98	0,89	0,86	4,8	248	***
8	1,17	1,00	1,33	0,97	-1,9	247	n.s.
9	0,69	0,91	0,47	0,80	3,6	249	***
10	0,81	0,98	0,56	0,80	4,2	246	***
11	1,02	0,98	0,75	0,90	4,1	248	***
12	1,19	0,83	1,55	0,82	-5,9	248	***
13	0,85	0,96	0,58	0,82	4,0	247	***
14	1,06	1,06	0,75	0,92	4,8	249	***
15	0,31	0,58	0,27	0,58	1,0	249	n.s.
16	1,04	0,98	1,42	0,97	-5,1	245	***
17	0,67	0,91	0,46	0,74	3,8	248	***
18	1,22	0,93	0,89	0,84	5,6	248	***
19	0,41	0,70	0,29	0,57	2,5	248	n.s.
20	0,91	0,99	0,73	0,83	2,7	249	***

Anmerkungen: M = Mittelwert, SD = Standardabweichung, t = T-Test-Wert, df = Anzahl der Freiheitsgrade, p = Signifikanzniveau (Bonferoni-Korrektur = p < .002), n.s. = nicht signifikant, *** = p < .000.
1 = haben mich Dinge beunruhigt, die mir sonst nichts ausmachen, 2 = hatte ich kaum Appetit, 3 = konnte ich meine trübsinnige Laune nicht loswerden, obwohl mich meine Freunde/Familie

versuchten aufzumuntern, 4 = kam ich mir genauso gut vor wie andere, 5 = hatte ich Mühe, mich zu konzentrieren, 6 = war ich deprimiert/niedergeschlagen, 7 = war alles anstrengend für mich, 8 = dachte ich voller Hoffnung an die Zukunft, 9 = dachte ich, mein Leben ist ein einziger Fehlschlag, 10 = hatte ich oft Angst, 11 = habe ich schlecht geschlafen, 12 = war ich fröhlich gestimmt, 13 = habe ich weniger als sonst geredet, 14 = fühlte ich mich einsam, 15 = waren die Leute unfreundlich zu mir, 16 = habe ich das Leben genossen, 17 = musste ich manchmal weinen, 18 = war ich traurig, 19 = hatte ich das Gefühl, dass mich die Leute nicht leiden können, 20 = konnte ich überhaupt nicht richtig aktiv werden.

Tabelle B 7-15: Mittelwertvergleiche zum Zeitpunkt der Post-Messung der Studien BF II und BF I bei den Items aus der Depressionsskala (ADS)

Item	Post-Messung				t	df	p
	BF II		BF I				
	M	SD	M	SD			
1	0,50	0,75	0,55	0,80	0,7	473	n.s.
2	0,22	0,55	0,22	0,55	-0,1	474	n.s.
3	0,37	0,61	0,47	0,76	1,5	473	n.s.
4	1,08	1,21	1,74	1,16	6,0	479	***
5	0,72	0,78	0,79	0,85	0,9	466	n.s.
6	0,63	0,74	0,88	0,86	3,4	476	***
7	0,95	0,87	0,88	0,86	-,07	476	n.s.
8	1,48	0,98	1,34	0,97	-1,5	476	***
9	0,25	0,54	0,47	0,80	3,4	475	***
10	0,36	0,61	0,56	0,80	3,0	474	n.s.
11	0,68	0,86	0,75	0,90	0,8	476	***
12	1,28	0,85	1,56	0,83	3,6	473	n.s.
13	0,50	0,73	0,58	0,82	1,1	474	n.s.
14	0,53	0,83	0,75	0,96	2,6	475	n.s.
15	0,14	0,38	0,27	0,58	2,9	476	n.s.
16	1,47	0,91	1,42	0,97	-,05	474	n.s.
17	0,49	0,75	0,46	0,73	-0,5	474	n.s.
18	0,71	0,76	0,89	0,84	2,3	475	n.s.
19	0,17	0,48	0,29	0,57	2,5	476	n.s.
20	0,51	0,75	0,73	0,83	3,0	476	n.s.

Anmerkungen: M = Mittelwert, SD = Standardabweichung, t = T-Test-Wert, df = Anzahl der Freiheitsgrade, p = Signifikanzniveau (Bonferoni-Korrektur = p < .0025), n.s. = nicht signifikant, *** = p < .000.

1 = haben mich Dinge beunruhigt, die mir sonst nichts ausmachen, 2 = hatte ich kaum Appetit, 3 = konnte ich meine trübsinnige Laune nicht loswerden, obwohl mich meine Freunde/Familie versuchten aufzumuntern, 4 = kam ich mir genauso gut vor wie andere, 5 = hatte ich Mühe, mich zu konzentrieren, 6 = war ich deprimiert/niedergeschlagen, 7 = war alles anstrengend für mich, 8 = dachte ich voller Hoffnung an die Zukunft, 9 = dachte ich, mein Leben ist ein einziger Fehlschlag, 10 = hatte ich oft Angst, 11 = habe ich schlecht geschlafen, 12 = war ich fröhlich gestimmt, 13 = habe ich weniger als sonst geredet, 14 = fühlte ich mich einsam, 15 = waren die Leute unfreundlich zu mir, 16 = habe ich das Leben genossen, 17 = musste ich manchmal weinen, 18 = war ich traurig, 19 = hatte ich das Gefühl, dass mich die Leute nicht leiden können, 20 = konnte ich überhaupt nicht richtig aktiv werden.

Tabelle B 7-16.1: Mittelwertvergleiche der Prae-/Post-Messungen der BF II-Studie über die Items der Beschwerdeliste (BL)

Item	Prae-Messung		Post-Messung		t	df	p
	M	SD	M	SD			
Kloßgefühl, Engigkeit oder Würgen im Hals	0,52	0,88	0,36	0,67	3,1	227	***
Kurzatmigkeit	0,48	0,77	0,48	0,74	0,0	227	n.s.
Schwächegefühl	0,87	0,92	0,61	0,79	4,6	227	***
Schluckbeschwerden	0,28	0,64	0,18	0,45	2,3	225	n.s.
Stiche, Schmerzen oder Ziehen in der Brust	0,74	0,89	0,50	0,73	3,9	225	***
Druck- oder Völlegefühl im Leib	0,92	0,97	0,79	0,88	1,9	227	n.s.
Mattigkeit	1,46	0,94	1,15	0,87	4,5	227	***
Übelkeit	0,40	0,78	0,27	0,61	2,6	226	n.s.
Sodbrennen oder saures Aufstoßen	0,54	0,87	0,41	0,72	2,4	227	n.s.
Reizbarkeit	1,57	0,91	1,20	0,88	5,8	227	***
Grübelei	1,79	1,04	1,30	0,95	7,9	227	***
Starkes Schwitzen	0,71	0,89	0,57	0,85	1,8	226	n.s.
Kreuz- oder Rückenschmerzen	1,33	1,10	1,22	1,03	1,6	226	n.s.
Innere Unruhe	1,65	1,00	1,19	0,94	6,6	225	***
Schweregefühl bzw. Müdigkeit in den Beinen	0,75	0,94	0,67	0,86	1,3	226	n.s.

Item	Prae-Messung		Post-Messung		t	df	p
	M	SD	M	SD			
Unruhe in den Beinen	0,38	0,75	0,36	0,69	0,4	225	n.s.
Überempfindlichkeit gegen Wärme	0,50	0,83	0,40	0,77	1,8	225	n.s.
Überempfindlichkeit gegen Kälte	0,73	0,97	0,60	0,89	2,5	226	n.s.
Übermäßiges Schlafbedürfnis	0,99	1,02	0,80	0,90	2,8	225	n.s.
Schlaflosigkeit	0,93	0,98	0,62	0,86	4,6	227	***
Schwindelgefühl	0,50	0,80	0,36	0,67	3,0	227	n.s.
Zittern	0,34	0,63	0,24	0,63	2,1	225	n.s.
Nacken- oder Schulterschmerzen	1,18	1,06	0,96	0,97	3,3	227	***
Gewichtsabnahme	0,37	0,84	0,12	0,42	4,3	227	***

Anmerkungen: M = Mittelwert, SD = Standardabweichung, t = T-Test-Wert, df = Anzahl der Freiheitsgrade, p = Signifikanzniveau (Bonferoni-Korrektur = p < .002), n.s. = nicht signifikant, *** = p < .000.

Tabelle B 7-16.2: Mittelwertvergleiche der Prae-/Post-Messungen der BF I-Studie (Klann & Hahlweg, 1996a, S. 264) über die Items der Beschwerdeliste (BL)

Item	Prae-Messung		Post-Messung		t	df	p
	M	SD	M	SD			
Kloßgefühl, Engigkeit oder Würgen im Hals	0,55	0,87	0,44	0,76	2,1	248	n.s.
Kurzatmigkeit	0,45	0,77	0,41	0,71	0,9	246	n.s.
Schwächegefühl	0,81	0,98	0,70	0,85	2,1	248	n.s.
Schluckbeschwerden	0,29	0,65	0,26	0,57	0,9	245	n.s.
Stiche, Schmerzen oder Ziehen in der Brust	0,75	0,92	0,58	0,79	3,3	249	***
Druck- oder Völlegefühl im Leib	0,79	0,93	0,73	0,88	0,9	246	n.s.
Mattigkeit	1,37	0,99	1,14	0,88	3,7	248	***

Item	Prae-Messung		Post-Messung		t	df	p
	M	SD	M	SD			
Übelkeit	0,36	0,72	0,27	0,59	2,0	247	n.s.
Sodbrennen oder saures Aufstoßen	0,43	0,73	0,42	0,77	0,2	249	n.s.
Reizbarkeit	1,73	0,92	1,55	0,88	3,1	249	***
Grübelei	1,82	1,01	1,46	0,98	5,7	250	***
Starkes Schwitzen	0,82	1,00	0,69	0,86	2,1	248	n.s.
Kreuz- oder Rückenschmerzen	1,34	1,10	1,24	1,07	1,5	248	n.s.
Innere Unruhe	1,72	0,98	1,38	0,96	5,3	249	***
Schweregefühl bzw. Müdigkeit in den Beinen	0,80	0,94	0,69	0,85	1,9	249	n.s.
Unruhe in den Beinen	0,45	0,76	0,43	0,73	0,2	246	n.s.
Überempfindlichkeit gegen Wärme	0,60	0,91	0,43	0,76	3,0	246	n.s.
Überempfindlichkeit gegen Kälte	0,79	1,00	0,64	0,91	2,9	246	n.s.
Übermäßiges Schlafbedürfnis	0,96	0,99	0,96	0,90	0,0	248	n.s.
Schlaflosigkeit	0,82	0,99	0,66	0,88	2,8	248	n.s.
Schwindelgefühl	0,52	0,82	0,41	0,71	2,2	247	n.s.
Zittern	0,46	0,81	0,27	0,59	3,9	247	***
Nacken- oder Schulterschmerzen	1,08	1,07	0,93	1,01	2,6	249	n.s.
Gewichtsabnahme	0,39	0,83	0,20	0,55	4,1	250	***

Anmerkungen: M = Mittelwert, SD = Standardabweichung, t = T-Test-Wert, df = Anzahl der Freiheitsgrade, p = Signifikanzniveau (Bonferoni-Korrektur = p < .002), n.s. = nicht signifikant, *** = p < .000.

Tabelle B 7-17: Mittelwertvergleiche zum Zeitpunkt der Post-Messung der Studien BF II und BF I bei den Items aus der Beschwerdeliste (BL)

Item	Post-Messung				t	p
	BF II		BF I			
	M	SD	M	SD		
Kloßgefühl, Engigkeit oder Würgen im Hals	0,36	0,67	0,44	0,75	1,1	n.s.
Kurzatmigkeit	0,48	0,73	0,41	0,71	-1,0	n.s.
Schwächegefühl	0,61	0,79	0,70	0,85	1,2	n.s.
Schluckbeschwerden	0,18	0,45	0,26	0,57	1,5	n.s.
Stiche, Schmerzen oder Ziehen in der Brust	0,49	0,73	0,58	0,79	1,2	n.s.
Druck- oder Völlegefühl im Leib	0,79	0,88	0,73	0,88	-0,7	n.s.
Mattigkeit	1,15	0,87	1,14	0,88	-0,1	n.s.
Übelkeit	0,27	0,61	0,27	0,59	0,0	n.s.
Sodbrennen oder saures Aufstoßen	0,41	0,72	0,42	0,77	0,0	n.s.
Reizbarkeit	1,21	0,89	1,54	0,88	4,1	***
Grübelei	1,30	0,95	1,46	0,98	1,8	n.s.
Starkes Schwitzen	0,60	0,85	0,69	0,86	1,1	n.s.
Kreuz- oder Rückenschmerzen	1,23	1,03	1,24	1,07	0,1	n.s.
Innere Unruhe	1,19	0,94	1,38	0,96	2,2	n.s.
Schweregefühl bzw. Müdigkeit in den Beinen	0,67	0,85	0,69	0,85	0,2	n.s.
Unruhe in den Beinen	0,36	0,69	0,43	0,73	1,1	n.s.
Überempfindlichkeit gegen Wärme	0,40	0,76	0,43	0,75	0,4	n.s.
Überempfindlichkeit gegen Kälte	0,61	0,91	0,63	0,91	0,2	n.s.
Übermäßiges Schlafbedürfnis	0,80	0,90	0,96	0,90	1,9	n.s.
Schlaflosigkeit	0,62	0,86	0,66	0,88	0,5	n.s.
Schwindelgefühl	0,35	0,67	0,42	0,73	1,0	n.s.
Zittern	0,24	0,63	0,27	0,57	0,6	n.s.
Nacken- oder Schulterschmerzen	0,97	0,97	0,93	1,01	-,03	n.s.
Gewichtsabnahme	0,12	0,42	0,20	0,55	1,6	n.s.

239

Anmerkungen: M = Mittelwert, SD = Standardabweichung, t = T-Test-Wert, df = Anzahl der Freiheitsgrade, p = Signifikanzniveau (Bonferoni-Korrektur = p < .002), n.s. = nicht signifikant, *** = p < .000, df = Anzahl der Freiheitsgrade (Schwankungsbreite zwischen 1134-1142).

Tabelle B 7-18: Vergleich der Effektstärken zum Zeitpunkt der Post-Messung der Studien BF II und BF I (Klann & Hahlweg 1996a, S. 99) bei den Skalen aus der Erhebungsbatterie

Item	Post-Messung				t	df	p
	BF II		BF I				
	M	SD	M	SD			
PLS	.59	0,97	.55	0,92	-0,4	472	n.s.
GZ	.52	0,93	.37	0,84	-1,7	462	n.s.
AK	.36	0,84	.22	0,83	-1,7	467	n.s.
PL	.48	0,91	.36	0,82	-1,4	468	n.s.
FZ	.33	0,82	.33	0,88	0,0	464	n.s.
FP	.09	0,65	.08	0,80	0,0	469	n.s.
SZ	.20	0,94	.19	0,79	-0,2	457	n.s.
RO	.13	0,81	-.04	0,64	-2,6	462	n.s.
EZ	-.05	0,54	.02	0,48	1,7	448	n.s.
ZK[a]	.10	0,84	-.02	0,88	-1,2	366	n.s.
KE[a]	.09	0,77	.12	0,68	0,5	366	n.s.
BL	.42	0,92	.28	0,80	-1,7	472	n.s.
ADS	.72	1,14	.46	1,05	-2,4	472	n.s.
GE	.32	0,49	.26	0,49	-1,7	479	n.s.

Anmerkungen: PLS = Problemliste, GZ = Globale Zufriedenheit, AK = Affektive Kommunikation, PL = Problemlösung, FZ = Freizeitgestaltung, FP = Finanzplanung, SZ = Sexuelle Zufriedenheit, RO = Rollenzufriedenheit, EZ = Ehezufriedenheit der Eltern, ZK a = Zufriedenheit mit den Kindern, nur für Klientinnen mit Kindern, KE a = Konflikte in der Kindererziehung, nur für Klientinnen mit Kindern, BL = Summenwert Beschwerdeliste, ADS = Summenwert Stimmungsskala, GE = Gemittelte Effektstärke über alle Skalen, M = Mittelwert, SD = Standardabweichung, t = T-Test-Wert, df = Anzahl der Freiheitsgrade, p = Signifikanzniveau (Bonferoni-Korrektur = p < .004), n.s. = nicht signifikant.

Tabelle B 7-19: Vergleich der signifikanten Veränderungen zum Zeitpunkt der Post-Messung der Studien BF II und BF I ((Hahlweg & Klann, 1996a, S. 114) bei den Fragebögen und Skalen aus der Erhebungsbatterie. Es werden nur die Klientinnen einbezogen, die an beiden Messzeitpunkten teilnahmen (BF II: N = 114/N = 77 mit Kindern, BF I: N = 99/N = 80 mit Kindern)

Fragebogen/Skalen	Post-Messung		χ^2	p
	BF II	BF I		
EPF-Skalen:[1] Globale Zufriedenheit mit Partnerschaft	46,4%	36,8%	1,5	n.s.
Affektive Kommunikation	38,1%	31,8%	0,9	n.s.
Problemlösung	46,4%	35,4%	2,6	n.s.
Gemeinsame Freizeitgestaltung	27,8%	35,1%	1,2	n.s.
Finanzplanung	9,3%	18,6%	3,6	n.s.
Sexuelle Zufriedenheit	18,6%	22,2%	0,4	n.s.
Rollenorientierung	8,2%	5,6%	0,6	n.s.
Ehezufriedenheit der Eltern	2,1%	3,8%	0,5	n.s.
Zufriedenheit mit den Kindern[a]	10,0%	7,8%	0,2	n.s.
Kindererziehung[a]	18,8%	15,4%	0,3	n.s.
Beschwerdenliste, Summenwert	20,2%	26,3%	1,1	n.s.
Allgemeine Depressionsskala, Summenwert	39, 4%	35,1%	0,4	n.s.

Anmerkungen: 1 EPF = Fragebogen zur Einschätzung von Partnerschaft und Familie, a = wurde nur für Paare mit Kindern berechnet, χ^2 = Chi-Quadrat-Test, p = Signifikanzniveau (Bonferoni-Korrektur), n.s. = nicht signifikant.

241

Tabelle B 7-20: Vergleich der signifikanten Verschlechterungen zum Zeitpunkt der Post-Messung der Studien BF II und BF I (Klann & Hahlweg 1996a, S. 101) bei den Fragebögen und Skalen aus der Erhebungsbatterie. Es werden nur die Klientinnen einbezogen, die an beiden Messzeitpunkten teilnahmen (BF II: N = 114/N = 77 mit Kindern, BF I: N = 99/N = 80 mit Kindern)

Fragebogen/Skala	Post-Messung		χ^2	p
	BF II	BF I		
EPF-Skalen:[1] Globale Zufriedenheit mit Partnerschaft	5,2%	6,6%	0,2	n.s.
Affektive Kommunikation	8,2%	7,3%	0,1	n.s.
Problemlösung	7,2%	5,3%	0,3	n.s.
Gemeinsame Freizeitgestaltung	5,2%	9,9%	1,6	n.s.
Finanzplanung	9,3%	6,2%	0,7	n.s.
Sexuelle Zufriedenheit	7,2%	5,6%	0,2	n.s.
Rollenorientierung	16,5%	6,5%	5,0	n.s.
Ehezufriedenheit der Eltern	5,2%	2,9%	0,7	n.s.
Zufriedenheit mit den Kindern[a]	8,8%	3,9%	1,5	n.s.
Kindererziehung[a]	11,3%	6,4%	1,1	n.s.
Beschwerdenliste, Summenwert	5,1%	5,3%	0,0	n.s.
Allgemeine Depressionsskala, Summenwert	6,1%	10,5%	1,3	n.s.

Anmerkungen: 1 EPF = Fragebogen zur Einschätzung von Partnerschaft und Familie, a = wurde nur für Paare mit Kindern berechnet, χ^2 = Chi-Quadrat, p = Signifikanzniveau (Bonferoni-Korrektur), n.s. = nicht signifikant.

Tabelle B 7-21: Vergleich der Veränderungen von einem dysfunktionalen zu einem funktionalen Wert zum Zeitpunkt der Post-Messung der Studien BF II und BF I bei den Fragebögen und Skalen aus der Erhebungsbatterie. Es werden nur die Klientinnen einbezogen, die an beiden Messzeitpunkten teilnahmen (BF II: N = 114/N = 77 mit Kindern, BF I: N = 99/N = 80 mit Kindern)

Fragebogen/Skala	Post-Messung		χ^2	p
	BF II	BF I		
EPF-Skalen:[1] Globale Zufriedenheit mit Partnerschaft	33,0%	24,5%	1,8	n.s.
Affektive Kommunikation	23,7%	20,2%	0,4	n.s.
Problemlösung	27,6%	19,3%	2,0	n.s.
Gemeinsame Freizeitgestaltung	15,2%	25,4%	3,4	n.s.
Finanzplanung	6,1%	13,7%	3,3	n.s.
Sexuelle Zufriedenheit	14,4%	18,0%	0,5	n.s.
Rollenorientierung	0,0%	2,7%	2,6	n.s.
Ehezufriedenheit der Eltern	0,0%	2,7%	2,6	n.s.
Zufriedenheit mit den Kindern[a]	4,9%	3,6%	0,2	n.s.
Kindererziehung[a]	4,9%	4,5%	0,0	n.s.
Beschwerdenliste, Summenwert	17,2%	16,4%	0,0	n.s.
Allgemeine Depressionsskala, Summenwert	28,3%	26,5%	0,1	n.s.

Anmerkungen: 1 EPF = Fragebogen zur Einschätzung von Partnerschaft und Familie, a = wurde nur für Paare mit Kindern berechnet, χ^2 = Chi-Quadrat, p = Signifikanzniveau (Bonferoni-Korrektur), n.s. = nicht signifikant.

Tabelle B 7-22: Darstellung der geschlechtspezifischen Mittelwerte und Standardabweichungen für die Skalen von den Personen, die an den drei Messzeitpunkten Prae, Post und Follow-up in der BF II-Studie teilgenommen haben (N = 99 Klienten = 48 Paare)

BF II

Skalen		Prae-Messung		Post-Messung		FU-Messung	
		m	w	m	w	m	w
PLS	M	6,41	7,25	2,94	4,58	3,58	4,37
	SD	3,81	4,37	2,78	4,41	4,56	4,58
GZ	M	7,86	8,43	5,00	5,56	4,96	5,97
	SD	3,46	3,81	3,78	3,82	4,22	4,17
AK	M	6,54	6,7	4,90	5,10	4,34	4,91
	SD	3,02	3,18	3,40	3,17	3,45	3,71
PL	M	8,13	7,86	5,98	6,18	5,66	5,95
	SD	2,85	3,24	3,05	3,47	3,79	3,84
FZ	M	6,84	7,31	5,52	5,48	5,12	5,62
	SD	3,41	3,97	3,53	3,62	3,81	4,09
FP	M	20,9	2,92	2,20	2,98	2,18	3,10
	SD	2,17	2,91	2,08	2,96	2,09	3,15
SZ	M	6,94	6,01	5,68	4,92	5,42	4,83
	SD	3,53	3,49	3,52	3,42	3,67	3,13
RO	M	7,98	8,68	8,86	8,60	8,42	8,81
	SD	2,83	2,38	2,50	2,89	2,73	2,25
EZ	M	6,32	5,94	6,72	6,24	6,28	5,54
	SD	3,31	3,57	3,16	3,76	3,31	3,60
ZK[a]	M	3,81	3,04	3,54	3,00	3,27	3,02
	SD	2,58	2,01	2,29	2,28	2,37	2,36
KE[a]	M	3,44	4,67	3,52	4,17	3,36	4,17
	SD	3,25	3,62	2,68	3,36	3,10	3,08
ADS	M	18,98	18,50	11,29	12,43	12,26	13,18
	SD	10,12	12,17	6,68	8,07	8,69	9,01
BL	M	17,96	21,70	14,45	17,27	14,64	16,46
	SD	8,56	12,38	7,55	11,53	8,90	10,84

Anmerkungen: M = Mittelwert, SD = Standardabweichung, m = Männer, w = Frauen, PLS = Summenwert Problemliste, GZ = Globale Zufriedenheit, AK = Affektive Kommunikation, PL = Problemlösung, FZ = Freizeitgestaltung., FP = Finanzplanung, SZ = Sexuelle Zufriedenheit,

RO = Rollenorientierung, EZ = Ehezufriedenheit der Eltern, ZK a = Zufriedenheit mit den Kindern, nur für Klientinnen mit Kindern, KE a = Konflikte in der Kindererziehung, nur für Klientinnen mit Kindern, ADS = Summenwert Stimmungsskala, BL = Summenwert Beschwerdenliste.

Tabelle B 7-23: Darstellung der geschlechtspezifischen Mittelwerte und Standardabweichungen für die Skalen von den Personen, die an den drei Messzeitpunkten Prae, Post und Follow-up in der BF I-Studie (Klann & Hahlweg, 1996a, S. 106) teilgenommen haben (N = 108 Klienten = 54 Paare)

BF I

Skalen		Prae-Messung		Post-Messung		FU-Messung	
		m	w	m	w	m	w
PLS	M	6,30	8,30	3,85	4,73	3,81	4,75
	SD	3,94	4,63	3,98	4,37	4,82	5,30
GZ	M	8,00	8,67	5,98	6,67	5,70	5,94
	SD	3,05	3,26	4,18	4,31	4,32	4,48
AK	M	6,00	7,20	4,88	5,33	4,29	5,44
	SD	2,96	3,22	3,53	3,59	3,69	3,86
PL	M	8,18	8,62	6,38	6,87	5,68	6,66
	SD	3,25	3,40	3,63	3,29	3,68	3,99
FZ	M	6,79	7,27	5,26	5,57	4,88	5,63
	SD	3,41	3,63	3,44	4,12	3,72	3,89
FP	M	2,18	3,12	1,89	2,22	1,72	2,13
	SD	2,67	2,96	2,32	2,86	2,60	2,78
SZ	M	7,11	5,78	5,66	4,31	5,94	4,24
	SD	3,22	3,28	4,00	3,56	4,15	3,84
RO	M	4,13	3,58	3,90	3,63	4,07	3,43
	SD	2,44	2,73	3,02	2,44	3,00	2,40
EZ	M	5,53	6,72	5,53	6,22	5,38	6,02
	SD	3,25	3,58	3,32	3,60	3,49	3,63
ZK[a]	M	3,47	3,31	3,15	2,98	3,27	3,17
	SD	2,43	1,81	2,25	1,71	2,43	2,13
KE[a]	M	4,07	5,47	3,29	4,71	3,28	5,00
	SD	3,45	3,57	2,91	3,46	3,56	3,38
ADS	M	17,89	21,28	13,96	14,69	14,16	14,12
	SD	10,27	10,92	9,09	8,97	10,57	8,72
BL	M	17,27	24,33	15,61	17,60	14,98	16,79
	SD	9,49	11,49	9,35	9,96	10,55	10,07

Anmerkungen: M = Mittelwert, SD = Standardabweichung, m = Männer, w = Frauen, PLS = Summenwert Problemliste, GZ = Globale Zufriedenheit, AK = Affektive Kommunikation, PL = Problemlösung, FZ = Freizeitgestaltung. FP = Finanzplanung, SZ = Sexuelle Zufriedenheit, RO = Rollenorientierung, EZ = Ehezufriedenheit der Eltern, ZK a = Zufriedenheit mit den Kindern, nur für Klientinnen mit Kindern, KE a = Konflikte in der Kindererziehung, nur für Klientinnen mit Kindern, ADS = Summenwert Stimmungsskala, BL = Summenwert Beschwerdenliste.

Tabelle B 7-24: Darstellung der varianzanalytischen Haupteffekte Post-/ FU-Messung, Geschlechtsunterschiede und deren Wechselwirkung zwischen Post-/FU und Geschlecht für die Klientinnen mit FU-Messung der BF I-Studie (Klann & Hahlweg, 1996a, S. 108)

	Haupteffekt: Post-FU		Haupteffekt: Geschlecht		Interaktion: Post-FU/ Geschlecht	
	F-Wert	p	F-Wert	p	F-Wert	p
MVar	13,79	p<.01	8,88	p<.01	9,05	p<.01
GZ	3,12	n.s.	2,85	n.s.	0,00	n.s.
AK	1,03	n.s.	1,48	n.s.	3,71	n.s.
PL	4,53	n.s.	8,58	n.s.	4,13	n.s.
FZ	0,90	n.s.	2,14	n.s.	0,95	n.s.
FP	1,88	n.s.	0,97	n.s.	0,17	n.s.
SZ	0,00	n.s.	8,42	n.s.	0,22	n.s.
RO	0,06	n.s.	3,07	n.s.	0,96	n.s.
EZ	0,32	n.s.	0,83	n.s.	1,03	n.s.
ZK[a]	0,80	n.s.	0,10	n.s.	0,12	n.s.
KE[a]	0,59	n.s.	12,44	p<.05	0,22	n.s.
ADS	0,36	n.s.	0,53	n.s.	0,03	n.s.
BL	1,62	n.s.	2,29	n.s.	0,03	n.s.

Anmerkungen: F-Wert = Fehlervarianz, p = Signifikanzniveau, n.s. = nicht signifikant, MVar = Multivariate Analyse (Bonferoni-Korrektur = p < .004), PLS = Summenwert Problemliste, GZ = Globale Zufriedenheit, AK = Affektive Kommunikation, PL = Problemlösung, FZ = Freizeitgestaltung, FP = Finanzplanung, SZ = Sexuelle Zufriedenheit, RO = Rollenorientierung, EZ = Ehezufriedenheit der Eltern, ZK a = Zufriedenheit mit den Kindern, nur für Klientinnen mit Kindern, KE a = Konflikte in der Kindererziehung, nur für Klientinnen mit Kindern, ADS = Summenwert Stimmungsskala, BL = Summenwert Beschwerdenliste.

Tabelle B 7-25: Vergleich der Effektstärken zum Zeitpunkt der Follow-up-Messung der BF II-und BF I-Studien bei den Skalen aus der Erhebungsbatterie

Item	FU-Messung				t	df	p
	BF II		BF I				
	M	SD	M	SD			
PLS	-.03	0,96	.02	0,86	0,5	209	n.s.
GZ	-.03	0,80	.12	0,65	1,5	201	n.s.
AK	.09	0,83	.10	0,73	0,1	103	n.s.
PL	.07	0,75	.16	0,70	0,9	205	n.s.
FZ	.01	0,78	.09	0,83	0,7	202	n.s.
FP	-.01	0,66	.12	0,68	1,27	206	n.s.
SZ	.04	0,73	-.03	0,67	-0,71	198	n.s.
RO	-.03	0,79	.02	0,65	0,44	202	n.s.
EZ	.11	0,58	.05	0,50	-0,77	200	n.s.
ZK[a]	-.00	0,82	-.11	0,71	-,89	155	n.s.
KE[a]	.04	0,64	-.07	0,62	-1,11	158	n.s.
BL	.03	0,74	.13	0,71	0,95	211	n.s.
ADS	-.10	1,16	.09	0,94	1,29	211	n.s.
GE	.34	0,49	.26	0,49	-17,74	479	n.s.
	.02	0,42	.06	0,49	-1,74	479	n.s.

Anmerkungen: PLS = Problemliste, GZ = Globale Zufriedenheit, AK = Affektive Kommunikation, PL = Problemlösung, FZ = Freizeitgestaltung, FP = Finanzplanung, SZ = Sexuelle Zufriedenheit, RO = Rollenzufriedenheit, EZ = Ehezufriedenheit der Eltern, ZK a = Zufriedenheit mit den Kindern, nur für Klientinnen mit Kindern, KE a = Konflikte in der Kindererziehung, nur für Klientinnen mit Kindern, BL = Summenwert Beschwerdeliste, ADS = Summenwert Stimmungsskala,. GE = Gemittelte Effektstärke, M = Mittelwert, SD = Standardabweichung, t = T-Test-Wert, df = Anzahl der Freiheitsgrade, p = Signifikanzniveau (Bonferoni-Korrektur = p < .004), n.s. = nicht signifikant.

Tabelle B 7-26:   Statistisch reliable Besserungen (SRB) und Verschlechterungen (SRV) sowie klinisch signifikante Besserungen (KSB) zum Zeitpunkt der Follow-up-Messung im Rahmen der BF I-Studie (Hahlweg & Klann, 1996a, S. 114). Es werden nur die Klientinnen einbezogen, die an allen drei Messzeitpunkten teilnahmen (N = 114/N = 77 mit Kindern)

Fragebogen/Skalen	SRB	SRV	KSB
Problemliste, Summenwert	57,1 (60,9)	11,8 (13,0)	37,0 (31,3)
EPF-Skalen:[1] Globale Zufriedenheit mit Partnerschaft	41,7 (36,8)	3,7 (6,6)	(29,7)
Affektive Kommunikation	33,0 (13,8)	5,4 (7,3)	33,8 (28,8)
Problemlösung	43,4 (35,4)	3,5 (5,3)	30,1 (23,7)
Gemeinsame Freizeitgestaltung	38,1 (35,1)	8,0 (9,9)	32,9 (34,5)
Finanzplanung	20,3 (18,6)	5,1 (6,2)	41,2 (32,7)
Sexuelle Zufriedenheit	24,3 (22,2)	2,8 (5,6)	27,6 (26,3)
Rollenorientierung	10,8 (5,6)	8,1 (6,5)	0,0 (12,5)
Ehezufriedenheit der Eltern	0,9 (3,8)	0.9 (2,9)	1,6 (4,9)
Zufriedenheit mit den Kindern[a]	4,8 (7,8)	9,6 (3,9)	0,0 (6,1)
Kindererziehung[a]	116, (15,4)	8,1 (6,4)	7,4 (8,0)
Beschwerdenliste, Summenwert	25,4 (26,3)	4,2 (5,3)	32,7 (38,0)
Allgemeine Depressionsskala, Summenwert	37,0 (35,1)	7,6 (10,5)	52,5 (52,5)

Anmerkungen: 1 EPF = Fragebogen zur Einschätzung von Partnerschaft und Familie, a = wurde nur für Paare mit Kindern berechnet. Die Werte in den Klammern (%) geben den Anteil signifikanter Veränderungen bei den Teilnehmerinnen der Follow-up-Messung zum Zeitpunkt der Post-Messung an.

Tabelle B 7-27: Vergleich der Übereinstimmung zum Zeitpunkt der FU-Messung der Studien BF II und BF I bei den Skalen der Erhebungsbatterie

Fragebogen/Skalen	FU-Messung		χ^2	p
	BF II	BF I		
Problemliste, Summenwert	61,2%	57,1%	0,4	n.s.
EPF-Skalen:[1] Globale Zufriedenheit mit Partnerschaft	50,0%	41,7%	1,4	n.s.
Affektive Kommunikation	40,8%	33,0%	1,3	n.s.
Problemlösung	48,0%	43,4%	0,4	n.s.
Gemeinsame Freizeitgestaltung	32,7%	38,1%	0,7	n.s.
Finanzplanung	10,2%	20,3%	4,1	n.s.
Sexuelle Zufriedenheit	22,4%	24,3%	0,1	n.s.
Rollenorientierung	9,2%	10,8%	0,2	n.s.
Ehezufriedenheit der Eltern	7,2%	0,9%	5,3	n.s.
Zufriedenheit mit den Kindern[a]	16,0%	4,8%	5,5	n.s.
Kindererziehung[a]	25,9%	11,6%	5,6	n.s.
Beschwerdenliste, Summenwert	25,9%	25,4%	0,3	n.s.
Allgemeine Depressionsskala, Summenwert	37,4%	37,0%	0,0	n.s.

Anmerkungen: 1 EPF = Fragebogen zur Einschätzung von Partnerschaft und Familie, a = wurde nur für Paare mit Kindern berechnet. Die Werte in den Klammern geben den Anteil signifikanter Veränderungen bei den Teilnehmerinnen der Follow-up-Messung zum Zeitpunkt der Post-Messung an, χ^2 = Chi-Quadrat-Test, p = Signifikanzniveau (Bonferoni-Korrektur = p < .004), n.s. = nicht signifikant.

Tabelle B 7-28: Vergleich der signifikanten Verschlechterungen zum Zeitpunkt der Follow-up-Messung der Studien BF II und BF I (Hahlweg & Klann, 1996a, S. 114) bei den Fragebögen und Skalen aus der Erhebungsbatterie. Es werden nur die Klientinnen einbezogen, die an allen drei Messzeitpunkten teilnahmen (BF II: N = 114/N = 77 mit Kindern, BF I: N = 99/ N = 80 mit Kindern)

Fragebogen/Skalen	FU-Messung		χ^2	p
	BF II	BF I		
Problemliste, Summenwert	16,3%	11,8%	0,9	n.s.
EPF-Skalen:[1] Globale Zufriedenheit mit Partnerschaft	8,2%	3,7%	1,9	n.s.
Affektive Kommunikation	5,1%	5,4%	0,0	n.s.
Problemlösung	7,1%	3,5%	1,4	n.s.
Gemeinsame Freizeitgestaltung	6,1%	8,0%	0,3	n.s.
Finanzplanung	9,2%	5,1%	1,4	n.s.
Sexuelle Zufriedenheit	8,2%	2,8%	2,9	n.s.
Rollenorientierung	11,2%	8,1%	0,6	n.s.
Ehezufriedenheit der Eltern	5,2%	0,9%	3,2	n.s.
Zufriedenheit mit den Kindern[a]	11,1%	9,6%	0,1	n.s.
Kindererziehung[a]	14,8%	8,1%	1,8	n.s.
Beschwerdenliste, Summenwert	4,0%	4,2%	0,0	n.s.
Allgemeine Depressionsskala, Summenwert	9,1%	7,6%	0,2	n.s.

Anmerkungen: 1 EPF = Fragebogen zur Einschätzung von Partnerschaft und Familie, a = wurde nur für Paare mit Kindern berechnet. Die Werte in den Klammern geben den Anteil signifikanter Veränderungen bei den Teilnehmerinnen der Follow-up-Messung zum Zeitpunkt der Post-Messung an, χ^2 = Chi-Quadrat-Test, p = Signifikanzniveau (Bonferoni-Korrektur = p < .004), n.s. = nicht signifikant.

Tabelle B 7-29: Vergleich der signifikanten Veränderungen vom dysfunktionalen in den funktionalen Bereich zum Zeitpunkt der Follow-up-Messung der Studien BF II und BF I bei den Fragebögen und Skalen aus der Erhebungsbatterie. Es werden nur die Klientinnen einbezogen, die an allen drei Messzeitpunkten teilnahmen (BF II: N = 114/N = 77 mit Kindern, BF I: N = 99/N = 80 mit Kindern)

Fragebogen/Skalen	FU-Messung		χ^2	p
	BF II	BF I		
Problemliste, Summenwert	37,8%	31,1%	1,1	n.s.
EPF-Skalen:[1] Globale Zufriedenheit mit Partnerschaft	33,7%	29,7%	0,4	n.s.
Affektive Kommunikation	25,5%	23,9%	0,1	n.s.
Problemlösung	28,6%	24,3%	0,5	n.s.
Gemeinsame Freizeitgestaltung	22,2%	24,6%	0,2	n.s.
Finanzplanung	6,1%	17,6%	6,7	n.s.
Sexuelle Zufriedenheit	17,3%	18,8%	0,1	n.s.
Rollenorientierung	4,1%	2,6%	0,3	n.s.
Ehezufriedenheit der Eltern	5,2%	0,9%	3,3	n.s.
Zufriedenheit mit den Kindern[a]	9,6%	0,0%	8,6	n.s.
Kindererziehung[a]	7,1%	4,4%	0,6	n.s.
Beschwerdenliste, Summenwert	14,1%	14,4%	0,0	n.s.
Allgemeine Depressionsskala, Summenwert	28,3%	26,9%	0,1	n.s.

Anmerkungen: 1 EPF = Fragebogen zur Einschätzung von Partnerschaft und Familie, a = wurde nur für Paare mit Kindern berechnet. Die Werte in den Klammern geben den Anteil signifikanter Veränderungen bei den Teilnehmerinnen der Follow-up-Messung zum Zeitpunkt der Post-Messung an, χ^2 = Chi-Quadrat-Test, p = Signifikanzniveau (Bonferoni-Korrektur = p < .004), n.s. = nicht signifikant.

251

Der Autor

Notker Klann, geb. 1942, verheiratet, vier Töchter. Ehe-, Familien- und Lebensberater, Dipl. Psychologe. Bis 1975 Leiter der Psychologischen Beratungsstelle für Eltern, Kinder und Jugendliche in Lingen/Emsland. Ab 1975 bis 2001 Geschäftsführer der Katholischen Bundesarbeitsgemeinschaft der Träger von Erziehungsberatungsstellen, Ehe-, Familien- und Lebensberatungsstellen und der Telefonseelsorge und Offenen Tür für den Bereich Ehe-, Familien und Lebensberatung. Verantwortlich für Weiter- und Fortbildung. Parallel dazu kontinuierliche Mitarbeit in der Ehe-, Familien- und Lebensberatungsstelle der Caritas in Bonn.

Zahlreiche Veröffentlichungen zur beratungsbegleitenden Forschung, Diagnostik in der Ehe-, Familien- und Lebensberatung und zur wissenschaftlichen Fundierung des Institutionellen Beratungsangebotes.

Mitglied im Wissenschaftlichen Beirat der Zeitschrift für Theorie und Praxis der Beratung – Beratung Aktuell – hrsg. von Dr. Rudolf Sanders, Verlag Junfermann.